Wir sind euer Gewissen
Die Geschichte der Weißen Rose

Annette E. Dumbach · Jud Newborn

Wir sind euer Gewissen

Die Geschichte der Weißen Rose

Kreuz Verlag

Aus dem Amerikanischen übersetzt von Annerose Gierlichs

Die amerikanische Originalausgabe ist unter dem Titel
»Shattering the German Night. The Story of the White Rose«
1986 erschienen bei Little, Brown and Company.

Dieses Buch ist auch als Hörbuch erschienen.
Blinde können es kostenlos entleihen bei der

Deutschen Blindenstudienanstalt
– Emil-Krückmann-Bücherei –
Liebigstraße 9
3550 Marburg Telefon: 06421/67053

oder bei der

Deutschen Blinden-Hörbücherei
Am Schlag 2a
3550 Marburg Telefon: 06421/606261

2. Auflage, 1989

Umschlaggestaltung: Jürgen Reichert, Kornwestheim
Umschlagillustration: © by Bruno Bruni/edition cicero gmbh, Hamburg
Foto: Horst Umlauf, Hamburg
Gesamtherstellung: Clausen & Bosse, Leck
ISBN 3 7831 0879 9

Vorwort

Von Dorothee Sölle

Ich erinnere mich an einen bedeckten Nachmittag im Vorfrühling, als ich über die Steinmauer kletterte, die unseren Garten von dem der Nachbarn trennte. Mir kommt der Ton der Sorge in der Stimme meines Spielkameraden in den Sinn; er erzählte mir von Universitätsstudenten in München, die Hunderte von Flugblättern von einem Balkon in die große Eingangshalle des Universitätsgebäudes geworfen hatten. (Vermutlich wußten wir noch gar nicht, was ein Flugblatt war!) Die Studenten waren verhaftet worden, weil ein Aufseher sie dabei beobachtet und sofort die Polizei informiert hatte. Ich war betroffen von dem, was mein Freund erzählte, da ich den Hausmeister meiner Mädchenschule nicht ausstehen konnte, wohl wissend, welche Macht er besaß. Ich erinnere mich, daß ich meinen Freund Jürgen fragte, was auf den Blättern gestanden habe. »Irgendwas gegen den Führer«, war seine Antwort. Wir redeten nicht weiter darüber, was den jungen Studenten wohl geschehen könnte, die acht oder zehn Jahre älter waren als wir. Kinder im Deutschland des Jahres 1943 wußten, auch wenn sie so jung wie wir waren, was passieren würde. Vielleicht flüsterten wir flüchtig »KZ« für Konzentrationslager oder »gleich tot«. Genau weiß ich es nicht mehr.

Abends hörten meine Eltern immer Sender aus der Schweiz oder die BBC aus London. Möglicherweise hörte ich bei einer solchen Gelegenheit zuerst den Namen »Weiße Rose«. Aber zwei Jahre Töten, »Verteidigen« und Vergasen vergingen, bevor wir von Hitler befreit wurden, und viele weitere Jahre gingen ins Land, bevor wir Anspruch auf unsere Geschichte erhoben und entdeckten, daß wenigstens einige Deutsche, wenn auch wenige, den Nazis Widerstand geleistet hatten.

Ich erinnere mich an den Augenblick, als ich die Fotografie Sophie Scholls zum erstenmal gesehen habe. Es war während eines dieser Anfälle von Verzweiflung, von denen die meisten in ihren Jugendjahren befallen werden. Ich sagte mir, daß Sophie die einzige Freundin sei, die ich brauchte und nie treffen würde. Warum lebte ich eigentlich noch? Wie konnte sich jemand meiner Generation, geboren 1929, wünschen, in unserem Land aufzuwachsen, nach all dem, was passiert war? War es nicht natürlicher, mit dem Wachsen aufzuhören wie Oskar, der Trommler in dem Roman »Die Blechtrommel« von Günter Grass? Es gab so wenig Leute, denen wir vertrauen konnten, in einer Welt von alten Nazis und Opportunisten. Viele der früheren Flüchtlinge und Emigranten kehrten nach Deutschland zurück, aber wir fühlten uns im Nachkriegsdeutschland so allein wie einst Sophie und Hans Scholl und ihre Freunde.

In den Diskussionen über die Weiße Rose, die nach dem Krieg aufkamen, stellten viele Leute sie als sehr idealistische Menschen mit wenig Sinn für die Realitäten von Macht und Politik hin. Viele Jahre glaubte ich, daß das wahr sei. Was war denn ihre Strategie? Was wollten sie erreichen mit ihren Aktionen? Worauf konnten sie hoffen? War ihr Opfer nicht sinnlos? War es nicht von Anfang an klar, daß sie dazu bestimmt waren, geschnappt zu werden und für ein besudeltes »Vaterland« zu sterben?

Hölderlin, einer der großen Dichter aus der Zeit des Idealismus, hatte vom Vaterland gesagt: »Dir ist, Liebes! nicht Einer zu viel gefallen.« Aber sind sie nicht doch umsonst gefallen? Wie konnte man denn Hitler und seiner Kriegsindustrie von Alfred Krupp bis zu IG-Farben erfolgreich Widerstand leisten, wenn man nur mit politischer Philosophie von Aristoteles bis Fichte, den Worten klassischer deutscher Dichter wie Goethe und Schiller und der Weisheit Laotses und der Bibel bewaffnet war?

Manchmal fühlte ich, daß sie gerade für uns, die nächste Generation, gestorben waren, daß sie es in Kauf genommen hatten, eher zu sterben als unter Hitler zu leben. Vielleicht mußten sie sterben, damit wir wissen konnten, daß es wenigstens ein paar Deutsche, einige Studenten unter Hunderttausenden, mit Gewissen gegeben hat.

Meine Meinung über den sogenannten jugendlichen »Idealismus« der Weißen Rose hat sich geändert, und ich möchte erklären, warum ich jetzt, über vierzig Jahre nach diesen Ereignissen, anders denke. Als ich ihre Briefe, Flugblätter und Tagebücher noch einmal las, war ich überrascht, wie klar ihre politische Analyse gewesen ist. Mehrere Male haben sie die Frage nach dem Antikommunismus der Nazis gestellt – eine Frage, die in der Tat entscheidend war und den viel zu späten Niedergang des Hitlerreiches verzögerte. Neben dem Antisemitismus war der mit ihm auf vielerlei Weise verbundene Antikommunismus die treibende Kraft in der Nazi-Ideologie. Millionen »guter Deutscher« mochten die Nazis nicht sonderlich, dachten aber, daß sie das kleinere Übel seien, verglichen mit den Kommunisten. Diese guten Mittelklassedeutschen, überzeugt von der Bedrohung durch den Kommunismus vor 1933, wählten Hitler und brachten ihn auf legalem und demokratischem Weg an die Macht. Zehn Jahre später war Deutschland eine Brutstätte für Verbrecher und Vergewaltiger, die Krieg gegen ganz Europa führten und es besonders auf Osteuropa abgesehen hatten.

Die Weiße Rose merkte sehr deutlich, daß »die erste Sorge eines jeden Deutschen nicht der militärische Sieg über den Bolschewismus, sondern die Niederlage des Nationalsozialismus sein sollte«. Die meisten Deutschen hätten 1943 mit dieser Aussage nicht übereingestimmt. Einige waren blind genug zu hoffen, daß nach einem militärischen Sieg über den Bolschewismus die anständigen Kräfte in Deutschland, allen voran die militärischen und bürgerlichen, die Nazis absetzen würden. Doch die Weiße Rose bestand darauf: »Glaubt nicht an die nationalsozialistische Propaganda, die euch den Schrecken des Bolschewismus in die Knochen jagt.«

Die Tragödie der Geschichte war, daß der deutsche Widerstand gegen Hitler innerhalb der Wehrmacht von Stalins Armee gelähmt wurde. Sogar heute gibt es nur wenig Hintergrundwissen über die historischen Fakten des Krieges gegen Rußland 1941 bis 1945. Viele Menschen in Deutschland wissen nicht einmal, wer wen im Jahre 1941 überfallen hat. Sie wissen nicht, daß Hitlers Armee die sowjetische Zivilbevölkerung vergewaltigte und versklavte, daß kommunistische Funktionäre laut Führerbefehl nicht gefangengenommen, sondern ermordet wurden.

Selbst heute sind sich nur wenige der Tatsache bewußt, daß zwanzig Millionen Russen in Hitlers Krieg gestorben sind.

So hält ein Element der faschistischen Ideologie das Denken vieler Menschen auch heute noch besetzt: Der Nationalsozialismus wird als das kleinere Übel gegenüber dem »wahren Feind«, der »Wurzel allen Übels«, eben dem Kommunismus betrachtet. Ich erinnere mich, in der Kindheit die Stimme des großen deutschen Dichters Thomas Mann gehört zu haben, der in Deutsch zu uns im amerikanischen Radio über die Verbrechen der Nazis sprach und uns an die demokratischen und humanistischen Traditionen unseres Landes erinnerte. Ein paar Jahre später, während des Kalten Krieges, nannte Mann den Antikommunismus die größte Torheit des zwanzigsten Jahrhunderts. Wir haben gute Gründe, uns gerade heute an diese Aussage zu erinnern.

Es gibt ein wiedererwachtes Interesse an dem Deutschland Hitlers auf beiden Seiten des Atlantiks. Das Dritte Reich ist Thema öffentlicher Diskussionen, in Filmen und Fernsehdebatten, Büchern und Artikeln. Teilweise, das muß angemerkt werden, wird dieses Interesse von einer gefährlichen, nostalgischen Faszination durch die dämonische Persönlichkeit Hitlers getrieben. Auf der anderen Seite geht das neue Interesse am Widerstand, an der Weißen Rose über die Aufarbeitung der deutschen Vergangenheit hinaus. Es ist tief in der deutschen politischen Situation verwurzelt, die nach dem 12. Dezember 1979 entstand.

Dieses Datum markiert einen Wendepunkt in der Nachkriegsgeschichte, es signalisiert das Ende der Zeit nach dem Zweiten Weltkrieg. Die Entscheidung der NATO für eine der größten Eskalationen im Rüstungswettlauf wird von vielen Europäern seitdem als der Beginn einer neuen Ära angesehen, als Zeit vor dem Dritten Weltkrieg. Seit Dezember 1979 sind in Europa Millionen für den Frieden auf die Straße gegangen, haben sich Tausende in intellektuellen, wissenschaftlichen und theologischen Bereichen Fragen gestellt, die denen ähnlich sind, die sich Sophie und Hans Scholl in den vierziger Jahren gestellt haben: Was können wir tun? Wie weit müssen wir das Vorgehen der Supermächte tolerieren? Reicht es aus, Petitionen zu unterschreiben, in Massen zu demonstrieren, um der Friedensbewegung in den Medien Gehör zu verschaffen? Was können wir denn noch tun?

Im Licht dieser bedrückenden Fragen muß das neue Interesse an der Weißen Rose gesehen werden. In ihrer verzweifelten Suche nach Vorbildern durchforschen die Nachgeborenen den dunkelsten Teil der deutschen Geschichte. Wir wissen, daß wir militaristisch waren, mehr als jede andere europäische Nation. Unser Rassismus war brutaler und effizienter in der Auslöschung von sechs Millionen jüdischer Menschen als der anderer Völker. Wir haben Europa verwüstet. Aber genügt es, sich daran zu erinnern? Gab es nicht, neben den militaristischen, imperialistischen und rassistischen Kräften, auch Widerstand?

Das Wort »Widerstand« hat in Deutschland jetzt einen neuen Klang. Mehr und mehr Leute reden über die Notwendigkeit des Widerstands gegen eine militärische Maschinerie, die nach der Strategie des Pentagon beide deutschen Staaten, die ersten Zielländer in einem »begrenzten Nuklearkrieg«, auslöschen soll. Was bedeutet es, in dieser Situation Widerstand zu leisten? Gibt es irgend etwas, was wir von früheren Widerstandskämpfern lernen können? Es sieht so aus, als könnte das französische Wort »Resistance« auch in Deutschland heimisch werden.

Jede historische Parallele, die wir ziehen mögen, ist nicht vollkommen identisch. Natürlich kann man nicht Adolf Hitler mit Ronald Reagan vergleichen. Adolf Hitler hat bewußt und absichtlich die Vernichtung eines Volkes geplant und durchgeführt, während Ronald Reagan ein selbstgefälliges Werkzeug des Kalten Krieges und des militärisch-industriellen Komplexes ist. Aber es bedarf keiner allzu großen Vorstellungskraft, darüber nachzudenken, was ein achtzehnjähriger deutscher Student heute daraus schließt, wenn er über die Weiße Rose liest und auf solche Sätze stößt: »Jedes Wort, das aus dem Mund Hitlers kommt, ist eine Lüge. Wenn er Frieden sagt, meint er Krieg.« Was wird er denken, wenn er das liest? An wen wird er denken? In einer verzweifelten Situation völliger Ohnmacht hat eine Minderheit mit tiefen moralischen und religiösen Überzeugungen die Pflicht, Widerstand auf jede denkbare Art zu leisten.

Die politische Funktion eines Buches, wie es hier vorliegt, ist mehr, als nur die historischen Tatsachen der Weißen Rose wiederzugeben. Wir lesen Geschichte zu dem Zweck, sie nicht wiederholen zu müssen. Wenn ich über Deutschland nachdenke und über die kurze Zeit, in der die Weiße Rose blühte, fühle ich mich beschämt, daß es nicht mehr »weiße Rosen« in der trostlosesten Stunde der Geschichte meines Landes gegeben hat. Aber Scham ist, wie Karl Marx einmal sagte, ein revolutionäres Gefühl. Die Geschwister Scholl haben das gewußt.

Ich habe dieses Vorwort mit meinen Kindheitserinnerungen aus dem Dritten Reich begonnen. Ich möchte noch eine andere Erinnerung aus der Zeit danach mitteilen. Fast zehn Jahre meines jungen Erwachsenseins habe ich damit zugebracht, mir die wichtigste Frage meiner Generation zu stellen: Wie konnte es passieren? Wir stellten die Frage unseren Vätern und Müttern, unseren Lehrern und Professoren. Die Frage war mit dem Holocaust verknüpft, aber die unschuldigen Antworten, die wir bekamen, waren die erschreckendsten. Sie erzählten uns, daß sie nichts davon gewußt hätten, was da passiert war. Ich habe das nie geglaubt, habe keine dieser Antworten akzeptiert.

Manchmal habe ich diesen Alptraum, daß meine Kinder mich später einmal fragen: »Mama, was hast du getan, als Ronald Reagan die Grundlagen für den nuklearen Holocaust schuf?« Gleichwie, ich werde nicht sagen können, daß ich nichts davon gewußt habe. Alle von uns wissen es. Wir wissen es, und wir haben dieses Wissen in die Tat umzusetzen. Das ist das Vermächtnis der Weißen Rose.

Schon vor Hitlers Machtübernahme und selbst während der zwölfjährigen brutalen Herrschaft des nationalsozialistischen Regimes gab es das, was man als das »andere Deutschland« bezeichnet. Dieses »andere Deutschland« hatte keine laute Stimme – zuweilen war sie fast erstickt –, doch trotz des barbarischen Gebrülls um sie herum erhob sie sich klar und deutlich.

Statistiken können die Realität nur unzureichend wiedergeben, aber manchmal sind sie fast das einzige Mittel, um die Wirklichkeit darzustellen. Eine Million Deutsche sollen in Konzentrationslagern und Gefängnissen inhaftiert gewesen sein; nach vorsichtigen Schätzungen wurden mindestens 40 000 Deutsche während der nationalsozialistischen Gewaltherrschaft getötet, davon allein 15 000 wegen »politischer Verbrechen«.

Allen deutschen Männern und Frauen, die Widerstand leisteten, ist dieses Buch gewidmet.

Nicht in der Flucht der Gedanken,
allein in der Tat ist die Freiheit.

Dietrich Bonhoeffer
(aus »Widerstand und Ergebung«,
geschrieben im Gefängnis, Juli 1944)

Vorbemerkung der Autoren

Eine historische Darstellung des Widerstandes der Weißen Rose forderte schon immer ein gewisses Maß an faktischen Kenntnissen und einfühlsamer Interpretation. Das liegt zum einen daran, daß die Weiße Rose im Untergrund operieren mußte. Weit bedeutungsvoller aber ist, daß über die Tatsache des Widerstandes ihrer Mitglieder nichts aussagbar ist; auf vielerlei Weise überschritten sie die Grenzen ihrer Zeit, ihres Ortes und ihrer sozialen Klasse. Der Prozeß des Zusammenfindens, der gemeinsamen Entwicklung vom passiven Widerstand der »inneren Emigration« zum aktiven Widerstand war eine heikle, keineswegs ohne weiteres durchsichtige Angelegenheit. Doch gerade darin liegt ja die Herausforderung für den Schriftsteller und Historiker.

Die Tatsache, daß wir beide jahrelang in Deutschland gelebt und gearbeitet haben, half uns bei dem Versuch, die Personen und Ereignisse, um die es hier geht, zu verstehen, ersetzte jedoch nicht die sorgfältigen historischen Recherchen, auf denen dieses Buch basiert. Wir befragten Freunde und Familienmitglieder der Weißen Rose, die überlebt haben, arbeiteten mit schriftlichen Quellen in Archiven, studierten Sekundärliteratur und besuchten offizielle Veranstaltungen zum Gedenken an den Widerstand der Weißen Rose. Gelegentlich wurden wir mit widersprüchlichen Aussagen konfrontiert und mußten voneinander abweichende Interpretationen bewerten; ebenso mußten wir unsere eigenen Entscheidungen bezüglich Gewichtung und Stil treffen. Wir haben unser Bestes getan, um eine unserer Meinung nach verantwortungsvolle und glaubwürdige Darstellung zu schaffen.

Wir möchten uns bei all denen bedanken, die sich freundlicherweise zu einem Interview bereit erklärten und damit ein schmerzliches und durchaus kontroverses Kapitel ihres Lebens noch einmal aufrollten, um uns zu einem besseren Verständnis der Handlungen und Beweggründe derjenigen zu verhelfen, die Widerstand in einer Zeit leisteten, in der dies sehr viel Mut erforderte. Besonders die Einblicke, die uns Dr. Birgit Weiß-Huber gewährte, haben die Weiße Rose vor unseren Augen lebendig werden lassen. Wir möchten der Bayerischen Staatsbibliothek danken, vor allem Dr. Helmuth Auerbach vom Münchner Institut für Zeitgeschichte, der uns ermöglichte, spezielles Archivmaterial über die Weiße Rose zu benutzen. Er war so freundlich, sich die Zeit zu nehmen, ein Thema mit uns zu diskutieren, das schon seit langem zu seinen persönlichen Interessenschwerpunkten zählt. Das Institut für Zeitgeschichte genehmigte den Autoren, Zitate aus Erinnerungen und Primärmaterial aus der Sammlung des Instituts zum Thema Weiße Rose zu verwenden.

Ebenso bedanken wir uns bei Inge Aicher-Scholl und dem S. Fischer Verlag für die Erlaubnis, aus den Briefen und Tagebüchern von Hans und Sophie Scholl zu zitieren; des weiteren danken wir Frau Anneliese Knoop-Graf und Dr. Klaus Vielhaber für die Erlaubnis, aus den Tagebüchern und Briefen von Willi Graf zu zitieren, Dr. Michael Probst für die Erlaubnis, aus Christoph Probsts Briefen zu zitieren, Dr. Erich Schmorell für die Erlaubnis, aus den Briefen und Tagebüchern Alexander Schmorells zu zitieren, und Frau Clara Huber und Dr. Birgit Weiß-Huber für die Erlaubnis, aus Professor Kurt Hubers Abschiedsbrief zu zitieren.

Die Arbeiten vieler Autoren, die vor uns über die Weiße Rose und das Dritte Reich geschrieben haben, waren wichtig für uns; dazu zählen die Werke von Hamilton T. Burden, Klaus Drobisch, Hubert Hanisch, Richard Hanser, Inge Jens, Günter Kirchbergen, Anneliese Knoop-Graf, H. W. Koch, Mario Krebs, Melita Maschmann, Christian Petry, Inge Scholl, Michael Verhoeven, Hermann Vinke und Klaus Vielhaber.

Unser Lektor beim Verlag Little, Brown and Company interessierte sich für die Mitglieder der Weißen Rose genauso wie wir; die Zeit, die er für uns investierte, und seine Sachkenntnis waren für uns von großem Nutzen. Wir möchten auch Ingrid Schick und Arthur Thornhill Jr. für ihren Glauben an die Bedeutung dieses Projektes danken, sowie Robert Berkvist und Ken Emerson von der *New York Times*, die ihre Hilfe in diese Arbeit mit einbrachten.

Darüber hinaus danken wir den vielen Freunden, Verwandten, Kollegen und Lehrern für ihre Hilfe, ihre Anregungen und ihre Unterstützung: Lenore Brooks, Nelson Chipchin, Horst Conrad, Otto Dumbach, Lillian Gorfinkle, Hans Kohn, Martha Lampland, Eva Newborn-Gish, Ira Newborn, Kym Newborn, Barbara Roy, Susan Rubinowitz, Barbara Saidel, Susan Schultz, Linda Scovill, Marjorie Skotheim, Jeanie Stephan und Erik Wogstad.

Zuletzt und ganz besonders möchten wir Julius und Tatiana Chipchin Epstein dafür danken, daß sie die Klänge und Düfte Rußlands sowie den Anspruch an Politik und Geschichte ihrer Tochter in die Wiege legten; und wir danken Solomon und Rita Newborn dafür, daß sie Glauben und Liebe schenkten und ihrem Sohn klug und einfühlsam zeigten, wie man jüdische Ideale lebt.

Prolog

25. Februar 1943

Es begann dunkel zu werden in Berlin; die Nacht brach herein. Ein schlanker junger Mann in einer schon leicht schäbigen feldgrauen Uniform ging neben der Kaiser-Wilhelm-Gedächtnis-Kirche, einem ehrwürdigen, massiven Bau, der über das vornehme Gebiet des westlichen Berlins ragte, auf und ab, als ob er auf jemanden wartete. Es war 18 Uhr. Die Leute kamen um diese Zeit immer noch von der Arbeit, und einige gingen rasch in die Geschäfte, die noch nicht geschlossen hatten.

Der junge Mann in Uniform, Falk Harnack, war in Berlin aufgewachsen, hatte aber einige Jahre in München studiert. Jetzt war er beim Militär, stationiert in Chemnitz, in einer Stadt nahe der ehemaligen tschechischen Grenze. Er hatte ein sensibles, fein geschnittenes Gesicht, helles Haar und helle Augen – das Gesicht eines Künstlers. Er war tatsächlich ein Künstler, und zwar Dramaturg, und vor dem Krieg war er Dramaturg am Nationaltheater in Weimar gewesen.

Das Bild Berlins deprimierte ihn. Deutschland befand sich nun schon seit dreieinhalb Jahren im Krieg, und jede Woche Kampf an fernen Fronten grub tiefere Linien in das müde Antlitz der Stadt. Jedesmal, wenn Harnack in die Hauptstadt zurückkam, waren weniger elegante Geschäfte entlang der Tauentzienstraße und dem Kurfürstendamm geöffnet; jedesmal brannten weniger Lichter in den Straßen.

Wahrscheinlich durfte Falk Harnack an diesem Tage gar nicht offiziell in Berlin sein: Er hatte vermutlich weder einen Passierschein noch die Erlaubnis, seine Einheit in Chemnitz zu verlassen. Aber wie so viele andere konnte auch er damit rechnen, durch die Vielzahl von Stichproben und militärischen Kontrollen in den Zügen zu schlüpfen. Im Dritten Reich gab es so viele Männer in Uniform, daß es kaum möglich war, sie alle zu kontrollieren.

Harnack war um 18 Uhr mit Hans Scholl verabredet. Während die Minuten verstrichen, beobachtete er vielleicht das Straßenbild, oder er zündete sich eine Zigarette an und versuchte, sich zu entspannen. Auf den Straßen um die Verkehrsinsel herum, auf der die Kirche stand, gingen Männer in Uniform ähnlich der seinen, nur daß ihre staubig und schmutzig waren. Einige der Soldaten hatten verbundene Arme und Beine; einige gingen an Krücken oder Stöcken. Berlin war ein Hauptverkehrsknotenpunkt für Truppen, die von der russischen Front kamen; sogar die Gehbehinderten nutzten wohl die wenigen Stunden ihres Aufenthaltes, um sich die Sehenswürdigkeiten der Stadt anzusehen. Überall wimmelte es von grauen Wehrmachtsuniformen, aber niemand schien von ihnen Notiz zu nehmen zwischen den vereinzelten blauen Uniformen der Luftwaffe – Görings Elite – und der braunen Kluft der Parteimitglieder, die in ihren gut gebügelten Uniformen mit roten Armbinden vor Gesundheit und Wichtigkeit nur so strotzten.

Es wurde Zeit für Harnack, zu gehen. Hans Scholl, der Student aus München, den er erwartete, war nicht gekommen. Sie hatten noch ein zweites Treffen um 19 Uhr vereinbart, für den Fall, daß das erste nicht zustande kommen sollte. Harnack könnte sich überlegt haben, was er in der noch verbleibenden Dreiviertelstunde machen sollte. Vielleicht erwog er sogar, in die Kirche zu gehen. Nicht, daß er ein besonders gläubiger Mensch war, aber allein die bloße Gegenwart der Kirche beschwor schlimme Erinnerungen in ihm herauf, Erinnerungen, die jeder andere Mensch in seiner Lage auch nicht hätte unterdrücken können.

Vor zwei Monaten, am Heiligen Abend, war die Familie Harnack zusammengekommen, um das Lied »Ich bete an die Macht der Liebe« zu singen. Arvid Harnack, Falks älterer Bruder, hatte sich gewünscht, daß die Familie dieses Lied singen sollte – nach seinem Tod. Arvid war ein paar Tage vor Weihnachten von der Gestapo in Plötzensee, einem festungsähnlichen Gefängnis am Rande von Berlin, hingerichtet worden.

Vielleicht entschloß Harnack sich auch, die verdunkelten Straßen hinunterzuschlendern, anstatt in die Kirche zu gehen. Er hätte sich ohne Schwierigkeiten unter die blassen, ausdruckslos blickenden Passanten auf dem Ku'damm mischen können. Aber seine Gedanken dürften kaum unbeschwert gewesen sein. Sein Bruder, ein prominenter Beamter des Wirtschaftsministeriums, war verhaftet, gefoltert und als Mitglied des deutschen Widerstandes hingerichtet worden. Und nun, erst vor zehn Tagen, war auch seine amerikanische Schwägerin, Arvids Ehefrau Mildred, auf die gleiche Art und Weise hingerichtet worden. Mildred Fish-Harnack hatte Arvid vor Jahren an der Universität von Wisconsin in Madison kennengelernt. Sie hatte ihr Heimatland und ihre Familie verlassen, um mit ihrem Mann die Herausforderungen und Gefahren eines Lebens in einem ihr fremden Land zu teilen, das von Jahr zu Jahr kälter und unversöhnlicher wurde. Nun war auch sie tot.

Doch aller Wahrscheinlichkeit nach versagte sich der junge Mann solche Gedanken. Er war in Berlin, um Hans Scholl zu treffen und ihn und seine Freunde – die Müncher Gruppe, die ihre heimlich gedruckten Flugblätter mit »Die Weiße Rose« unterzeichnete – dem »Zentrum des Deutschen Widerstandes« vorzustellen; so hatte es zumindest Hans Scholl ausgedrückt, als sie sich ein paar Wochen zuvor in München getroffen hatten.

Scholl war für Harnack der Mentalität und dem Aussehen nach eher ein süddeutscher Typ; er war groß, dunkelhaarig und hatte braune Augen von bestechender Intensität. Er war ungefähr Mitte Zwanzig, also nur etwa fünf Jahre jünger als Falk. Harnack fühlte sich jedoch um Jahrzehnte älter, was Erfahrung und Einstellung anging. Als er Hans Scholl und seinem Freund Alex Schmorell zum erstenmal begegnet war und sie über organisierten Widerstand gesprochen hatten, hatten die beiden Süddeutschen auf ihn den Eindruck zorniger Unerfahrener gemacht – eine brisante Zusammensetzung. Sie schienen sich der Gefahren, denen sie sich durch ihre Taten aussetzten, kaum bewußt zu sein. Mildred und Arvid hatten diese Gefahren zwar gekannt, sie hatten sich keinerlei Illusionen über ihre Feinde gemacht, aber hatte dieses Wissen ihnen geholfen? Mildreds Haar war in den Monaten der Gestapohaft völlig weiß geworden, und auch ihr Gesicht war schmaler geworden. Dadurch hatte es viel lebhafter und eindringlicher gewirkt. Man hatte sie in einer geheimen Verhandlung zu sechs bis zehn Jahren Haft verurteilt, während über die Männer des Widerstandsnetzes die Todesstrafe verhängt worden war: Ihr Urteil war fast schon ein Gnadenakt gewesen. Doch es wurde von Adolf Hitler persönlich widerrufen, und Mildred mußte sterben, ebenso wie Arvid und die anderen, aufgehängt an einem Seil, das an einem Fleischerhaken befestigt war. Der Gefängnispfarrer berichtete später, daß ihre letzten Worte waren: »Und ich liebte Deutschland so sehr...«

Hans Scholl und Alex Schmorell. Harnack konnte diese beiden so ähnlichen Namen – Scholl und Schmorell – kaum auseinanderhalten, obwohl die beiden jungen Männer ganz unterschiedlich waren. Alex war groß, schlank und hatte goldbraunes Haar; in seinen Augen lag der Schalk, und er hatte eine lockere, zwanglose Art, die die Menschen um ihn herum lächeln machte. Man spürte, daß er zu der im Dritten Reich rar gewordenen Sorte Menschen gehörte, die am Leben festhielten auf eine leichte Art, die alles nicht so ernst nahm und immer dazu bereit war, sich auf etwas Neues einzulassen. Er brauchte die Würze von Abenteuer und Risiko, um das alltägliche, humorlose Einerlei ertragen zu können. Alex war Halbrusse, und seine Freunde nannten ihn Schurik – ein russischer Kosename für Alexander. Er paßte nicht ins Bild, der nette, unbescholtene Slawe in der grauen Wehrmachtuniform. Obwohl er Medizin studierte, wollte er eigentlich Bildhauer werden – ein Gleichgesinnter von Falk, ein Künstler in grauer Phalanx. Alex und Falk hatten sich von Anfang an verstanden: Wären andere Zeiten gewesen, hätten sie Freunde werden können; äußerlich sahen sie fast wie Brüder aus.

Harnack war Hans und Alex zuerst bei seinem militärischen Stützpunkt in Chemnitz begegnet, wohin sie illegal gekommen waren, um ihn zu treffen. Es schien Jahre zurückzuliegen, tatsächlich war es nur vier Monate her. Warum war er überhaupt damit einverstanden gewesen, sie zu treffen? Eine Freundin von ihm aus München, die Bildhauerin Lilo, hatte ihn darum gebeten; vielleicht war das der Hauptgrund, aber vielleicht war er auch ein bißchen neugierig gewesen, was sich hinter diesen Studenten aus München verbarg – München war schließlich nicht gerade eine Bastion des Widerstandes.

Harnack war selbst Student an der Münchner Universität gewesen; er hatte beobachtet, wie die Braunhemden die Universität und die Stadt 1933 vereinnahmten. Er und seine Freunde hatten sie bekämpft – aber das war zehn Jahre her, in den Anfängen der Gewaltherrschaft. Er, Günther Groll und die anderen hatten auch Flugblätter verteilt, die die Leute aufforderten, sich Hitler zu widersetzen; sie hatten versucht, Gebäude der Nazis in München zu sabotieren; sie hatten sich mit Studenten in brauner Uniform geschlagen. Damals hatten sie nicht glauben können, daß Hitler an der Macht bleiben würde, daß die Nation stillschweigend zusehen würde, wie Männer und Frauen, die aufstanden und sich wehrten, zerstört wurden, zu Tode geprügelt, als ob ein verrückt gewordener Riese Mücken zerquetschte, die ihm lästig waren.

Harnack und seine Freunde hatten im Jahr 1938 zu einem Universitätsstreik aufgerufen, doch dies war ein totaler Mißerfolg gewesen. Bald danach, nachdem er den Doktor in Theaterwissenschaften erworben hatte, hatte Falk München verlassen, um am Theater in Weimar zu arbeiten.

Hans und Alex hatten ihn an einem Samstagmorgen im letzten November besucht. Sie hatten sich außerhalb der Kaserne getroffen und waren zum »Sächsischen Hof«, einem Gasthof im nahen Chemnitz, gegangen. Dort hatten auch Arvid und Mildred übernachtet, als sie ihn besucht hatten. Die drei jungen Männer hatten den ganzen Tag und die ganze Nacht geredet, zuerst in der kleinen Kneipe unten, später oben in ihrem Zimmer. Es hatte keinen Grund zu Geheimniskrämerei gegeben; Vertrauen war und mußte uneingeschränkt sein. Die beiden hatten Harnack Kopien von Flugblättern der Weißen Rose gegeben, die sie seit dem Sommer 1942 geschrieben, vervielfältigt und in München verteilt hatten. Es waren vier Flugblätter, mit einzeiligem Abstand und schlecht getippt, auf billigem Vervielfältigungspapier, aber voller Zorn.

Ungeduldig hatten Hans und Alex auf Falks Reaktion gewartet. Seine Antwort war unverblümt gewesen. Er hatte ihnen gesagt, daß ihre Flugblätter viel zu akademisch, intellektuell und ausgeschmückt seien, um eine Wirkung auf die breite Masse haben zu können. Man könne sofort erkennen, daß sie von Intellektuellen verfaßt worden seien, die in einer Welt von Literatur und Philosophie lebten, aber nicht die Sprache der arbeitenden Bevölkerung sprachen. Die beiden hatten ihm zugestimmt. Sie waren willig zu lernen; sie wollten sich das Handwerkszeug für die Arbeit im Untergrund aneignen. Sie hatten begriffen, daß die Flugblätter nur ein Anfang waren, und sie wollten sich mit dem Netzwerk des Deutschen Widerstandes verbinden. In München waren sie isoliert gewesen, eine Handvoll Studenten, von denen ein paar kurz an der russischen Front gewesen waren. Diese Erfahrung hatte ihre Entschlossenheit nur noch verdoppelt: Der Krieg mußte beendet und Hitler vernichtet werden; das war der einzige Weg, Deutschland zu retten und seinen rechtmäßigen Platz in der Völkergemeinschaft zurückzuerlangen.

Harnack hatte sie gewarnt, daß Widerstand sich nicht auf wohlmeinende Intellektuelle und ihre Empörung, sondern nur auf kalte und rationale Prämissen stützen dürfe. Man müsse eine breite antifaschistische Front in jeder Stadt des Nazideutschlands aufbauen, von den Kommunisten auf der linken, über die Sozialdemokraten und Liberalen, bis hin zu den Konservativen und der Militäropposition auf der rechten Seite. Die Menschen, die einander während der Weimarer Zeit gehaßt hatten, müßten die Vergangenheit vergessen und mit dem einen großen Ziel zusammenarbeiten, Hitler zu töten, die Regierung zu stürzen und Frieden mit den Alliierten auszuhandeln.

Alex und Hans hatten erregt aufgenommen, was Harnack ihnen zu sagen hatte. Es war klar, daß sie nicht erwartet hatten, von solch ehrgeizigen Plänen zu hören. Die drei hatten stundenlang weitergeredet; sie hatten sich sogar ausgemalt, wie die Welt aussehen würde, wenn ihre Pläne Erfolg haben sollten. Hans wollte nach dem Krieg sein Medizinstudium aufgeben und in die Politik gehen. Verschwörer haben oft das Bedürfnis, weit vorauszudenken.

Harnacks Pläne für Hans Scholl in Berlin waren noch nicht ganz klar, aber eine Begegnung war jedenfalls schon ausgemacht worden: Er würde Scholl sofort mit der Widerstandsbewegung um Bonhoeffer zusammenbringen. Harnack hatte an diesem Nachmittag bereits um 16 Uhr Dietrich und Klaus Bonhoeffer in ihrer Wohnung aufgesucht. Nach seinem letzten kurzen Besuch im Gestapo-Hauptquartier vor der Hinrichtung seines Bruders Arvid hatte Falk den bemerkenswerten Pfarrer und seinen Bruder näher kennengelernt. Arvid hatte ihm vor seinem Tode aufgetragen, den Kontakt mit dem Widerstand aufrechtzuerhalten. Ob man nun ein überzeugter Protestant war oder nicht, Dietrich Bonhoeffer war ein Mann, der große Bewunderung hervorrief. Allein seine Erscheinung, sein freundliches Gesicht hinter der runden Gelehrtenbrille erweckte Vertrauen und fast eine Art Erleichterung, daß ein solcher Mann in dieser Zeit und an diesem Ort existieren konnte.

Bonhoeffer hatte mit Harnacks Onkel an der Universität von Berlin Theologie studiert und war einer der Gründer und führenden Köpfe der Bekennenden Kirche, die sich dagegen wehrte, sich mit Hitler und seinen Machenschaften, wie Verfolgung der Juden, expansive Politik und Mord, abzufinden.

Bonhoeffer *war* Widerstand. Seine Hinrichtung im Jahre 1945 im Konzentrationslager Flossenbürg, nur wenige Tage vor der Befreiung durch die Alliierten, hat eine Art düsterer Unvermeidbarkeit; sie war das Schicksal eines Mannes, der für alles Positive und Wertvolle, das seine Nation hervorgebracht hatte und nun ablehnte, einstand. Ein ehemaliger Häftling, der in den letzten Kriegsjahren zusammen mit Bonhoeffer im Gefängnis saß, berichtete später, daß »man nicht länger ein Feigling sein konnte, wenn er ins Zimmer trat«. Er glaubte an ein unmittelbares Engagement mit dem und für den einzelnen Mitmenschen; er glaubte, daß Frömmigkeit allein nicht Christentum bedeute, sondern nur eine leere Entschuldigung sei, um das Gewissen zu beruhigen. Im Februar 1943 hatte Bonhoeffer bereits Verbindung zu den Offizieren, Regierungsbeamten und Adligen, die 1944 an dem Anschlag auf Hitler beteiligt sein würden, und er hatte ebenfalls Kontakt zu Linken wie Arvid Harnack und seinem Kreis. Bonhoeffer trat für eine geeinte Widerstandsbewegung ein, wobei seiner Meinung nach ideologische und konfessionelle Beweggründe zweitrangig, wenn nicht gar völlig unbedeutend waren.

Bei Harnacks Besuch an diesem Nachmittag hatte Bonhoeffer diesem sicherlich sein herzliches Beileid zum Tod von Arvid und Mildred ausgesprochen; wahrscheinlich war dabei kein Wort darüber verloren worden, daß beide – Bonhoeffer und das Ehepaar Harnack – die Chance zur Flucht ungenutzt hatten vergehen lassen. Sie alle hatten die Vereinigten Staaten in den späten dreißiger Jahren wiederholt besucht. Allen dreien war Asyl angeboten worden; Freunde hatten sie gebeten, nicht nach Deutschland zurückzukehren. Doch sie hatten diese Angebote abgelehnt. Bonhoeffer schrieb an Reinhold Niebuhr vom Union Theological Seminary in New York, daß er nicht in Amerika bleiben könne, daß er die Last des deutschen Volkes mittragen müsse, um nach dem Krieg ein Recht darauf zu haben, am Wiederaufbau einer moralischen und gerechten deutschen Gesellschaft mitwirken zu können.

Um 19 Uhr kehrte Harnack zum Treffpunkt zurück. Scholl war nicht da. Langsam verstrichen die Minuten. Es war gerade drei Wochen her, daß Harnack Anfang Februar nach München gefahren war und Scholl gesehen hatte. Zwei Tage lang hatte er sich mit der Gruppe in Scholls Zimmer in der Franz-Joseph-Straße in Schwabing, dem Künstlerviertel der Stadt, unweit der Universität, getroffen. Hans Scholl lebte in einer typischen Studentenbude: Drucke von französischen Impressionisten waren an die Wände gepinnt, und Stapel von Büchern und Manuskripten lagen herum. Es herrschte eine Art von improvisiertem Chaos, das – wenn überhaupt jemandem – nur Studenten in der sonst so sauberen und gut organisierten Gesellschaft des Dritten Reiches erlaubt war. Alex hatte Harnack informiert, daß die Flugblätter wider Erwarten doch eine Wirkung in München gezeigt hätten. Als der Gauleiter Bayerns anläßlich einer Gedenkfeier der Universität im Januar eine beleidigende und rüpelhafte Rede hielt, hätten Studenten spontan protestiert. Die Flugblätter hatten zweifelsohne dazu beigetragen, den Mut zu einer solchen Handlung aufzubringen.

Schmorell, Scholl und ihr Freund Willi Graf waren inzwischen sogar noch einen Schritt weitergegangen: Nachts malten sie Anti-Nazi-Parolen an die Wände der Universität und anderer öffentlicher Gebäude; dabei trugen sie geladene Pistolen bei sich, um sich zu schützen. Die Nazis setzten Zwangsarbeiterinnen aus dem Osten ein, um die Worte »Nieder mit Hitler!« und »Freiheit!« wegzuschrubben, aber die Spuren der Schrift blieben trotzdem sichtbar.

Harnack hatte wohl die Spannung im Raum empfunden; diese jungen Leute schienen schon seit Tagen nicht mehr geschlafen zu haben. Wenn er sich im Zimmer umsah, überkam ihn ein ungutes Gefühl: Überall meinte er Spuren von Sorglosigkeit zu entdecken. Hier lagen Aufsätze, die vielleicht Entwürfe für neue Flugblätter waren, dort entdeckte er Listen mit Namen und Adressen.

Am nächsten Tag hatte Hans darauf bestanden, daß Harnack mit ihm zur Universität gehen und Professor Kurt Huber überzeugen solle, an diesem Nachmittag zu einem Gruppentreffen in Hans' Zimmer zu kommen. Huber war der einzige Dozent, der mit ihnen sympathisierte und sogar soweit ging, ihnen beim Aufsetzen der Flugblätter zu helfen. Sie paßten ihn nach seinem Seminar ab. Zunächst zögerte er zu kommen und stand offensichtlich Harnack und seinen linken politischen Ideen ein wenig argwöhnisch gegenüber. Aber Hans bat so lange, bis Huber sich schließlich einverstanden erklärte zu kommen.

Mit Ausnahme von Christoph Probst war der Kern der Gruppe da, alle in dicken Mänteln und Schals, denn der Brennstoff für die Wohnung war ausgegangen. Auch Sophie Scholl, die Schwester von Hans, war anwesend, dunkel, ernst und still. Sie hörte aufmerksam zu, trug aber zur Diskussion selbst nichts bei. Willi Graf, mit tiefblauen Augen, dessen blondes Haar sich bereits lichtete, war ebenfalls ruhig und aufmerksam; er war vermutlich die am wenigsten zugängliche Person in der Gruppe. Professor Huber machte einen erschöpften und angespannten Eindruck. Harnack hatte Jahre zuvor seine Vorlesungen besucht und kannte Hubers tief konservative politische und soziale Einstellung.

Die Diskussion geriet schnell zum Konflikt. Harnack sagte

nur wenig, obwohl er ganz offensichtlich der Mittelpunkt der Auseinandersetzung war. Schmorell stritt sich mit Huber; der bitterste Zusammenstoß aber erfolgte zwischen Huber und Hans Scholl, dem Studenten, den er ermutigt, unterstützt und inspiriert hatte. Der Moment des ideologischen Bruchs war gekommen: Jetzt handelte es sich nicht mehr nur um die Frage des Widerstandes an sich. Huber lehnte jegliche Zusammenarbeit mit Kommunisten ab. Er war der Ansicht, daß die Nazis im Grunde nichts anderes als die deutsche Version des Bolschewismus seien, und aus diesem Grunde verabscheute er sie.

Schließlich ging Harnack, eine äußerst gespannte Atmosphäre zurücklassend. Man hatte aber doch noch Tag und Stunde für ein Treffen in Berlin vereinbart – heute, Donnerstag, den 25. Februar 1943: Die Gruppe war trotz aller Meinungsverschiedenheiten entschlossen weiterzumachen.

Nun war es bereits 19.20 Uhr; auch der zweite verabredete Zeitpunkt war vorbei.

Hans Scholl kam nicht.

Harnack wußte nicht, warum, aber er muß gewußt haben, daß etwas schiefgegangen war. Er konnte nicht wissen, wie sehr, denn die Neuigkeiten hatten Berlin noch nicht erreicht.

Drei Tage zuvor, am 22. Februar 1943, waren Hans Scholl, seine Schwester Sophie und ihr Freund Christoph Probst vom Volksgerichtshof in München wegen Hochverrats zum Tode verurteilt worden. Um 17 Uhr desselben Tages hatte man sie geköpft.

Falk Harnack konnte auch nicht wissen, daß er am Ende des Jahres als einziger von all denen, die bei jenem letzten Treffen in München dabeigewesen waren, noch am Leben sein würde.

Erstes Kapitel

Die erste Woche im Mai 1942

Als der Zug den Ulmer Bahnhof verließ, lehnte sich Sophie Scholl in ihrem Sitz zurück. Für Anfang Mai war es ein ungewöhnlich warmer Tag, und die Reise versprach angenehm zu werden. Sie saß allein in ihrem Abteil, als sich der Zug in Richtung München in Bewegung setzte. Auf der Ablage über ihrem Kopf lag ein Koffer; neben ihr auf dem Sitz stand eine kleine Tasche mit einer Flasche Wein und einem Kuchen.

An der Erscheinung der jungen Frau war nichts Ungewöhnliches; sie war schlank, hatte schulterlanges braunes Haar und braune Augen. Sie war einfach gekleidet, mit einem braunkarierten Faltenrock und einem rosa Pullover; die frische Margerite, die sie hinter das eine Ohr gesteckt hatte, war vielleicht das einzig Ungewöhnliche an ihr, und sie sah damit jünger aus als einundzwanzig. Sie machte einen ordentlichen und anständigen Eindruck, trug kein Make-up, und es war deutlich, daß sie ihrer äußeren Erscheinung keine allzu große Bedeutung beimaß.

Der Zug fuhr nun schnell und rumpelte durch die Vororte der Stadt. Durch das Fenster konnte die junge Frau die Konturen des hohen Turmes des Ulmer Münsters sehen, das sich über dem alten Stadtzentrum erhob; unterhalb, direkt am Münsterplatz, lag ihr Elternhaus.

Obwohl man ihrem Gesicht nichts ansah, hatte sie doch der Abschied von ihrem Elternhaus stark bewegt. In ein paar Tagen würde sie ihren einundzwanzigsten Geburtstag feiern, und diese Fahrt nach München bedeutete einen Wendepunkt in ihrem Leben. Sie wollte an der Universität studieren, ein Ziel, für das sie gearbeitet und auf das sie gewartet hatte, seit sie achtzehn geworden war und ihr Abitur bestanden hatte.

Der Zug ratterte über die Donau, deren Oberfläche im Sonnenlicht glitzerte. Dann verschwand der Fluß. Schon gingen die Vororte in Wiesen über, die voll mit saftig gelbem Löwenzahn waren. Egal, wie aufgeregt sie war, sie machte sich im Geiste eine Notiz über diese vorbeifliegenden Eindrücke, um sie später in ihrem Tagebuch festhalten zu können. Die Natur bedeutete ihr sehr viel: Der Anblick eines Flusses oder die vorbeiziehenden Konturen der Landschaft gaben ihr ein Gefühl von Frieden und innerer Ruhe; ihre Tagebücher, Briefe und Schulaufsätze waren voll von Naturbeschreibungen.

So wenig ich einen klaren Bach sehen kann, ohne nicht mindestens die Füße hineinzuhängen, genausowenig kann ich an einer Wiese zur Maienzeit vorübergehen. Es gibt nichts Verlockenderes als solchen duftenden Grund, über dem die Blüten der Wiesenkerbel wie ein lichter Schaum schweben, daraus Obstbäume ihre blütenbesteckten Zweige recken, als wollten sie sich erretten aus diesem Meer der Seligkeit. – Nein, ich muß meinem Wege untreu werden, muß mich hineinsinken lassen in diese reiche Fülle vielgestaltigen Lebens ... Wenn ich meinen Kopf wende, berührt er den rauhen Stamm eines Apfelbaumes neben mir. Wie beschützend er seine guten Äste über mir ausbreitet! Spüre ich nicht, wie unaufhörlich Säfte aus seinen Wurzeln steigen, um auch das kleinste Blättchen sorgend zu erhalten? Höre ich vielleicht einen geheimen Pulsschlag? Ich drücke mein Gesicht an seine dunkle, warme Rinde und denke: Heimat, und bin so unsäglich dankbar in diesem Augenblick.[1]

Sophie Scholls lyrische Gedanken entsprachen wohl kaum den Überlegungen eines durchschnittlichen deutschen Mädchens im Frühjahr 1942, mitten im Krieg, aber sie waren auch nicht völlig ungewöhnlich. Seit dem späten 19. Jahrhundert wandten sich junge Menschen in Deutschland vermehrt der Natur zu, um der einengenden Gesellschaft um sich herum zu entfliehen. Unter dem Namen *Wandervogel* fanden sich Gruppen von Jugendlichen zusammen, meist männliche Studenten, die über Berge und Hügel streiften, an Seen und Flüssen zelteten, gemeinsam Volkslieder sangen und nachts Gedichte rezitierten. Sie wurden zu einer deutschen Tradition und symbolisierten eine ganz bestimmte Lebensauffassung. Der Umgang mit der lebendigen Natur, mit Sonne, Wasser und den Lebewesen der Erde war eine Möglichkeit für sie, ihre persönliche Freiheit zu finden, gegen die Regeln und Einschränkungen der bürgerlichen Gesellschaft zu protestieren und ihre Ablehnung des häßlichen Schmutzes der Industriestädte, die die Felder und Wälder verdrängten, zu zeigen, eine Möglichkeit, ihre Jugend und Reinheit zu bewahren.

In dieser Tradition entstanden Literatur und Philosophie, Lieder und Gedichte. Bis in die ersten Kriegsjahre hinein verbrachten viele junge Leute ihre Ferien damit, Berge zu erklettern und Täler zu durchwandern. Einige gingen sogar ins Ausland und erkundeten zu Fuß Länder wie Finnland, Jugoslawien oder Italien. Vielleicht ist in keinem anderen Land der Welt die Idee, sich in einer Gruppe mit der Natur zu beschäftigen – selbst Teil der Natur zu werden, indem man ihre Herausforderungen annimmt und nach der tieferen Wahrheit, nach dem Sinn in der Natur sucht – ein derart elementarer Lebensbestandteil wie bei der gebildeten Jugend Deutschlands in dieser Zeit gewesen.

Das auf diese Weise zum Ausdruck gebrachte Freiheitsstreben der deutschen Jugend setzte sich jedoch nicht in politische Aktivitäten oder Bewegungen um, die soziale Veränderungen forderten. Ihre große Bewunderung für exotische Kulturen auf der ganzen Welt zog nicht notwendigerweise die Anerkennung ethischer Minderheiten im eigenen Land nach sich, und ihre Weltfremdheit machte diese Jugend letztlich zum potentiellen Opfer derjenigen, die schließlich ihre Hoffnungen mißbrauchten und sich den idealistischen Protest der Zurück-zur-Natur-Bewegung geschickt zunutze machten.

Von 1933 an, nachdem sich das Dritte Reich fest etabliert hatte, wurden die Gedanken und Aspekte dieser (Jugend-)Bewegung gezielt in die nationalsozialistische Ideologie und Hitlers Jugendprogramme eingebaut. Aus Protest gegen diesen ideologischen Mißbrauch gründeten einige wenige Jugendliche eigene geheime Organisationen, die sie gegen die Partei unter großen persönlichen Risiken aufrechtzuerhalten versuchten.

Im Frühjahr 1942 gab es jedoch nur wenige junge Leute mit solchen Sorgen. Die meisten waren beim Militär – eine sehr große Zahl von ihnen kämpfte in Rußland –, oder sie mußten ihrer Staatspflicht in anderen Aufgabenbereichen genügen. So war auch Sophie Scholl nach ihrer Ausbildung zur Kindergärtnerin in ein militärisch organisiertes Arbeitslager abkommandiert worden. Von dort aus mußte sie Bauern bei der Feldarbeit helfen, denen es aufgrund der Mobilmachung an Arbeitskräften mangelte. Danach mußte sie noch ein weiteres halbes Jahr in einem zu der Munitionsfabrik in Blumberg gehörenden Kindergarten arbeiten.

Doch all das lag nun hinter ihr. In wenigen Stunden würde sie ihren Geburtstag feiern, zusammen mit ihrem älteren Bruder Hans, der sicher schon in München auf dem Bahnhof auf sie wartete.

Sophie Scholl war eine ungewöhnlich nachdenkliche junge Frau. Ihre Tagebücher und ihre Briefe an ihren Verlobten, Fritz Hartnagel, der als Offizier an der russischen Front Dienst tat, zeugten von tiefer Sorge angesichts der harten Realität des Krieges. Sie hatte den festen Willen, egal, wie schwierig ihre Lage auch werden würde, sich weder dem Selbstmitleid hinzugeben noch egoistisch zu sein – in einer Zeit, in der Männer und Frauen Leid und Tod in einem brutalen und sinnlosen Krieg erdulden mußten. Selbst ihre tief empfundene Freude darüber, endlich das langersehnte Ziel erreicht zu haben, an einer Universität studieren zu dürfen – was übrigens durchaus nicht selbstverständlich war in einem Land, in dem die Zahl der weiblichen Studenten auf zehn Prozent der Gesamtzahl begrenzt war –, wurde überschattet von Schuldgefühlen und der Sorge um Fritz und ihre anderen Freunde an der Front.

Solch ambivalente Gefühle gegenüber der eigenen Freude und dem Recht, sich zu vergnügen, während andere leiden mußten, waren ein Charakteristikum der Familie Scholl. Das Leben im Dritten Reich war für die fünf Kinder der Scholls eine vielschichtige und widersprüchliche Erfahrung. Sophie, das vierte Kind und die jüngste Tochter, hatte zu Hause immer emotionale und relative wirtschaftliche Sicherheit erfahren; ihre Eltern waren ein harmonisches Ehepaar. Ihr Vater, Robert Scholl, war Bürgermeister in verschiedenen kleinen Städten Schwabens gewesen, einer Gegend im Südwesten Deutschlands, die für ihren landschaftlichen Charme, die Sparsamkeit der Menschen und einen unabhängigen Geist bekannt war. Später ließ sich die Familie in Ulm nieder, wo der Vater ein eigenes Büro als Steuer- und Wirtschaftsberater eröffnete. Er war ein großer, behäbiger Mann mit festen Ansichten, die er unbedingt verkünden mußte. Er hatte schon immer eine eigene Meinung vertreten, die selten mit den Ansichten der Allgemeinheit übereinstimmte. Im Ersten Weltkrieg hatte er wegen seiner pazifistischen Überzeugung als Sanitäter gedient und dabei die protestantische Krankenschwester Magdalena kennengelernt, die dann seine Frau wurde.

Frau Scholl war eine freundliche und sanfte Frau, die ihren Ehemann, ihre Kinder und ihr Heim zum Zentrum und zur Hauptaufgabe ihres Lebens gemacht hatte. So war sie – ganz im traditionellen Sinne – der Rückhalt ihres tatkräftigen und eigenwilligen Mannes. Sie versuchte, die Wogen zu glätten und den Frieden zu bewahren, denn Robert Scholl war kein Mann, der ohne weiteres die Vorurteile und Werte der ländlichen und kleinbürgerlichen Gesellschaft übernahm, in der er lebte. Auch als er in den zwanziger Jahren Bürgermeister wurde, hatte er es nicht für nötig gehalten, die lokalen Gaststätten zu besuchen, um mit den Bauern und Kaufleuten bei einem Glas Wein oder Bier zu plaudern. Als dann gegen Ende des Jahrzehnts das politische Klima immer konservativere Züge annahm, verlor er seinen Bürgermeisterposten, weil er zu liberal eingestellt war. Später, in Ulm, hielt er den Kontakt zu jüdischen Freunden und Geschäftspartnern trotz des Drucks von außen aufrecht; außerdem traf er sich mit jungen Künstlern, die wie er das neue Regime verachteten.

Es gibt einen treffenden Ausdruck für Individualisten wie Robert Scholl: *Einzelgänger*, jemand, der seinen Weg unbeirrt geht, ohne sich zu unterwerfen. In diesem Sinne erzog er auch seine Kinder; es war kein einfaches, aber ein reiches und erfülltes Leben. Der Preis, den er letztendlich dafür zahlen mußte, war der höchste, den man von einem Vater überhaupt fordern kann.

Sophie muß sich ein wenig unwohl gefühlt haben, wenn sie an die Trennung von ihrer Familie in Ulm dachte, die in all den Jahren immer mehr zu einer Insel der Geborgenheit geworden war in einer Gesellschaft, die auf den Wahnsinn zutrieb. Am Anfang war alles ganz anders gewesen. Als ihr Bruder Hans noch aktiver Führer in der Hitlerjugend war – alle Kinder waren in dieser nationalsozialistischen Jugendorganisation –, waren die zunehmenden Konflikte mit ihrem Vater die einzigen Probleme in ihrem Leben. Doch nach und nach verloren alle Scholl-Kinder jegliche Illusion über den Nationalsozialismus, und nach diesen wenigen Jahren voller Spannungen war die Familie wieder versöhnt. Während es zuvor so ausgesehen hatte, als würden sich die Kinder, ebenso wie die meisten anderen Gleichaltrigen, für den Nationalsozialismus begeistern und sich damit gegen ihre Eltern stellen, waren nun ihre politischen und sozialen Ansichten wieder im Einklang mit ihren natürlichen Gefühlen. Zusammen mit einer lockeren Gruppe gleichdenkender Freunde stand die Familie Scholl einem Regime gegenüber, das nach und nach immer stärkeren Einfluß auf ihr bis dahin friedliches und freies Leben nahm.

Langsam fuhr der Zug auf der Strecke Ulm–Augsburg durch Bayern Richtung Osten. Wenn Sophie aus dem Fenster schaute, konnte sie eine dem Schwabenland noch immer ganz ähnliche Landschaft mit sorgsam bestellten Feldern sehen. Als der Zug dann durch Kleinstädte und schließlich durch die Vororte von Augsburg fuhr, säumten gut gepflegte Schrebergärten die Gleise. Diese Grundstücke waren vorwiegend an besonders tüchtige Angestellte der Deutschen Reichsbahn verpachtet worden; sie waren ordentlich mit weißen Pfählen eingezäunt, und in der Mitte des Grundstückes stand meist ein kleiner Geräteschuppen, der mit seinen Blumenkästen vor den Fenstern wie ein Einfamilienhaus aussah. Das eigene Stück Land gehörte fest zur Vorstellung dieser Menschen von irdischem Glück. Auch wenn es ihnen nicht wirklich gehörte, so genügte es doch für schöne Wochenenden und gab ihnen das Gefühl, ebenso wie die Blumen und Gemüsesorten, die sie anpflanzten, Teil der Natur zu sein.

Im Frühjahr 1942 hatten diese Schrebergärten noch mehr an Bedeutung gewonnen: Sie waren zu einem Teil der Initiative »Heimatfront« geworden, in der es darum ging, Lebensmittel zu produzieren, um die Ernährung der Bevölkerung und des Heeres sicherzustellen. Gerade jetzt, wo die Nahrungsmittel immer knapper wurden, war eine solche Initiative sehr wichtig. Deutschland hatte gerade einen harten Winter hinter sich, zusätzlich erschwert durch den Krieg gegen Rußland, der als »Blitzkrieg« propagiert worden war und sich statt dessen festgefahren hatte. Hitler war erzürnt über das Sinken der öffentlichen Moral in diesem Winter: »Wenn das deutsche Volk nicht darauf vorbereitet ist, sein eigenes Überleben durchzusetzen, gut, dann soll es untergehen.« Im Frühjahr wendete sich dann jedoch das Blatt; man hatte den Winter überstanden und begann wieder vorsichtig auf Besserung zu hoffen. Es gab keine wesentlichen Anzeichen einer Opposition. Im Moment waren die Menschen sogar besonders enthusiastischer Stimmung, denn die U-Boot-Kampagne gegen die Schiffe der Alliierten war erfolgreich verlaufen, und im März hatte Hitler versichert, daß man die »bolschewistischen Horden«, die im letzten Winter nicht hatten geschlagen werden können, im kommenden Sommer vernichten werde. Selbst die neue Methode der Alliierten, Bombenteppiche zu legen, konnte die Zuversicht und Entschlossenheit der deutschen Heimatfront nicht erschüttern, wenn die Menschen auch Angst vor dem hatten, was noch auf sie zukommen würde. Nur drei Wochen, bevor Sophie durch Augsburg fuhr, war die Stadt mit ihren Renaissance-Fassaden am hellichten Tage von einem Luftangriff überrascht worden – sehr zum Schrecken ihrer Einwohner.

Der Winter 1941/42 war auch für Sophie Scholl eine harte Zeit gewesen. Vor mehr als zwei Jahren hatte sie ihr Abitur gemacht, trotz der Maßregelungen des Rektors ihrer Schule, der von ihrer fehlenden Begeisterung für den Nationalsozialismus wußte. Doch dann waren eine Reihe von Schwierigkeiten aufgetreten, die sie daran gehindert hatten, zu ihrem Bruder Hans an die Universität zu gehen. Zuerst hatte sie eine Ausbildung als Kindergärtnerin absolviert, die sie als Übergangslösung zu nutzen versucht hatte, um eine Zwangsverpflichtung zur Feldarbeit im Rahmen des Arbeitsdienstes zu umgehen. Das war ihr jedoch nicht gelungen, und so hatte sie sechs Monate schwerer Arbeit und Belehrungen unter der Aufsicht von fanatischen Nazi-Führerinnen erdulden müssen.

Danach hatte sie geglaubt, der Weg zum Studium sei nun frei, doch sie war nochmals im Rahmen des sogenannten Kriegshilfeprogramms verpflichtet worden und mußte ein weiteres halbes Jahr in einem Kindergarten arbeiten, der zu einer Munitionsfabrik in Blumberg, nahe der Schweizer Grenze, gehörte. Sie hatte sich fügen müssen; es gab keinen Ausweg.

Die Mütter, deren Kinder sie zu beaufsichtigen hatte, arbeiteten in einer Ziegelei, in der Metallteile für militärische Zwecke produziert wurden. Blumberg selbst war eine häßliche kleine Industriestadt. Sophie fand es schwierig, irgend etwas zu finden, was sie mit der Stadt hätte versöhnen können, obwohl sie die Kinder durchaus liebgewann. Doch ihre Arbeit war unselbständig und ermüdend; außerdem war ihr immer bewußt, daß sie damit indirekt zur Fortsetzung eines Krieges beitrug, den sie mißbilligte und der von einem Regime geführt wurde, das sie inzwischen für kriminell hielt.

In Blumberg gab es niemanden, der so dachte wie sie, niemanden, mit dem sie hätte sprechen können; es war eine deprimierende Zeit für Sophie. Damals schrieb sie in ihr Tagebuch:

> *Viele Menschen glauben von unserer Zeit, daß sie die letzte sei. Alle die schrecklichen Zeichen können es glauben machen. Aber ist dieser Glaube nicht von nebensächlicher Bedeutung? Denn muß nicht jeder Mensch, einerlei, in welcher Zeit er lebt, dauernd damit rechnen, im nächsten Augenblick von Gott zur Rechenschaft gezogen zu werden? Weiß ich denn, ob ich morgen früh noch lebe? Eine Bombe könnte uns heute nacht alle vernichten. Und dann wäre meine Schuld nicht kleiner, als wenn ich mit der Erde und den Sternen zusammen untergehen würde.*[2]

Während Sophie in Blumberg arbeitete, wurde Fritz Hartnagel kurzzeitig aus Rußland zurückbeordert, um neue Soldaten für die Front in Nordafrika auszubilden. An manchen Wochenenden gelang es Sophie, sich freizumachen und Fritz im nahen Freiburg zu treffen. Sie hatten sich bei einem Tanzabend in Ulm kennengelernt; Sophie war sechzehn, Fritz zwanzig Jahre alt gewesen. Seine zuvorkommende und freundliche Art hatte ihr sofort gefallen. Doch schon bald bemerkte sie, daß sie beide in politischen Fragen beunruhigend unterschiedliche Ansichten vertraten. Fritz war in einem konservativen, wenn auch nicht nationalsozialistischen Elternhaus erzogen worden und strebte eine Karriere als Soldat an. Loyalität der Wehrmacht gegenüber war für ihn schon lange vor dem Aufstieg Hitlers eine Ehrensache gewesen; Fritz schien zu glauben, er könne diese beiden Seiten Deutschlands getrennt halten.

Sophie schrieb Fritz aufrichtig von ihren Gefühlen, was die Entwicklung ihrer Beziehung anging, aber sie tat dies auf eine forsche und widersprüchliche Art und Weise, die ihrem eigensinnigen und sensiblen Jungmädchen-Charakter entsprach:

»Nicht wahr, manchmal abends denkst Du an mich? Du träumst dann manchmal von unseren Ferien. Aber denke nicht nur an mich, wie ich bin, sondern auch, wie ich sein möchte. Erst wenn Du mich dann noch ebenso lieb hast, können wir uns ganz verstehen.«[3] Als Soldat brauchte Fritz die Gewißheit, daß Sophie zu Hause auf ihn wartete. Später aber, als der Krieg sich hinzog und ihr Schrecken vor diesem Krieg immer größer wurde, empfand Sophie es als dringend notwendig, daß Fritz ihre politische Überzeugung verstand und daß er begriff, daß sie nicht nur eine weibliche Laune, sondern ein grundlegender Teil ihres Lebens war. »Ich nahm unbewußt immer noch etwas Rücksicht auf Deinen Beruf, in dem Du gebunden bist, daß es vielleicht letzten Endes auch ausmacht, daß Du diese Dinge vorsichtiger wägst, vielleicht auch Zugeständnisse machst, hierhin und dorthin. Ich kann es mir nicht vorstellen, daß man etwa zusammenleben kann, wenn man in solchen Fragen verschiedener Ansicht, oder doch zum mindesten verschiedenen Wirkens ist«, schrieb sie.[4]

Doch trotzdem schrieb sie ihm weiter; allmählich begann er seine Einstellung zu ändern, und ihre tiefen Gefühle für ihn hatten weiter Bestand. Im Februar 1941, kurz nachdem er auf der Durchreise in Ulm gewesen war, schrieb sie an Fritz:

Dann, als ich heimdurfte, da kam mir erst, daß Du fort bist, nicht zu ändern. Alle Tage vorher wartete nach der Schule ein Abend mit Dir auf mich, jetzt nimmer, komisches Gefühl. Ich hatte mich schon zu sehr an Deine Wärme gewöhnt. Das ist auch eine Gefahr. Zu Hause guckte ich nur die Hefte an, die Du kurz vorher gekauft hattest, und hatte die blödsinnige Hoffnung, etwas von Dir zu finden, eigens noch für mich bestimmt. Ich hätte gerne noch etwas von Dir gehabt, das ich immer bei mir haben könnte, den andern unauffällig.[5]

Hinter Augsburg konnte Sophie durch ihr Zugfenster schon das flache Land vor München sehen. In zwanzig Minuten würde ihr Zug im Münchner Hauptbahnhof einlaufen. Die Bahnsteige würden voll von jungen Leuten sein, die ankamen, und anderen, die dort warteten, um sie zu begrüßen. Sicher waren viele junge Männer in Uniform darunter. Und irgendwo auf dem Bahnsteig würde Hans stehen und auf sie warten.

Während der letzten Monate in Blumberg hatte Sophie die Nachricht erhalten, daß ihr Vater verraten worden sei. Sie war zutiefst erschrocken gewesen. Die Denunziantin – seine eigene Sekretärin – war eine Frau, von der die Familie Scholl geglaubt hatte, sie stünde ihnen nahe. Eines Tages hatte sie ihren Arbeitgeber in einem Anfall von Wut sagen hören, Hitler sei eine »Geißel der Menschheit«. Offensichtlich hatte sie es für ihre Pflicht als treue deutsche Bürgerin gehalten, seine Äußerung der Gestapo zu melden. Schon kurze Zeit später stand die Gestapo vor Scholls Haus und holte Robert Scholl zum Verhör ab. Aber fast sofort danach wurde er wieder entlassen und sein Verfahren aus unerfindlichen Gründen bis auf weiteres eingestellt. Als Grund wurde angegeben, daß seine Firma mitten in einem entscheidenden, weitreichenden Projekt für Ulms Gemeindefinanzabteilung stecke, einem Projekt, das nicht unterbrochen werden dürfe.

Von diesem Tag an lebten Robert Scholl und seine Familie in ständiger Angst vor einem Verfahren. Sie konnten nie mehr sicher sein, daß nicht eines Tages die Gestapo wieder auftauchen würde. Wenn Robert Scholl erst einmal in deren Händen wäre, hätte man mit allem rechnen müssen.

In all diesen Sorgen fand Sophie ein wenig Trost in einer kleinen Kapelle in Blumberg, in der sie auf der Orgel spielen durfte. In solchen seltenen, gestohlenen Augenblicken wandten sich ihre Gedanken den beherrschenden politischen Problemen zu, und unweigerlich stieg Zorn und Verzweiflung über die Zustände um sie herum in ihr auf. Die letzten Monate, ja eigentlich all die Jahre, seit sie sich vom Nationalsozialismus abgewandt hatte, waren schwierig für sie gewesen, aber es waren auch wichtige Jahre.

An eine Freundin zu Hause schrieb sie:

Ist es nicht auch Rätsels genug, und wenn man den Grund dafür nicht weiß, beinahe furchterregend, daß alles so schön ist? Trotz des Schrecklichen, das geschieht. In meine bloße Freude an allem Schönen hat sich etwas großes Unbekanntes gedrängt, eine Ahnung nämlich von seinem Schöpfer, den die unschuldigen erschaffenen Kreaturen mit ihrer Schönheit preisen. – Deshalb eigentlich kann nur der Mensch häßlich sein, weil er den freien Willen hat, sich von diesem Lobgesang abzusondern. Und jetzt könnte man oftmals meinen, er brächte es fertig, diesen Gesang zu überbrüllen mit Kanonendonner und Flüchen und Lästern. Doch dies ist mir im Frühling aufgegangen, er kann es nicht, und ich will versuchen, mich auf die Seite der Sieger zu schlagen.[6]

Aber die unglücklichen Tage in Blumberg waren nun vorbei, und Sophie war auf dem Weg nach München, zu ihrem Bruder und zu einem freien, weltoffenen Leben. Alle Hindernisse gehörten der Vergangenheit an, und sie bereute nichts. Die Erfahrungen der letzten Jahre hatten sie zäh und selbstbewußt gemacht, und sie hatten ihrer Sehnsucht nach einem sinnerfüllten Leben neue Nahrung gegeben. Der Lieblingssatz ihres Vaters von Goethe hatte für sie eine ganz persönliche Bedeutung bekommen: »Allen Gewalten zum Trutz sich erhalten!«

Jetzt fuhr der Zug langsam durch die flachen Industrie-Vororte Münchens. Nicht mehr lange, und sie würde Hans auf dem Bahnsteig stehen sehen, einen großen, freundlichen jungen Mann, der sicher sofort die Fenster des einfahrenden Zuges nach ihr absuchen würde. Sophie stellte sich vor, wie sie mit ihrem Koffer und ihrer Geburtstagstasche aussteigen und sich ihren Weg zu ihm durch die Menge bahnen würde.

Als Hans seine Schwester sah, glätteten sich seine gespannten Gesichtszüge, und seine Augen leuchteten auf. Wie meistens, wurde er auch diesmal von einer attraktiven jungen Frau begleitet, Traute Lafrenz.

In dem Moment, in dem Sophie und Hans sich umarmten, fühlte Sophie sich endlich für all ihre Mühen und Geduld belohnt: Sie war in München bei Hans, es war Frühling, und ihr neues Leben hatte begonnen.

Zweites Kapitel

Im Mai 1942, zu der Zeit, als Sophie in München eintraf, hatte Hans Scholl für sich bereits die grundlegende Entscheidung getroffen, die ihrer beider Schicksal bestimmen sollte. Der junge Mann auf dem Bahnsteig hatte die unsichtbare und gefährliche Grenze zwischen passivem und aktivem Widerstand überschritten, wenn auch unklar bleiben wird, wann genau dies geschah. Irgendwann im Frühjahr 1942 hatten sich Hans und sein Freund Alexander Schmorell jedenfalls entschlossen, zu *handeln*, von der vergleichsweise sicheren Form des »geistigen Widerstandes« beziehungsweise der »inneren Emigration« zu offener Opposition gegen das Naziregime überzugehen.

Der Augenblick des Überschreitens dieser feinen Trennlinie, die den passiven inneren Widerstand, der nach außen hin für niemanden erkennbar ist, vom aktiven Widerstand trennt, ist schwer festzustellen, nicht nur im Fall der Weißen Rose, sondern auch in zahllosen bekanntgewordenen Fällen von Arbeitern, Hausfrauen und anderen »Durchschnittsdeutschen«, die sich gegen das Dritte Reich stellten. Es scheint, als habe es in den meisten Fällen keinen bewußten Moment gegeben, in dem die jeweilige Person aufstand und sagte: »Ja, ich werde handeln«, sondern als hätten sich Wut, Skepsis und Verzweiflung unabdingbar über Monate und Jahre bis zu einem Punkt gesteigert, an dem sie schließlich größer waren als persönliche Ängste und Zweifel. Berücksichtigt man Aufzeichnungen der Männer und Frauen überall in Deutschland, die diese Grenzlinie überschritten haben, so erhält man den Eindruck, daß Gedanken über Mut und Protest oder auch nur der, daß man für seine Rechte als Mensch eintreten müsse, eine unbedeutende Rolle in diesem Prozeß spielen. Auch scheint die Muse zur Selbstreflexion und -analyse ein Luxus zu sein, den man sich eher zu Friedenszeiten und in Ländern, in denen die Regierung kontrollierbar ist, leistet.

Als Sophie an jenem Tag in München eintraf, hatte sie keine

Ahnung von der Entscheidung, die Hans und Alexander getroffen hatten, und Hans hatte nicht die Absicht, seine jüngere Schwester in die Gefahr ihrer Verschwörung hineinzuziehen. Er und Traute Lafrenz gingen mit Sophie zu seinem Studentenzimmer in Schwabing, dem traditionellen Künstlerviertel in München. Nach neun Jahren der Bespitzelung und Verfolgung vieler Künstler durch die Nazis war von der ehemaligen Atmosphäre des Viertels allerdings nicht mehr viel übrig.

Vor dem Ersten Weltkrieg war Schwabing – ebenso wie ganz München – eines der brillantesten Kunst- und Kulturzentren Europas, jedenfalls seit der Jahrhundertwende. Der Jugendstil ist zum Beispiel dort entstanden, später gefolgt vom Expressionismus; Kandinsky, Klee und Marc, sie alle wurden durch die Atmosphäre Münchens und besonders Schwabings inspiriert. Thomas Mann, der in Schwabing als der Bourgeois schlechthin galt, machte München zu seiner Wahlheimat, ebenso dessen Bruder Heinrich Mann, Rainer Maria Rilke und der zur Kultfigur avancierte Stefan George, der von der Jugend glühend verehrt wurde. Während seiner kurzen Blütezeit zog München eine bunte Vielfalt von Träumern und Utopisten an. Lenin lebte dort vorübergehend im Exil, und auch der hungrige, verbitterte und gescheiterte Künstler Adolf Hitler kam vor dem Ersten Weltkrieg nach München und verliebte sich auf Anhieb in die Stadt.

München ist eine Stadt der Widersprüche, aber gerade das macht zum Teil ihren Charme aus. Die Stadt blickt auf eine lange Geschichte von Monarchie, Separatismus und provinziell-reaktionären Wertvorstellungen zurück. Doch auf der anderen Seite unterstützte sie Napoleon bei seinen Kriegen gegen den Rest Deutschlands und gegen Rußland. München ist eine elegante Stadt, großzügig angelegt, mit Prachtstraßen, Palästen, barocken Kirchen, mit Springbrunnen und großen öffentlichen Parkanlagen.

Es ist eine Stadt der Bauern, die gerade aus dem Hinterland in die Stadt gekommen zu sein scheinen, ebenso wie die Stadt von in teuren Loden gekleideten Aristokraten. Trotz starker katholischer Einflüsse ist der Lebensstil locker, eher südländisch anmutend. Eine solche Atmosphäre der Freiheit und Weite, insbesondere bei Föhnwetter, wenn im Süden die weißblauen Spitzen der Alpen zum Greifen naherücken, findet man nur in ganz wenigen Städten Deutschlands, wenn überhaupt in einer.

In den letzten Monaten des Ersten Weltkriegs war München sogar für kurze Zeit das Zentrum einer Arbeiter- und Bauernrepublik nach sowjetischem Vorbild. Menschen, die sich daran noch erinnern können, bezeichnen gerade jene Zeit als berauschenden Schluß- und Höhepunkt von Schwabings Blüte. Doch schon wenige Monate später wurde die bayrische Räterepublik von Freikorps und anderen rechtsgerichteten Kampfverbänden aus ganz Deutschland radikal zunichte gemacht.

Danach gelang es Schwabing nie wieder, seinen berühmt-berüchtigten Ruf und die Freude an avantgardistischen Ideen, wie der Anarchie, erotischer Befreiung und künstlerischer Experimentierfreudigkeit jeder Art, wiederzuerlangen. In den zwanziger Jahren verließen Schriftsteller und Künstler Schwabing und gingen statt dessen nach Berlin, einer härteren und kälteren Stadt, in der es sowohl sozial als auch politisch gärte. München dagegen erstarrte in Reaktion; die Stadt wurde zu einer Hochburg der Chauvinisten und radikalen Nationalisten, und nun wurde sie auch zum Zentrum der wachsenden nationalsozialistischen Bewegung.

Obwohl Sophie Scholl nicht viel von der Geschichte der Stadt gewußt haben mag und obwohl München mit jedem Kriegsjahr mehr von seinem ehemaligen Glanz und Reichtum verlor, waren junge Leute, besonders Süddeutsche, immer noch begeistert, wenn sie in der Stadt und besonders in Schwabing ankamen. In Schwabing wimmelte es von Studenten, die zu jeder Tageszeit in den Weinstuben und Cafés anzutreffen waren. Im Vergleich zu Ulm, wo Sophie aufgewachsen war, bot das Leben in München sicherlich sehr viel freiere Möglichkeiten. Die Freunde von Hans kamen, um Sophie zu begrüßen und ihren kommenden Geburtstag zu feiern; die Flasche Wein und der Kuchen, den ihre Mutter gebacken hatte, waren ein großer Erfolg. In dieser Zeit, in der sowohl Kleidung als auch alles Eßbare immer knapper wurde, waren Geburtstagsfeste eine seltene und besondere Freude.

An diesem Tag begegnete Sophie auch zum erstenmal Alex Schmorell. Er war ein sanfter Typ, Pfeifenraucher, mit einer tiefen Stimme. Alex sprach bayerischen Dialekt, seltsam gemischt mit russischen Untertönen. Hans hatte schon viel von ihm erzählt, wenn er über das Wochenende zu Hause gewesen war. Hans und Alex – oder Schurik, wie Sophie ihn schon bald nannte – waren als Sanitäter in der Bergmann-Schule in Freimann, außerhalb von München, stationiert. Sie waren wegen ihres Medizinstudiums vom Frontdienst zurückgestellt worden, und abgesehen von einigen Anwesenheitsappellen, ideologischen Pflichtvorträgen und Exerzierübungen pro Woche an ihrem Stützpunkt konnten sie in der Stadt wohnen und studieren. Zusätzlich mußten sie noch ein paar Stunden täglich in einem nahegelegenen Militärkrankenhaus arbeiten. Dasselbe galt für Christoph Probst und Willi Graf, die anderen Freunde von Hans. Auch sie studierten Medizin und hörten nebenbei Vorlesungen an anderen Fakultäten, während sie offiziell einem Sanitätsbataillon zugeteilt waren. Es ist erstaunlich, was für ein lockeres Leben die jungen Männer trotz des Krieges führen konnten. Sie besuchten Konzerte, nahmen Fechtunterricht und sangen im Bach-Chor. In den USA, zum Beispiel, war derartiges nicht möglich während des Zweiten Weltkriegs, und es ist erstaunlich, daß ein solches Maß an Freiheit gerade im Dritten Reich existierte. Vielleicht erklärt dieser unformelle und flexible Lebensstil auch zu einem Teil die Art des Widerstandes, die diese jungen Männer gewählt hatten. Sie planten, Flugblätter zu entwerfen, zu vervielfältigen und in München zu verteilen, um so eine ganz spezifische Gruppe von Adressaten, wie zum Beispiel Studenten, Hochschullehrer und andere Intellektuelle, über die schrecklichen Dinge, die sich täglich unter ihnen zutrugen, zu informieren und ihre Meinung kundzutun, daß Hitlers Krieg unwiderruflich verloren sei.

Um aber ein solches Vorhaben verwirklichen zu können, brauchte man Zeit und Mittel. Das Geld kam hauptsächlich von Alex, dessen Vater ihn großzügig unterstützte. Damit und mit jedem Pfennig, den der einzelne entbehren konnte, beschafften sie eine Vervielfältigungsmaschine, eine Schreibmaschine, Matrizen und Schreibutensilien. Durch Hans und seine weitreichenden Beziehungen gelang es ihnen, einen Raum direkt in Schwabing, in der Nähe von Hans' Zimmer, zu finden, wo sie die Geräte aufstellen und das Material lagern konnten.

Auf Sophies Geburtstagsfeier fiel kein Wort über Flugblätter oder deren Planung; vielleicht war ja zu diesem Zeitpunkt auch noch kein einziges geschrieben oder gedruckt worden. Es ist aber sehr wahrscheinlich, daß das Material zur Herstellung der Flugblätter bereits teilweise oder komplett herangeschafft worden war, und das war, trotz der relativ großen Privilegien der jungen Leute, keine leichte Angelegenheit.

Sie öffneten die Flasche Wein, aßen den Kuchen und machten es sich miteinander gemütlich. Die Stimmung war locker, und die Gespräche waren nicht besonders ernsthaft. Hans las Gedichte vor, und die anderen versuchten zu erraten, von welchem Dichter sie stammten. In ihrem Gespräch waren aber auch politische Untertöne – »politisch« im Sinne von antinationalsozialistisch –, wie sie oft zwischen gleichgesinnten Menschen vorkamen, die das Hitler-Regime im stillen ablehnten. Jede sarkastische Bemerkung, ja sogar ein Witz über Adolf Hitlers Krieg galten als bösartige anti-deutsche Agitation, wenn nicht sogar als Verrat, und sie alle wußten das. Solche Treffen setzten also uneingeschränktes Vertrauen zueinander voraus. Jahrelange Übung darin, ihre politische Meinung nur dann laut auszusprechen, wenn keine Gefahr einer Denunziation bestand, hatte sie ein feines Gespür für politisch Gleichgesinnte entwickeln lassen: Hans sagte oft, er wisse sofort, ob ein Unbekannter ein »PZ« sei – die Abkürzung für »politisch zuverlässig«. Es gab keinen Zweifel, daß Willi Graf, Christoph Probst, Alex Schmorell, Traute Lafrenz und Hans und Sophie Scholl vertrauenswürdig waren – Verrat war ausgeschlossen.

Zusammen mit Professor Kurt Huber, der an diesem Tag nicht anwesend war, bildete diese Gruppe junger Leute, die zusammen den Geburtstag Sophies und ihr Eintreten in die Volljährigkeit feierten, den Kern der Weißen Rose. Doch damit ist das Bild noch immer nicht vollständig: Das Zusammenkommen und gemeinsame Handeln waren nur die letzten Schritte in einem Prozeß persönlicher Entwicklung, die Jahre zuvor für jeden einzelnen von ihnen begonnen hatte.

Drittes Kapitel

Zu Beginn der Naziherrschaft war Sophie keine zwölf Jahre alt gewesen, ihr Bruder Hans gerade fünfzehn. Gegen den Willen seines Vaters war Hans Mitglied bei der Hitlerjugend geworden, und Sophie, ihre Schwestern Inge und Elisabeth sowie der jüngste der Geschwister, Werner, waren seinem Vorbild gefolgt. Alle Jungen und Mädchen zwischen zehn und vierzehn meldeten sich damals zum Jungvolk beziehungsweise zu den Jungmädeln; später wurden die Jungen dann bis zum achtzehnten Lebensjahr in die Hitlerjugend aufgenommen, während die Mädchen in den BDM (Bund Deutscher Mädel) eintraten. Im Jahr 1933 war die Mitgliedschaft noch freiwillig – allerdings wurden Juden selbstverständlich von Anfang an ausgeschlossen. Auch einige Jugendorganisationen aus der Weimarer Zeit blieben zunächst bestehen, doch waren sie einem ständig wachsenden Druck ausgesetzt, nicht nur von seiten der offiziellen staatlichen Jugendorganisationen, sondern auch von der Gestapo, die die Gleichschaltung unabhängiger Jugendgruppen betrieb.

In den ersten Jahren der Naziherrschaft waren alle Scholl-Kinder von der allgemeinen Begeisterung für das Tragen von Uniformen, Fackelzüge durch die Straßen von Ulm und das Zelten in der freien Natur angesteckt; sie fühlten sich wie alle anderen als Teil beim Aufbau der tief zerrissenen und demoralisierten Nation.

Inge Scholl, die später versuchte, die Schritte nachzuvollziehen, die ihren Bruder und ihre Schwester zu sogenannten Volksfeinden werden ließen, erinnert sich an die Stimmung jener ersten Jahre:

Wir hörten viel vom Vaterland reden, von Kameradschaft, Volksgemeinschaft und Heimatliebe. Das imponierte uns, und wir horchten begeistert auf, wenn wir in der Schule oder auf der Straße davon sprechen hörten... Wir hörten, daß wir für eine große Sache leben sollten. Wir wurden ernst genommen, in einer merkwürdigen Weise ernst genommen...[7]

Es dauerte drei bis vier Jahre, bis bei den Scholl-Kindern eine Desillusionierung einsetzte, aber die Saat von Zweifel und Opposition war von Anfang an in ihren Herzen gewesen, eingepflanzt von Robert Scholl, ihrem Vater. Das kann bei weitem nicht von allen jungen Leuten gesagt werden. Melita Maschmann, die später zu einer eingeschworenen und zu allem entschlossenen BDM-Führerin wurde, beschreibt rückblickend ihre Gefühle in der Nacht, als Adolf Hitler die Macht ergriff:

> *Irgendwann sprang plötzlich jemand aus der Marschkolonne und schlug auf einen Mann ein, der nur wenige Schritte von uns entfernt gestanden hatte. Vielleicht hatte er eine feindselige Bemerkung gemacht. Ich sah ihn mit blutüberströmtem Gesicht zu Boden fallen, und ich hörte ihn schreien... Sein Bild verfolgte mich tagelang. In dem Grauen, das es mir einflößte, war eine winzige Zutat von berauschender Lust: »Für die Fahne wollen wir sterben«, hatten die Fackelträger gesungen. Es ging um Leben und Tod. Nicht um Kleider oder Essen oder Schulaufsätze, sondern um Tod und Leben... Ich weiß, daß mich ein brennendes Verlangen erfüllte, zu denen zu gehören, für die es um Leben und Tod ging.*[8]

In den frühen dreißiger Jahren fühlten sogar die Scholl-Kinder etwas von dieser Erregung. Die Jugend wurde zum Schleifstein im bevorstehenden Kampf für ein neues Deutschland gemacht, und Indoktrination war das Mittel, diesen Schleifstein zu schärfen. »Unsere Jugend muß zäh wie Leder, hart wie Krupp-Stahl und flink wie Windhunde sein«, hatte Hitler zu den Kindern auf dem Nürnberger Reichsparteitag gesagt, während sie unbeweglich in der sengenden Sonne standen, die Arme starr zum Gruß erhoben. Schon lange bevor er an die Macht kam, hatte er seine Ziele für die Jugend formuliert:

> *Meine Pädagogik ist hart. Das Schwache muß weggehämmert werden. In meinen Ordensburgen wird eine Jugend heranwachsen, vor der sich die Welt erschrecken wird. Eine gewalttätige, herrische, unerschrockene, grausame Jugend will ich. Jugend muß das alles sein. Schmerzen muß sie ertragen.*

Es darf nichts Schwaches und Zärtliches an ihr sein. Das freie, herrliche Raubtier muß erst wieder in ihren Augen blitzen.[9]

Am 3. April 1933, zwei Monate nach der Machtübernahme der Nazis, setzte die Hitlerjugend die in jahrelangen Straßenschlachten erprobte SA-Taktik effektiv ein: Sie besetzte das Berliner Hauptquartier des Komitees für Jugendangelegenheiten, warf den Geschäftsführer und die Belegschaft hinaus und durchwühlte die Büros. So erhielt die Hitlerjugend Kontrolle über Akten, die Informationen vom Alter und religiösen Hintergrund bis zur politischen Zuordnung von sechs Millionen deutschen Jugendlichen enthielten. Dabei war am schlimmsten, daß sie in den Besitz der Akten der kommunistischen und sozialdemokratischen Jugendorganisationen kamen, durch die letztlich ernsthafte Gegner des neuen Regimes in die Hände der Gestapo fielen.

Wie die Scholls wurden die meisten Kinder freiwillig und begeistert Mitglied in der Hitlerjugend. 1933 betrug ihre Zahl 100000, und sie wuchs bis 1935 auf fast vier Millionen an.

Im Gegensatz zu anderen Eltern, die Hitler und die Nazis begrüßten oder sich doch zumindest einredeten, sie zu begrüßen, verabscheute Robert Scholl die Nationalsozialisten mit jedem Nerv seines Wesens. Er war nicht eigentlich politisch engagiert, hing keiner speziellen Ideologie an und war auch kein Mitglied einer Partei; aber er war liberal und weltoffen eingestellt. Bereits in der Zeit der Weimarer Republik hatte er Korruption, Gewalt und Verwirrung, die kennzeichnend für diese Phase der deutschen Geschichte gewesen war, verabscheut; doch was nach 1933 kam, war viel schlimmer.

Die Kinder der Scholls, besonders Hans, der seinem Vater in vielerlei Hinsicht ähnlich war, wollten Robert Scholls Ansichten über den Nationalsozialismus und die neue Ordnung zunächst nicht akzeptieren. So waren politische Meinungsverschiedenheiten jahrelang ein Streitfaktor im Hause Scholl. Ganz ähnlich ging es auch in zahllosen anderen deutschen Familien zu, in denen die Eltern gegen das Fieber des Nationalsozialismus immun waren und sich insgeheim gegen das neue Regime stellten. Mit

Schrecken mußten sie sehen, daß ihre Kinder ihnen nach und nach entglitten. In vielen Fällen konnten Eltern nicht einmal mehr in ihren eigenen vier Wänden offen reden, aus Angst, daß ihre Kinder sie an ihre Lehrer oder Jugendgruppenführer verraten würden. Ereiferung ersetzte Begründung; Denunziation ersetzte Loyalität und Zuneigung. Ein frostiges Schweigen zog in viele Häuser ein. Wie so oft, entfernten sich die Generationen voneinander, und zwischen Vätern und Söhnen entstand eine tiefe Kluft. Doch ironischerweise stand in diesem Fall die Jugend für Staatsmacht und Autorität, während die ältere Generation – oder zumindest ein winziger Teil von ihr – stumm an anderen Werten hing.

Doch Robert Scholl blieb nicht still. Er sagte seine Meinung, häufig laut und unbedacht. »Die Nazis sind Wölfe und Bärentreiber, und sie mißbrauchen das deutsche Volk abscheulich« [10], erklärte er seinem hitzköpfigen ältesten Sohn. Sophie, die sowohl ihren Vater als auch ihren älteren Bruder sehr liebte und bewunderte, hörte sich solche Szenen schweigend an.

Die Hitlerjugend verlangte, daß sich ihre Mitglieder für den nationalen Kampf engagierten, auch wenn dies nur darin bestand, daß sie der Schule fernblieben, um mit offenen Mündern und leuchtenden Augen durch die Stadt zu marschieren. Hans' starke Persönlichkeit und sein gutes Aussehen ließen ihn schnell aus der Menge herausstechen; er schien dafür prädestiniert, eine Führungsrolle zu übernehmen. Schon bald nach seinem Eintritt in die Hitlerjugend wurde er zum Führer von ungefähr 150 Jungen ernannt.

Es fällt schwer, sich vorzustellen, daß sich gerade Hans so weit von den humanistischen Idealen, mit denen er im Schollschen Hause aufgewachsen war, entfernen konnte – um so mehr, wenn man bedenkt, auf welche Kosten er später zu diesen Werten zurückkehrte. Gleichwohl bedeutete eine solche Position im Jungvolk, daß Hans die »richtige« ideologische Einstellung und auch den Eifer, sie durch Taten auszudrücken, besaß.

Eine Möglichkeit, seine eigene Überzeugung zu demonstrieren, bestand zum Beispiel darin, in Uniform zum Unterricht von Lehrern zu erscheinen, die als noch nicht systemtreu bekannt waren. Ein Fähnleinführer von Hans' Kategorie hatte immerhin mehr als hundert uniformierte Jungen unter sich, wogegen ein Lehrer nicht mehr als vielleicht vierzig Schüler in seiner Klasse hatte. In diesem Sinne stellte die Führung der Hitlerjugend auch neue Richtlinien für die Lehrer auf: HJ-Führer sollten im Unterricht besonders taktvoll behandelt werden, »um die Autorität des HJ-Führers vor seinen Kameraden nicht herabzusetzen«[11].

In der Realität sah das so aus, daß die Hitlerjugend die Lehrer stark unter Druck setzte, damit sie die »richtige« Einstellung entwickelten. So verhinderte zum Beispiel ein Gruppenleiter in SA-Manier eine Versammlung einer ortsansässigen Lehrervereinigung; eine andere HJ-Gruppe warf die Fenster der Wohnung eines Lateinlehrers ein, von dem es hieß, er habe unangemessene Zensuren verteilt. »Jugend hat in einem höheren Sinn immer recht«, erklärte die Führung der Hitlerjugend solchen Lehrern, die abseits vom Geist der neuen Zeit standen. Doch bald mußte auch diese Führung zugeben, daß strenge Regeln nötig waren, um die über die Stränge schlagenden Jungen zu bändigen und die politische Gleichschaltung sanfter und unterschwelliger durchzuführen.

Das Jahr 1936 war ein entscheidendes Jahr für die Hitlerjugend; seit 1933 wurde jedes Jahr unter ein Motto gestellt, sei es die körperliche Ertüchtigung oder das Führertum; 1936 wurde das »Jahr des deutschen Jungvolkes« ausgerufen. Alle Jahrgänge von Jungen und Mädchen, die in das Alter des Jungvolkes fielen, sollten auf diese Weise Ziel einer Kampagne werden, die sie scharenweise freiwillig gewinnen sollte. Am 20. April, Hitlers 47. Geburtstag, wollte man ihm die reihenweise eingetretenen Zehnjährigen, stramm in Reih und Glied stehend, präsentieren; bis zum Ende des Jahres sollte die Mitgliedschaft in der Hitlerjugend oder dem Jungvolk dann für jeden zur Pflicht werden.

Zu Hans' Aufgaben als Fähnleinführer gehörten die körperliche Ertüchtigung und ideologische Indoktrination seiner Schützlinge; er sollte das weitergeben, was er selbst gelernt hatte. Dies beinhaltete normalerweise auch »Kameradschaftsabende« im Vereinsheim – Abende, die man zum Beispiel damit zubrachte, dem offiziellen nationalsozialistischen Radioprogramm zu lauschen. Hitler hatte das Radio – den sogenannten *Volksempfänger* – als Propagandamedium entdeckt und es für wenig Geld jedermann zugänglich gemacht. Allerdings durfte man nur ideologisch einwandfreie, das heißt deutsche Sender einstellen.

Ein Nazi-Propagandafilm dieser Zeit mit dem Titel »Jugend aus Eisen und Stahl« zeigte Mitglieder von Jungvolk und Hitlerjugend, wie sie resolut durch eine zerklüftete Berglandschaft marschierten und dabei mit lauter Stimme ein Lied sangen, das sie mit dem Stahl verglich, der aus deutschem Roheisenerz für die Herstellung von Panzern und Waffen produziert wurde. Auf ähnliche Weise führten auch die Fähnleinführer ihre Gruppen durch das Land, über Hügel und durch Täler, und paukten ihnen dabei die offizielle Hymne der Hitlerjugend ein:

Vorwärts, vorwärts!
Schmettern die hellen Fanfaren!
Vorwärts! Vorwärts!
Jugend kennt keine Gefahren!
Deutschland, du mußt leuchtend stehn,
müssen wir auch untergehn…

Unsre Fahne flattert uns voran,
in die Zukunft zieh'n wir Mann für Mann.
Wir marschieren für Hitler durch Nacht und durch Not
mit der Fahne der Jugend für Freiheit und Brot.
Unsre Fahne flattert uns voran,
unsre Fahne ist die neue Zeit,
unsre Fahne führt uns in die Ewigkeit,
ja, die Fahne ist mehr als der Tod!

Jugend! Jugend!
Wir sind der Zukunft Soldaten!
Jugend! Jugend!
Träger der kommenden Taten!
Ja, durch unsre Fäuste fällt,
wer sich uns entgegenstellt…[12]

Oft sangen die Kinder und Jugendlichen auch ein anderes, sehr bekanntes Lied, das von einem ehemaligen Mitglied der katholischen Jugendorganisation »Neues Deutschland« geschrieben worden war:

Es zittern die morschen Knochen
der Welt vor dem großen Krieg.
Wir haben den Schrecken gebrochen,
für uns war's ein großer Sieg.
Wir werden weitermarschieren,
wenn alles in Scherben fällt.
Denn heute gehört uns Deutschland
und morgen die ganze Welt.[13]

Lieder wie diese waren charakteristisch für den Nationalsozialismus. Jede Gruppe, jede Institution hatte ihre eigenen Liederbücher, sogar die SS. Für die Hitlerjugend waren diese Lieder besonders wichtig, und sie begleiteten jede Aktivität. Ihre Inhalte strotzten vor nationalem Pathos; manchmal schienen sie kindlich und naiv, oft aber im selben Zug auch arrogant, brutal und sogar grausam: »Wehe, Fahne, weh' vom Turm! Wer dich anspeit, ist ein Wurm! Gleich dem Wurm wird er zertreten, keine Zeit hat er zum Beten!«[14]

Melita Maschmann, eine Berlinerin, die im Gegensatz zu den Geschwistern Scholl dem nationalsozialistischen System treu blieb, erinnert sich daran, wie sie durch die Straßen der Stadt marschierte und dabei ein inoffizielles, aber beliebtes Lied sang: »Wenn das Judenblut vom Messer spritzt...«

Über ihre BDM-Führerin schrieb sie: »Sie ließ uns manchmal in Dreierreihen über den Kurfürstendamm marschieren und einen Teil der Strecke im Laufschritt zurücklegen. Dabei sollten wir möglichst laut trampeln. ›Hier wohnen die reichen Juden‹, sagte sie. ›Die sollen ruhig mal ein bißchen im Mittagsschlaf gestört werden.‹«[15]

In Hans' Familie gab es keinen Platz für Antisemitismus, und sein geistiger Horizont war weniger beschränkt als der der meisten Hitlerjugendmitglieder. Seine freieren Gedanken brachte

Hans auch zum Ausdruck, wenn er mit den Jungen seines Fähnleins am Lagerfeuer saß und Lieder auf der Gitarre spielte. Dann sang er mit ihnen nicht nur nationalsozialistische Lieder, sondern auch muntere norwegische Stücke und wehmütige russische Volksweisen, die er privat gesammelt hatte. Seine Vorgesetzten tadelten ihn deshalb, denn solche Lieder waren verboten. Hans lachte so lange darüber, bis man ihm mit einer harten Strafe drohte. Dies war eine erste Konfrontation, die in ihm Zweifel an dieser Organisation wachrief, für die er sich doch so eingesetzt hatte. Langsam wurde ihm klar, daß das Jungvolk und die Hitlerjugend gerade für die Dinge, die ihm persönlich am wichtigsten waren, keinen Freiraum ließen.

Als Fähnleinführer hatte Hans 1936 nicht nur die Möglichkeit, an den wichtigsten Ereignissen dieses Jahres teilzunehmen, sondern sich auch das Handwerkszeug totalitärer Macht anzueignen. Für viele Führer von Jungvolk und Hitlerjugend war es nämlich nur ein kleiner Schritt zum Eintritt in die SS; der Versuchung, zur rassischen und politischen Elite des Landes zu gehören, konnten nur wenige junge Männer widerstehen.

Am 8. September 1936 begann wieder der Nürnberger Parteitag, und Hans war auserkoren worden, das Banner der Ulmer Hitlerjugend-Abteilung während der Feierlichkeiten zu tragen. Seine Wahl war für viele nicht überraschend; Inge Scholl erinnert sich, daß viele Mädchen in Ulm zu ihr sagten: »Euer Hans, der sieht so gut aus. Der ist der Richtige, die Fahne des Stammes beim Parteitag zu tragen.«[16] Aber obwohl Hans so enthusiastisch im fröhlich geschmückten Zug nach Nürnberg gefahren war, bemerkten seine Geschwister nach seiner Rückkehr nach Ulm, daß sich etwas in ihm verändert hatte.

Nürnberg war aus gutem Grund als Schauplatz des Parteitages gewählt worden. Die Heimatstadt des großen Renaissance-Malers Albrecht Dürer blickte auf eine lange Geschichte als bedeutendes Handels- und Kulturzentrum seit dem Mittelalter zurück. Nürnberg galt als *die* deutsche Stadt schlechthin. Im Mittelalter hatte sich hier die Tradition der Meistersinger entwikkelt. Richard Wagner verhalf Hans Sachs und den anderen Meistersingern mit seiner Oper zu Ruhm und Bewunderung. Er ließ darin das Bild einer organischen Gesellschaft wieder aufleben, in der Handwerker und Kaufleute Arbeit mit Kunst und Kultur in Einklang brachten und gleichzeitig die verschiedenen sozialen Schichten, trotz ihrer Rangabstufung, im besten Einvernehmen und im gegenseitigen Respekt voreinander lebten. Mit ihrem Pomp und der Parade stolzer Schuhmacher und Mägde trugen »Die Meistersinger von Nürnberg« dazu bei, das Selbstwertgefühl der Kleinbürger in Deutschland zu heben. Doch diese Wirkung war noch tiefgreifender, denn die Mittelschicht und ihre Ansichten waren zum Paradigma für die ganze Nation geworden. Es ist daher nicht verwunderlich, daß »Die Meistersinger von Nürnberg« zu Hitlers Lieblingsopern zählte.

Die Altstadt von Nürnberg ist ein einziger Flickenteppich von roten Dächern über engen, verwinkelten Gäßchen, die sich wie zum Schutz an die Mauern der massiven, romanisch-gotischen Festung schmiegen. Das mittelalterliche Stadtbild lieferte den Nazis eine perfekte Kulisse; aber damit nicht genug: In den Außenbezirken Nürnbergs inszenierten sie, ihrem nationalsozialistischen Größenwahn entsprechend, die NS-Ideologie in gigantischen Arenen, Hallen und klassizistischen Stadien. Innerhalb dieser riesigen Versammlungsstätten, deren Steinquader teilweise von den Insassen der Konzentrationslager im Steinbruch gehauen worden waren, versammelten sich die Anhänger der Partei und belebten so das neueste Modell deutscher Größe.

Zu diesen Versammlungsstätten – einige von ihnen hatte Albert Speer entworfen – zählte auch die Zeppelinwiese. Für den Parteitag 1936 war sie vergrößert und mit Tribünen versehen worden, so daß sie nun ein Fassungsvermögen von 400000 Menschen hatte – nur 20000 weniger, als Nürnberg Einwohner hatte. Die Haupttribüne bestand aus 170 Steinsäulen und 34 in regelmäßigen Abständen postierten Türmen, auf denen je sechs Fahnenstangen von imponierender Größe standen. 150 mächtige Scheinwerfer waren installiert worden, um ein bühnenreifes nächtliches Spektakel inszenieren zu können. An einem einzigen Abend verbrauchten sie 40000 Kilowattstunden Strom. Zusätzlich hatte man Scheinwerfer so plaziert, daß sie alle architektonischen Einzelheiten und die Wiese selbst ausleuchteten.

Das Ergebnis war umwerfend. Albert Speer selbst hatte die speziellen Lichteffekte erdacht: Jeder der 150 Scheinwerfer um die Haupttribüne herum zielte in die Höhe; gebündelte Lichtstrahlen von blendendem Weiß erhellten den Himmel und vergrößerten noch die schon an sich riesigen Umrisse des Stadions in vertikaler Richtung zu einem »Dom des Lichts«. Die Scheinwerfer leuchteten so hell, daß man sie bis Frankfurt sehen konnte.

Leni Riefenstahls berühmter Film »Triumph des Willens« dokumentiert auf eindrucksvolle Weise die Atmosphäre dieses Nürnberger Reichsparteitages. Zunächst sieht man Hitlers Privatflugzeug über den Wolken schweben und hört die Motoren dröhnen. Durch ein Loch in der Wolkendecke blickt er auf die eng aneinandergeschmiegten Häuser Nürnbergs hinab, um dann, wie Odin von Walhalla, aus den Lüften hinabzusteigen, um seine Anhänger zu begrüßen. Unten haben sich Tausende versammelt; jede Parteigruppe, jeder Verein, inklusive Jungvolk und Hitlerjugend, ist vertreten. Leni Riefenstahl verfolgt nun mit der Kamera eine Reihe junger Nazis, deren Gesichter gespannte Erwartung spiegeln. Langsam fährt die Kamera an den Profilen entlang, von den blonden Haarschöpfen über die Linie der Nasen bis zu den Umrissen der energisch vorgestreckten Kinne.

Am 13. September 1936 war auch Hans Scholl einer der Jugendlichen, die hinter dem Führer in einem unendlich langen Zug durch die gewundenen Straßen der Stadt strömten – gleich einem Fluß, der schließlich in die großartige Arena der Zeppelinwiese mündete. Neben jeder Formation schritt ein Fahnenträger; für die Ulmer Abteilung des Jungvolks war dies Hans Scholl. An jenem Tag war der Himmel strahlend blau, und die Sonne schien. Man nannte dies das »Hitlerwetter«; irgendwie schien der Führer auf geheimnisvolle Weise auch das Wetter zugunsten seines Volkes beeinflussen zu können.

Das »Niederelbische Tageblatt« berichtete am 12. September 1936 über das Thema »Jugend auf dem Parteitag 1936« in dem für das Dritte Reich so typischen, pathetisch-pompösen Stil:

Das junge Deutschland umjubelt in Nürnberg den Führer

Die Kundgebung der Hitler-Jugend im Stadion – 50 000 Jungen und Mädel angetreten

Von unserer Nürnberger Schriftleitung

Während noch ganz Nürnberg von dem gewaltigen Erlebnis des gestrigen nächtlichen Appells der Politischen Leiter spricht, sind heute morgen im Stadion schon wieder deutsche Menschen angetreten, die ihrem Führer gegenüberstehen wollen, um ihm zu beweisen, daß sie da sind und daß sie zu ihm gehören, daß sie Teil sind von ihm.

Diesmal ist es die Hitler-Jugend, die mit 50 000 Jungen und Mädeln im Stadion neben der Zeppelinwiese angetreten sind. Wie gestern strahlt auch heute vom wolkenlosen lichtblauen Himmel warm und hell die Sonne, als wollte auch sie ihr Teil dazu beitragen, daß diese Stunde stolzer, lachender Jugend für alle ein tief haftendes Erlebnis wird. Es ist eine einzige braune Fläche, dieses weite Oval des Stadions, unterbrochen nur durch zwei weiße Sektoren, die Mädel des BDM, und durch den schmalen Streifen weißer Mützen und blauer Kragen, der den Platz kennzeichnet, an dem die Marine-Hitler-Jugend angetreten ist. Die leuchtenden Fahnen dieser Jugend, die hier mit braungebrannten Gesichtern, verwehtem Haar und bloßen Knien in großen Quadern vor uns steht, wehen von den Masten, die das Stadion umsäumen.

Das sind unsere Soldaten von morgen. Ein Ruck, eine Blickwendung, ein Schrei, das Heil; 50 000 erwidern den Gruß des Reichsjugendführers.

Es kommt Leben in dieses Stadion. Die Ehrengäste treffen ein, die Führerschaft der Partei ist erschienen. Wieder brandet von fern das Tosen der Menschen heran, das wir jetzt täglich hören und das immer in diesen Tagen der Ankunft des Führers vorausläuft.

Adolf Hitler ist bei seinen Jungen und Mädeln! Salven von Heilrufen grüßen ihn. Die Klänge des Badenweiler Marsches, von einer HJ-Kapelle gespielt, scheinen unterzugehen in diesen hellen Rufen.

»Heil Hitler-Jugend!« Kaum hat der Führer den Angetretenen diesen Gruß entboten, da rast es wieder los, dieses tosende Jubeln, das so voll überschäumender Kraft und Begeisterung ist, daß man mitgerissen wird von diesem gewaltigen Erlebnis, ob man mag oder nicht.

Eine Hymne an Deutschland klingt auf, dann erheben die Bläser der Fanfaren, die auf den rechteckigen Podesten hinter den Tribünen stehen, ihre Instrumente zu einem Marsch. Die Jungvolk-Kapelle rückt vor, Musik klingt auf, die Fahnen dieser Jugend marschieren ein. Voran die in der Sonne hell leuchtenden Bannerfahnen der Hitler-Jugend, dazwischen die schwarzen Fahnentücher der Jungbanne mit Runen und Sonnenzeichen. Während des Einmarsches singen die 50 000 das Lied des jungen Volkes, das auferstanden ist.

Wir sind nicht Bürger, Bauer, Arbeitsmann,
haut die Schranken doch zusammen, Kameraden,
uns weht nur eine Fahne voran,
die Fahne der jungen Soldaten.

Das ist unsere Jugend, das ist die Hitler-Jugend, so ist der Geist, der in diesen Jungen und Mädeln lebt, die hier vor uns stehen, und so ist ihre Liebe, die sie diesem Vaterland ihr ganzes Tun und Denken weihen läßt.

Die Fahnen haben sich zu einem Kranz geschlossen, der dieses weite Stadion einschließt. Noch einmal klingt ein Lied auf, dann tritt Baldur von Schirach *vor das Mikrophon und spricht.*

Als Schirach geendet hat, schwillt wieder plötzlich der Jubel los. Es scheint, als ob diese Jugend keine Ruhe mehr geben will, denn der Führer, ihr Führer, ist vor das Mikrophon getreten, um zu ihr zu sprechen. Jedesmal, wenn Adolf Hitler beginnen will, braust es auf, dieses endlose Heil, das sich erst nach Minuten wieder legt. Dann spricht der Führer, und dann, als seine Worte verklungen sind, da liegt über Jugend und Gästen und über dem Führer selbst eine Erregung und eine Begeisterung, für die es keine Worte gibt. Da ist alles andere vergessen. Ein Gedanke nur, eine Begeisterung, ein Feuer hat alle ergriffen. Die Jungen und Mädel machen sich Luft durch ihr lautes Rufen, das kilometerweit hin über dieses Nürnberg schallt.[17]

Doch unbemerkt war mit Hans Scholl während dieser Tage voll von endlosen Reden, Märschen und emotionsgeladenen Vorführungen etwas geschehen. Wir wissen nicht genau, wie und warum, aber ab einem bestimmten Moment während dieses ganzen Spektakels fühlte sich Hans plötzlich nicht länger als eine »lebende Zelle des großen rassischen Körpers« des deutschen Volkes. Statt dessen begann er, sich als Rädchen im Mechanismus einer riesigen, konturenlosen Maschine zu fühlen. Zunächst untersuchte er diese Maschine verwundert, dann kehrte er ihr den Rücken und sah sich nach Alternativen um. Doch nach und nach wurde ihm klar, daß es keine Alternativen gab und daß er sich gegen diese Maschine stellen mußte. Von diesem Moment an beschäftigte er sich ernsthaft mit dem Gedanken an Widerstand.

Viertes Kapitel

Die starke Persönlichkeit, die Hans schon in der Hitlerjugend eine führende Rolle hatte übernehmen lassen, war wesentlich von seinem starken eigenen Willen geprägt. Dies mußte unweigerlich zu Konflikten mit Autoritätspersonen und ihren Überzeugungen führen. Zwar kennen wir die Einzelheiten seiner Erlebnisse in Nürnberg nicht, aber Hans erzählte später seiner Schwester Inge, daß es auf dem Parteitag weder Zeit noch Gelegenheit für eine einzige vernünftige Unterhaltung gegeben habe. Seiner Meinung nach sei alles nur darauf ausgerichtet gewesen, bedingungslose Begeisterung für die Sache des Nationalsozialismus zu erzeugen.

Hans war in seiner Art oftmals sehr offen und impulsiv; andererseits pflegte er aber auch seine innersten Gedanken, solange sie noch nicht ausgereift waren, hinter einem düsteren, geradezu schwermütig scheinenden Schweigen zu verbergen. Als er aus Nürnberg zurückkehrte, spürten seine Geschwister zwar seine unterschwellige Veränderung, wußten diese aber nicht genauer zu deuten. Vielleicht verstand Hans sie zunächst selbst nicht; doch schon bald brachte ihm eine Reihe von Ereignissen zu Bewußtsein, warum er so enttäuscht war.

Eines Tages fand ihn der Ranghöchste seiner HJ-Abteilung beim Lesen. Das Buch, in dem er las, stammte nicht etwa aus der sehr begrenzten Bücherei der Hitlerjugend, sondern es war ein von den Nazis verbotenes Werk: Stefan Zweigs »Sternstunden der Menschheit«. Trotz der staatlichen Zensur hatte Robert Scholl dafür gesorgt, daß im Bücherschrank der Familie die deutsche Literatur vertreten war, die er für wichtig hielt. Unweigerlich lasen also alle Scholl-Kinder weiterhin auch verbotene Bücher. Jenes Buch von Stefan Zweig gehörte zu Hans' Lieblingswerken. Es ist eine Sammlung von Aufsätzen, in denen Zweig besondere Augenblicke in der Geschichte der Menschheit beschreibt, von Balboas Entdeckung des Pazifiks zur Installierung des ersten transatlantischen Kabels, von Händels »Messias« bis zu Napoleons Niederlage bei Waterloo. Vor allem aber handelt dieses Buch von Individualisten, Menschen, die nach ihrem eigenen Gewissen und ihren eigenen kreativen Bedürfnissen handelten, und zwar nicht im Interesse einer einzelnen Nation, sondern im Namen der Menschheit.

Der Gruppenführer riß Hans das Buch aus der Hand. Dieser Dreck sei verboten, sagte er, der Autor sei ein Jude. Auch wenn Hans wie alle anderen in der Judenfrage durch das Nazi-Regime beeinflußt worden war, so hatte er die stereotypen Vorurteile doch nicht übernommen. Er kannte viele Juden, Freunde der Familie, mit denen sich seine Eltern auch weiterhin trafen. Außerdem fand er Stefan Zweigs Buch weitaus fesselnder und anregender als all die vielen Reden und Parteiunterrichtsstunden, die, wie er nun allmählich erkannte, nicht zum eigenen, kreativen Nachdenken anregen sollten, sondern nur dazu da waren, Geist und Körper so zu beschäftigen, daß für eine kritische Auseinandersetzung mit den nationalsozialistischen Ideologien weder Raum noch Zeit blieb.

Kurze Zeit nach diesem Vorfall kam es dann zu einem noch desillusionierenderen Zwischenfall, der Hans seine Position in der Hitlerjugend kosten sollte. Kaum zurück aus Nürnberg, tat er etwas, von dem er genau wußte, daß es verboten war: Er half den Jungen seines Fähnleins beim Entwurf einer eigenen, unverwechselbaren Fahne. Als Symbol wählten sie ein mythisches Fabeltier, farbenfroh und ungewöhnlich, das ausdrücken sollte, daß sie etwas Besonderes waren, und das sie von allen anderen abheben würde. Vielleicht versuchte Hans, mit diesem Vorstoß gegen die Regeln irgendeinen Verweis, den er sich auf dem Parteitag wegen ungezügelten Verhaltens oder kritischer Kommentare eingehandelt hatte, zu kompensieren. Ganz sicher aber wollte er damit ausprobieren, wie weit er gehen konnte, wie restriktiv die Regeln der Hitlerjugend wirklich waren. Zwar ließ er seine Jungen die Fahne dem Führer weihen, aber gleichzeitig mußten sie auch einen persönlichen Treueeid auf die Fahne als Symbol ihrer Gemeinschaft leisten.

Die Reaktionen auf diese Fahne zeigten Hans bald, daß es in der Hitlerjugend und damit auch im Dritten Reich für derartige, wenn auch noch so geringfügig von der vorgeschriebenen Norm abweichende Gemeinschaften keinen Raum gab. Eines Abends zogen die Jungen des Fähnleins unter ihrer Fahne mit dem phantastisch anmutenden Vogel Greif durch die Straßen Ulms. Als sie aber mit der Fahne zu einem Appell vor einem ranghöheren Gruppenführer antraten, stellte dieser ihren Stolz als Unverschämtheit hin. Er war außer sich vor Zorn über die Fahne, die in seinen Augen einen klaren Verstoß gegen das Prinzip der Hitlerjugend darstellte. Was ihn aber noch mehr erboste, war die Tatsache, daß die Jungen ihre Fahne vor seiner Nase in aller Offenheit zur Schau trugen. Er befahl dem zwölfjährigen Jungen, der sie trug, sie ihm sofort auszuhändigen. Doch der Junge, hin- und hergerissen, stand da wie gelähmt. Da trat der Gruppenführer auf ihn zu und versuchte, ihm die Fahne aus der Hand zu reißen. In diesem Augenblick erteilte Hans Scholl seinen Jungen die vielleicht wichtigste Lektion, die er ihnen je gegeben hatte, eine, die sie wohl nie wieder erleben würden. So, wie er auch später ohne Rücksicht auf mögliche Konsequenzen handelte, trat er zur Verteidigung seines angegriffenen Schützlings vor und schlug dem Gruppenführer ins Gesicht.

Die 150 Jungen des Fähnleins erlebten nun mit, wie ihrem verehrten Fähnleinführer vor ihren Augen das Rangabzeichen abgenommen wurde. Doch Hans empfand dies wohl kaum als Demütigung. Es war einer jener dramatischen Augenblicke, in denen in einem Bruchteil einer Sekunde alles klar wird: Hans' Verhalten war für ihn nur natürlich, unvermeidbar und der Anfang seiner neuen, wachsenden Opposition.

Zuerst mag es so ausgesehen haben, als habe Hans nur das Ziel seiner jugendlichen Rebellion geändert und opponiere nun anstatt gegen seinen Vater und die ältere Generation gegen die erzwungene Gleichmacherei der Hitlerjugend. Aber nachdem dieser Wechsel in seiner Überzeugung und seinen Idealen einmal stattgefunden hatte, und je mehr Hans' Urteil reifte, desto mehr wuchs auch seine Enttäuschung und sein Abscheu vor dem Nationalsozialismus. Sein Vater unterstützte ihn darin.

Von nun an bekamen Vorkommnisse, die Hans bis dahin ignoriert oder verdrängt hatte, eine neue Bedeutung. Erst kurz zuvor war ein junger Lehrer aus Ulm verschwunden; später erfuhren die Scholls, daß er vor eine SA-Truppe gestellt worden war, deren einzelne Mitglieder dann an ihm vorbeigingen und ihm auf Befehl ins Gesicht spuckten. Danach wurde er in ein Konzentrationslager verschleppt, und niemand hörte je wieder etwas von ihm. Die Scholl-Kinder fragten seine Mutter, was er denn getan habe, um eine solche Behandlung zu verdienen. »Nichts, nichts«, antwortete sie verzweifelt, »er war eben kein Nationalsozialist, er konnte halt da nicht mitmachen, *das* war sein Verbrechen.«[18]

Jetzt, wo die Desillusionierung in vollem Umfang eingetreten war, ganz gleich wie oder warum, wurden ihre Auswirkungen zum unabänderlichen Bestandteil von Hans' Alltag. Jeden Tag stieß er auf neue Aspekte des Nationalsozialismus, die ihn entsetzten, Kritikpunkte, die nun mit den Warnungen seines Vaters und seiner humanistischen Erziehung übereinstimmten. Auf einmal fragten die Scholl-Kinder ihren Vater über Konzentrationslager aus und ob der Führer wahrhaftig von deren Existenz wisse. Sie sprachen damit aus, was die meisten Menschen dachten: »Wenn das der Führer wüßte!« hieß es, wann immer ein neues Beispiel von Korruption oder Brutalität bekannt wurde.

»Sollte er es nicht wissen, da sie nun schon Jahre existieren und seine nächsten Freunde sie eingerichtet haben?« antwortete Robert Scholl seinen Kindern. »Und warum hat er nicht seine Macht benützt, um sie sofort abzuschaffen? Warum ist es jenen, die daraus entlassen wurden, bei Androhung härtester Strafen untersagt, etwas von ihren Erlebnissen zu erzählen?«[19]

»Das ist Krieg«, sagte er zu Hans, »Krieg mitten im tiefsten Frieden und im eigenen Volk. Krieg gegen den wehrlosen, einzelnen Menschen, Krieg gegen das Glück und die Freiheit seiner Kinder. Es ist ein furchtbares Verbrechen.«[20]

Inge Scholl berichtete später: »In uns erwachte ein Gefühl, als lebten wir in einem einst schönen und reinen Haus, in dessen Keller hinter verschlossenen Türen furchtbare, böse, unheimliche Dinge geschehen.«[21]

Auf alle Fragen, die seine Kinder ihm nun stellten, hatte Robert Scholl eine Antwort. Hatte Hitler nicht sein Versprechen gehalten, die Arbeitslosigkeit zu beseitigen? »Das bestreitet ja niemand. Aber fragt nicht, wie! Die Kriegsindustrie hat er angekurbelt, Kasernen werden gebaut...«[22]

Die Beziehung zwischen Vater und Kindern begann sich zu ändern. Fanden ihre Diskussionen nach dem Abendessen statt, sagte Robert Scholl manchmal: »Ihr müßt mich jetzt entschuldigen, aber ich will mir wieder einmal eine Gefängnisstrafe einhandeln.«[23] Hans und die anderen wußten, was er meinte: Ihr Vater ging, einen verbotenen Sender im Radio einzustellen – vielleicht Beromünster in der Schweiz oder BBC, beide waren seit Ausbruch des Krieges 1939 verboten –, um die Art Nachrichten zu erfahren, die die Nazimedien nie verlauten ließen.

Als sie eines Abends im Frühling die Donau entlangspazierten, drehte sich Robert Scholl plötzlich zu seinen Kindern um. »Ich möchte nur, daß ihr gerad und frei durchs Leben geht, wenn es auch schwer ist.«[24]

Obwohl Sophie Scholl fast drei Jahre jünger war als ihr Bruder Hans, war ihre Beziehung eine ganz besondere. Sie verstanden sich auch ohne Worte. Was sie miteinander verband, war weniger die Tatsache, daß sie einander sehr ähnlich waren, sondern eher, daß sie sich gegenseitig ergänzten; ihre Verbundenheit war für sie beide von großer Bedeutung. Als Hans in die Hitlerjugend eintrat, tat Sophie es ihm sofort nach und ging zu den Jungmädeln. Ihre Liebe zur Natur schien zunächst mit dem BDM, dem weiblichen Pendant zur Hitlerjugend, durchaus vereinbar: Sie genoß die Zeltlager und Wanderungen; sie liebte den Widerschein der Lagerfeuer bei Nacht. Obwohl sie über die Natur in der gefühlvollen Art und Weise schreiben konnte, die damals vielen jungen Deutschen zu eigen war, lassen ihre Beschreibungen eine Sensibilität und ein Verlangen nach Unabhängigkeit erahnen, die völlig von den sozialen Konventionen, die für Frauen damals galten, abweichen:

Rufen möchte ich vor Freude, daß ich so allein bin, daß mein Körper von allen Seiten von dem wilden, ungestümen Wind umspült wird; allein auf einem Floß möchte ich stehen, aufrecht stehen, über dem grauen Fluß, dessen eiliges Wasser der

Wind nicht erregen kann... Da kommt die Sonne heraus und küßt mich zärtlich. Ich möchte sie wiederküssen, doch gleich habe ich meinen Wunsch vergessen, weil der Wind mich jetzt anspringt. Ich spüre, wie herrlich hart ich bin, ich lache vor lauter Freude, weil ich dem Wind ein solcher Widerstand bin. Alle Kräfte spüre ich in mir.[25]

Schon in jungen Jahren spürte Sophie, daß sie nicht für ein Leben, das von Heirat und Mutterschaft dominiert wurde, gemacht war; ihre Briefe an Fritz deuten die Ablehnung einer solchen Rolle an, die andere ihr fraglos zuwiesen. Indem sie Hans' Beispiel folgte, hatte Sophie an einem Leben teil, das für sie wesentlich andere Inhalte bereithielt, ein Leben, in dem ihre Handlungen Auswirkungen auf die Welt hatten.

Und doch waren Bruder und Schwester recht unterschiedlich. Während Hans eine ungestüme, wenn auch dunkelhaarige Version des arischen Idealtyps zu sein schien, war Sophie zurückhaltend, manchmal sogar geradezu reserviert. Ihr Äußeres entsprach wohl kaum dem Idealbild der deutschen Frau im Dritten Reich. Es hieß allgemein: »Deutsche Mädchen tragen Zöpfe.« Dieses optisch sichtbare Klischee der deutschen Frau ging Hand in Hand mit der ideologisch wichtigen Rolle, die die Nazis den Bauern zugewiesen hatten, und resultierte aus der Kritik am als entartet abgestempelten weiblichen Interesse an Kosmetik und eleganten Frisuren.

Sophies Haar war dunkel wie Hans', und sie trug es als Bubikopf geschnitten. Für ein Mädchen, dessen Hauptaufgabe im Leben die arische Mutterrolle sein sollte, war sie zu kritisch, hatte eine viel zu starke eigene Meinung und bemerkte zu viele Ungereimtheiten in den Ansichten anderer. Manchmal versuchte sie ihre Ernsthaftigkeit zu verbergen, doch ihre Familie und ihre Freunde bemerkten sehr wohl den besonderen Blick in ihren Augen, wenn sie sich unbeobachtet fühlte. Es war ein sorgenvoller Blick, der auf eine Charakterstärke und Weisheit schließen ließ, die ungewöhnlich für ein so junges Mädchen waren.

Nicht, daß Sophie ein mißmutiger Mensch gewesen wäre.

Einer ihrer Lehrer hatte sie sogar einmal als »frivol« und ausgelassen bezeichnet – eine grobe Fehlinterpretation von Sophies Gelächter über eine im Unterricht gefallene ideologische Äußerung. Sie hatte nicht anders können als lachen; die Widersprüche in der nationalsozialistischen Indoktrination waren oft so offensichtlich, daß sie sie einfach nicht übersehen konnte. Bereits im Alter von zwölf Jahren war sich Sophie vieler Ungereimtheiten und Mißstände in Theorie und Praxis des Nationalsozialismus bewußt, die Hans erst Jahre später erkannte. So fragte sie zum Beispiel einmal ihre Schwester Inge über eine ihrer Lieblingsfreundinnen, die Jüdin war: »Warum darf Luise, die blonde Haare und blaue Augen hat, nicht Mitglied sein, während ich mit meinen dunklen Haaren und dunklen Augen BDM-Mitglied bin?«[26]

Sophies Beziehung zu ihrem Vater war von einem tiefen gegenseitigen Verständnis gekennzeichnet, ähnlich dem, das sie mit Hans verband. Auch ihr Eintritt in den BDM konnte es nicht stören, obwohl er Robert Scholl sicherlich geschmerzt hatte. Obwohl er aus seiner Einstellung dem Nationalsozialismus gegenüber kein Hehl machte – oft konnte Sophie seinen Ärger angesichts der Parteiaufmärsche auf dem Münsterplatz beobachten, und sie bekam ebenso die Auseinandersetzungen zwischen ihrem Vater und Hans mit –, versuchte der Vater nicht, Sophie vom Eintritt bei den Jungmädeln abzuhalten. Er wußte genau, daß man niemanden zur Opposition zwingen kann, sondern daß nur die eigene Erfahrung einen Menschen zum Gegner des Nationalsozialismus werden lassen kann. Für ihn blieb seine jüngste Tochter »die klügste unter meinen Damen«[27], auch, als sie Mitglied in der Nazi-Jugendgruppe war.

Sie muß schon früh die Wahrheit gefühlt haben, denn all die Manipulationstechniken schienen keine Wirkung auf sie zu haben. Einmal nahm sie mit Inge an einem BDM-Ausflug teil; es war »Staatsjugendtag«, was bedeutete, daß man bestimmte Lieder singen und Uniform tragen mußte. Als einige Festpunkte vorüber waren, unternahmen Inge und Sophie auf eigene Faust einen Spaziergang im Wald. An einem abgelegenen Platz trafen sie auf ein Zelt, in dem Jungen ohne Uniform saßen. Die Tatsache, daß diese Jungen offensichtlich nicht zur braungekleideten Masse der Nazi-Jugendorganisationen gehörten, erregte das Interesse der beiden Mädchen, und sie begannen eine Unterhaltung mit ihnen. Bewußt brachten sie das Gespräch auf den Nationalsozialismus, um die Jungen herauszufordern, etwas über sich zu erzählen. Doch einer der Jungen wurde plötzlich ganz still. Sophie begriff sofort, warum: Er war Jude. Es war klar, daß er sich nicht traute, etwas zu sagen, aus Angst, diese beiden Mädchen in Uniform könnten ihrer Führerin von einer »jüdischen Untergrundgruppe« ganz in der Nähe berichten.

Ein anderes Mal, nachdem Hans aus Nürnberg zurückgekehrt war, kam eine bedeutende BDM-Führerin aus Stuttgart, um die Ulmer Mädchen einen Abend lang ideologisch zu schulen. Als sie die Mädchen fragte, ob sie irgendwelche Diskussionsthemen vorschlagen wollten, schlug Sophie vor, Gedichte von Heinrich Heine, einem ihrer Lieblingsdichter, zu lesen. Die Leiterin und auch ihre BDM-Kameradinnen reagierten erschrocken auf diesen Vorschlag, entsetzt über das Bekenntnis, das Sophie damit freiwillig machte: Ihr Vorschlag verriet, daß sie zu Hause in ihrem Bücherschrank immer noch sogenannte »entartete Literatur« jüdischer Autoren stehen hatte, die schon seit 1933 von Reichspropagandaminister Joseph Goebbels offiziell verboten war. Doch trotz des psychischen Drucks und der möglichen Unannehmlichkeiten verleugnete Sophie ihre innere Überzeugung nicht. »Wer Heinrich Heine nicht kennt, kennt die deutsche Literatur nicht«, sagte sie.[28]

Es war sehr ungewöhnlich, daß sich gerade langjährige Mitglieder der HJ und des BDM plötzlich gegen die nationalsozialistischen Organisationen wandten, die ihnen Anerkennung und Macht verliehen. Dennoch waren Hans und Sophie Scholl nicht die einzigen Jugendlichen in Deutschland, denen der Nationalsozialismus mißfiel und deren Mißtrauen sich allmählich in Widerstand verwandelte. 1936, also im selben Jahr, in dem sich Hans' Einstellung zum Nationalsozialismus grundlegend änderte und in dem die Mitgliedschaft in der Hitlerjugend zur Pflicht wurde, entstanden in verschiedenen Städten Deutschlands, besonders in den industriellen Ballungsräumen, Gruppen von jungen Männern, die dem Nationalsozialismus feindlich gegenüberstanden. Zu ihnen gehörten die Jugendlichen, die aus Arbeiterfamilien mit einem gewissen Klassenbewußtsein kamen. Die Kommunisten sollten bis zum Ende des Dritten Reiches die beständigsten Regimegegner bleiben, obwohl gerade sie extremer Verfolgung durch die Gestapo und Folter in den Konzentrationslagern ausgesetzt waren.

Doch die Mehrzahl der jungen Leute schien bewußt unpolitisch zu sein. Sie lehnten es einfach ab, sich zu Soldaten machen zu lassen. Die einzelnen Gruppen trafen sich in Kneipen, wo die Jugendlichen tranken, Zigaretten rauchten und mit den Älteren Karten spielten. Oder sie verhielten sich wie die Punks in heutiger Zeit: Sie demonstrierten ihren Protest gegen die bedrükkende Scheinheiligkeit um sie herum, indem sie einfache, fast abgerissene Kleidung trugen. Ihre Markenzeichen waren zum Beispiel lange Haare, karierte Hemden, alte Hüte und Siegelringe mit Totenkopf und gekreuzten Knochen. Sie nannten sich »Navajos«, »Schwarze Bande« oder »Edelweiß-Piraten«, hörten sogenannte »degenerierte« Swing-Musik und machten sich über den kleinmütigen Gehorsam der Hitlerjungen lustig.

Doch ein paar dieser Gruppen taten mehr als nur Jitterbug zu tanzen und gefährlich auszusehen. Zum Eintritt in die Hitlerjugend gezwungen, führten sie eine Art Doppelleben: Neben der Teilnahme an den HJ-Veranstaltungen trafen sie sich gelegentlich mit kriminellen Elementen und versuchten, Zusammenkünfte der Hitlerjugend zu stören. In München erzählte man sich, in Haidhausen sei eine Bande aufgetaucht, die sich selbst »Roter Anker« nenne. Haidhausen war jenes Arbeiterviertel, von dem aus Hitler seinerzeit seinen ersten Putschversuch, den Marsch auf die Feldherrnhalle, unternommen hatte. Die Angriffsobjekte dieser Gruppe waren nicht etwa Leute mit Melone und elegantem Pelz, sondern jeder, der allein herumlief und eine HJ-Uniform trug. Im Jahr 1937 ging die Polizei in Leipzig scharf vor gegen eine solche Gruppe, deren Ableger auch in Berlin und Köln bereits Fuß gefaßt hatten. Unterlagen der Gestapo zufolge hatten sich 1936 zirka 1500 Jungen zusammengetan, um Hitlerjugend-Führer bei Nacht zu überfallen. Ihr erklärtes Ziel war es, in Leipzig mehr Mitglieder zusammenzutrommeln, als in der Hitlerjugend waren. Ihre beiden siebzehnjährigen Anführer wurden schließlich gefaßt und zu je drei Jahren Arbeitslager verurteilt.

Zu der Zeit, als der Eintritt in die Hitlerjugend zur Pflicht wurde, waren nur etwa zehn Prozent aller ihrer Mitglieder überzeugte Nationalsozialisten; der Rest war eine Mischung aus jungen Leuten, die einfach nur gelangweilt waren, solchen, die sich über den Nationalsozialismus ärgerten, und solchen, in denen die Unzufriedenheit mit dem System innerlich schwelte. Die meisten von ihnen waren jedoch Mitläufer, bereit, das zu tun, was die Gesellschaft von ihnen verlangte. Dennoch gab es einige wenige politisch Andersdenkende, so wie die späteren Mitglieder der Weißen Rose, die ihre Meinung bewußt vertraten. Zwischen 1940 und 1945 wurden allein im Gefängnis Brandenburg 1807 Häftlinge aus politischen Gründen hingerichtet, einige erst nach jahrelanger Zwangsarbeit. Davon waren 75 jünger als zwanzig Jahre; insgesamt waren 22 Gymnasiasten oder Studenten. Von all denen, die zwischen 1933 und 1945 in Hamburg wegen politischer Verbrechen bestraft wurden, waren elf Prozent Jugendliche.

Während die Hitlerjugend stolz und unermüdlich zu Liedern wie »Die morschen Knochen der Welt erzittern« und »Wenn Judenblut vom Messer spritzt« marschierte, sangen die wenigen andersdenkenden jungen Deutschen zu denselben Melodien ihre eigenen Texte, vielleicht in der Einsamkeit ihrer Gefängniszellen oder auf dem Weg zur Hinrichtung:

Wir sind Verbrecher in eurem Staat
und stolz auf unser Verbrechen.
Wir sind die Jugend des Hochverrats
und werden die Knechtschaft brechen.[29]

Fünftes Kapitel

Irgendwann im Jahr 1937 tat Hans Scholl einen kleinen, aber entscheidenden Schritt in Richtung des Widerstandes; er trat einer Untergrundgruppe von Jugendlichen bei, die trotz der Überwachung durch die Gestapo immer noch aktiv war. Sie nannten sich selbst »Deutsche Jugend des 1. November 1929«, abgekürzt »d. j. 1. 11.«, nach dem Tag, an dem ihr Gründer aus dem Ausland zurückgekehrt war und beschlossen hatte, noch eine weitere Anti-Nazi-Jugendgruppe zu gründen – noch vor der Machtübernahme Hitlers –, um den wachsenden Einfluß der nationalsozialistisch orientierten Jugend einzudämmen.

Diese jungen Männer – Mädchen wurden als Mitglieder nicht zugelassen – erhielten die Organisation am Leben. Sie verbargen ihre Identität durch den Gebrauch von germanischen Runen und Spitznamen. Auch wenn sie nichts Effektives gegen die Hitlerjugend ausrichten konnten, so war ihre bloße Existenz doch schon ein Akt des Widerstandes.

Die Mitglieder dieser Gruppe entwickelten eigene Ansichten und einen ganz eigenen Stil, der sie klar von den anderen abgrenzte. Sie waren nicht nationalsozialistisch eingestellt; und anders als der frühere *Wandervogel*, zogen sie lieber per Anhalter als zu Fuß durch die Lande. Für ihren Namen und ihre Schriften benutzten sie ausschließlich Kleinbuchstaben, ein modernistischer Stil, der an die Bauhausbewegung in Kunst und Architektur erinnerte und der von der Naziregierung abgelehnt wurde. Sie sangen Volkslieder vom Balkan und sogar amerikanische Countrysongs, spielten die Balalaika und verschlangen verbotene Literatur. Auch die kommißähnlichen Zelte der Hitlerjugend lehnten sie ab und bevorzugten statt dessen für das Campen im Freien die Kote, ein Zelt, wie die Lappen es benutzten. Dieses Zelt war wie ein Wigwam geschnitten und hatte oben ein Loch, durch das der Rauch eines Feuers entweichen konnte. Die jungen Leute zelteten damit tief im Wald, um der Wachsamkeit der Nazis zu entgehen.

Alles im Dritten Reich war Gegenstand politischer Kontroverse, die Kunst eingeschlossen. Die Beschäftigung mit der Kunst war ein Schwerpunkt in der Familie Scholl. Zu ihren Freunden gehörte eine Anzahl Künstler, die dem Nationalsozialismus kritisch gegenüberstanden. Einer von ihnen war Otl Aicher, der Sophie bei ihren Zeichenversuchen half und später Inge Scholl heiratete.

Im Sommer 1937 fuhren Hans und Inge nach München zur Eröffnungsausstellung im Haus der Deutschen Kunst. Die beiden ältesten Kinder der Familie waren begeisterte Anhänger der großen deutschen Expressionisten – besonders Franz Marc –, deren Blütezeit gerade zwanzig Jahre zurücklag. Hans bewunderte vor allem Marcs »Blaue Pferde«, ein Arrangement sinnlich wirkender Kurven und Bögen auf rosenfarbigem Untergrund. Inge hegte eine Neigung für den Bauhausstil; ihr erschien das neue Kunstmuseum, ein eher neoklassizistischer Bau, der reichlich mit schmucklosen, dorischen Säulen ausgestattet war, wenig originell und anregend.

Zu ihrer Enttäuschung widersprach alles, was sie an jenem Tag im neuen Museum zu sehen bekamen, ihrem ästhetischen Feingefühl: idealisierte deutsche Familien, mit wettergegerbten, gefühllosen Gesichtern, ein mürrischer alter Bauer, der gerade mit Entzücken in der offiziellen Nazi-Zeitung las, Männerakte, die »in sich ruhende Bewegung« ausdrücken sollten, sowie weibliche Akte, die den Eindruck von Fruchtbarkeit und Anmut vermitteln sollten, statt dessen aber passiv und steril wirkten. Jedes Werk in den weiten Hallen war plump und rein gegenständlich. Bei der Eröffnung der Ausstellung hatte Adolf Hitler gesagt, daß diese Arbeiten »dem künstlerischen Irrsinn und der künstlerischen Verschmutzung unseres Volkes«[30] ein Ende gemacht hätten, und ein Mitglied der Jury hatte bemerkt, daß die perfekteste Form, die jemals im »neuen Deutschland« geschaffen worden sei, bei jedem Parteitag sichtbar werde: der Stahlhelm.

Um dieser Ausstellung, die Deutschlands neues künstlerisches Erwachen dokumentieren sollte, einen Negativkontrast gegenüberzustellen, inszenierte Reichspropagandaminister Goebbels gleichzeitig eine Ausstellung über »entartete Kunst«. Hans und Inge besuchten auch diese Ausstellung, die nur ein paar Häuserblocks weiter in einer Münchner Galerie untergebracht war. Sie fanden die Gemälde dort weitaus anregender und ausdrucksvoller als die ideologisch gefärbten Werke, die sie vorher gesehen hatten. Viele ihrer Lieblingskünstler der Moderne waren hier vertreten; allerdings hatte man deren Bilder mit neuen Titeln versehen: »Wie kranke Geister die Natur sehen« und »Bauern in der Manier jiddischer Maler«.[31] Neben den modernen Werken einstmals anerkannter Künstler waren Gemälde von psychisch Kranken aus deutschen und österreichischen Anstalten aufgehängt worden. Damit sollte angedeutet werden, daß beide Gruppen von Bildern ein und demselben Gemüt entsprungen seien. Doch die Ausstellung über »entartete Kunst« entpuppte sich für die Nazis als Schuß nach hinten: Sie zog mehr Menschen an als die Ausstellung im Haus der Deutschen Kunst.

Etwa zu dieser Zeit begannen die Scholl-Kinder auch an einem heimlichen Lesezirkel teilzunehmen, der sich hauptsächlich aus Freunden zusammensetzte, mit denen die Familie immer in Kontakt geblieben war. Einmal sagte die Frau des Geislinger Malers Kley zu Inge: »Wir haben einen großen Freundeskreis, und alle sind gegen Hitler eingestellt. Und jeder dieser Freunde hat wieder einen Freundeskreis, der auch gegen Hitler ist – und so fort und so fort. Ein riesiges unterirdisches Netz gegen Hitler. Wenn man das zum gemeinsamen Handeln bringen könnte.«[32]

Dieser Zirkel wurde besonders wichtig für Inge und Sophie, die ja nicht Mitglied in Hans' Gruppe d.j. 1. 11. waren. In der Gruppe verbreiteten sie verbotene Literatur und druckten sogar ihre eigene bescheidene Zeitung, »Das Windlicht«, in der scheinbar harmlose Artikel versteckte Anspielungen auf aktuelle politische Mißstände enthielten. Schließlich begannen sie sogar Brieffreundschaften mit anderen Regimegegnern.

Nach 1937 trennten die vielen Pflichtdienste im Nazideutschland Hans von d.j. 1. 11., aber trotzdem blieb er in Kontakt mit seinen Kameraden. Hans trat nun seine sechs Monate Reichsarbeitsdienst an, in dessen Rahmen er beim Bau von Deutschlands neuen Autobahnen eingesetzt wurde. Danach kam er zum Militär; eine Zeit begann, die er so schnell wie möglich hinter sich bringen wollte. Da seine Einheit glücklicherweise nicht weit von Ulm entfernt lag, konnte er gelegentlich Besuch von seinen Jugendgruppen-Mitgliedern bekommen. Doch die Gestapo hatte inzwischen beschlossen, jeglicher illegaler Jugendaktivität ein für allemal ein Ende zu setzen. Als sie daher durchzugreifen begann, geschah dies sehr plötzlich und betraf die gesamte Familie Scholl. Hans wurde eines Tages unvermutet verhaftet und ins Gestapo-Gefängnis nach Stuttgart gebracht.

Zur selben Zeit drangen Sicherheitsbeamte in die Schollsche Wohnung in Ulm ein. Frau Scholl faßte sich schnell; unter dem Vorwand, etwas einkaufen zu müssen, ging sie ruhig mit einem Korb am Arm eine Etage höher in die Zimmer ihrer Kinder und packte alles offensichtlich verdächtige Material, das sie dort finden konnte, in den Korb. Unten schritt sie dann ruhig an den Gestapobeamten vorbei aus dem Haus.

Die Verhaftung war umfassend. Inge und Werner wurden auf einem offenen Lieferwagen nach Stuttgart transportiert. Auch Sophie wurde verschleppt. Sie war zu dieser Zeit sechzehn Jahre alt, und die Familie kam später zu der Ansicht, daß die Gestapobeamten sie wohl wegen ihrer kurzen Haare für einen Jungen gehalten hatten. Obwohl sie noch am selben Tag wieder entlassen wurde, war Sophie von dieser ersten direkten Konfrontation mit brutaler Gewalt zutiefst getroffen. Ihr Heim würde nie wieder dasselbe sein, denn die Türen und Fenster, die zuvor die feindliche Welt ausgesperrt hatten, konnten nun nie mehr so fest versiegelt werden. Der sensiblen und intelligenten Heranwachsenden, die fest mit ihren Eltern und Geschwistern verbunden war, muß es so vorgekommen sein, als sei plötzlich alle Sicherheit aus ihrem Leben gerissen worden.

Nach einer Woche Haft in einer kalten Gestapozelle wurden Inge und Werner wieder freigelassen. Hans wurde noch drei Wochen länger festgehalten, in denen die Gestapo vergeblich versuchte, ihm Informationen zu entlocken. Zu Hause in Ulm mußte Robert Scholl hilflos mit ansehen, wie die anderen Kinder versuchten, ihre Mutter zu trösten, die plötzlich apathisch und depressiv geworden war. Er lief wie ein Tiger im Käfig hin und her und machte sich Sorgen um Hans. »Wenn die meinen Kindern etwas antun, gehe ich nach Berlin und knalle ihn nieder«[33], sagte er. Es gab keinen Zweifel, wen er damit meinte. In der Schule mußte Sophie nun die lästigen Fragen ihrer Klassenkameraden erdulden, die wissen wollten, welche Verbrechen ihre Familie denn begangen habe.

Hans wurde schließlich auf wiederholtes persönliches Ersuchen seines Rittmeisters entlassen. Zu dieser Zeit hatte die Erfahrung der Verhaftungen das Schollsche Heim in eine Insel verwandelt, die auf Treibsand gegründet zu sein schien, und die Außenwelt hatte sich in eine weite, grenzenlose Region verwandelt, in der es nichts als Beschränkungen gab. Immer neue Ereignisse versetzten jetzt die Familie Scholl in Unruhe: der triumphale Einmarsch deutscher Truppen in Österreich, die Zerstörung jüdischer Geschäfte, Häuser und Synagogen in der »Reichskristallnacht« und die Besetzung des Sudetenlandes. Sie fühlten sich wie in einem Sturm, der von Jahr zu Jahr wilder tobte.

Am 1. September 1939 fielen bewaffnete deutsche Truppen in Polen ein und lösten so den Zweiten Weltkrieg aus. Sophie schrieb voller Bitterkeit an Fritz Hartnagel: »Ich kann es nicht begreifen, daß nun dauernd Menschen in Lebensgefahr gebracht werden von anderen Menschen. Ich kann es nicht begreifen und ich finde es entsetzlich. Sag nicht, es ist für's Vaterland.«[34]

Nachdem der Krieg ausgebrochen war, mußte Hans beim Militär bleiben, wobei er abwechselnd in Tübingen und in München sein Studium fortsetzen konnte. Während des Frankreichfeldzuges wurde er zum Sanitätsdienst an die Front abgestellt. Obwohl er vom eigentlichen Kampf nur wenig mitbekam, sah er doch einiges vom Ergebnis: In einem Feldlazarett mit 400 Verwundeten mußte er bei Beinamputationen und anderen Operationen assistieren. Er verachtete seine eigene Besatzungsarmee für die Besetzung der schönsten Häuser in St. Quentin in der Pikardie, wo er für eine Weile stationiert war. »Mir war's im Stroh viel wohler«, schrieb er an seine Eltern, »bin ich denn ein Dieb oder ein anständiger Mensch?«[35] Sophie in Ulm war deprimiert über das schnelle Zusammenbrechen der französischen Streitkräfte. Am 28. Juni 1940 schrieb sie in einem Brief an Fritz Hartnagel:

> *Wenn ich nicht wüßte, daß ich wahrscheinlich viele ältere Leute überlebe, dann könnte mir manchmal grauen vor dem Geist, der heute die Geschichte bestimmt... Du findest es sicher unweiblich, wie ich Dir schreibe. Es wirkt lächerlich an einem Mädchen, wenn es sich um Politik kümmert. Sie soll ihre weiblichen Gefühle bestimmen lassen über ihr Denken. Vor allem das Mitleid. Ich aber finde, daß zuerst das Denken kommt, und daß Gefühle oft irreleiten, weil man über dem Kleinen, das einen vielleicht unmittelbarer betrifft, vielleicht am eigenen Leib, das Große kaum mehr sieht.*[36]

Die letzten Jahre auf dem Gymnasium waren schwierig für Sophie gewesen; nationalsozialistisches Gedankengut durchzog jede Unterrichtsstunde, und sie entfremdete sich von den meisten ihrer Klassenkameradinnen. »Manchmal kommt mir die Schule vor wie ein Film«, schrieb sie in einem Brief, »ich sehe zu und bin beim Mitspielen beinahe ausgeschaltet.«[37] Ihre Biologielehrerin hatte genau diesen Eindruck von Sophie: Sie wirkte im Unterricht völlig teilnahmslos, doch wenn ihr eine Frage gestellt wurde, hatte sie immer eine Antwort parat; sie paßte gut genug auf, um die Bedingungen für ihr Abitur zu erfüllen. Doch am Unterricht nahm sie nicht wirklich teil. Sie hatte eine bewußte Entscheidung getroffen zwischen Beobachtung und Teilnahme.

Ihr Benehmen blieb nicht unangefochten. Als die Zeit des Abiturs näher kam, rief der Schulleiter Sophie mehrmals zu sich in sein Büro und warnte sie, daß sie, wenn sie ihr Verhalten nicht ändere, auch ihr Abitur nicht bestehen könne. Ein besseres Druckmittel hätte er sich nicht ausdenken können. Sophie hatte sich schon immer sehnlichst gewünscht, einmal an die Universität zu gehen; sie wollte Biologie und Philosophie studieren, vielleicht, um ersterer mehr menschliche Wahrheit zu verleihen, als es die nazistische Rassenideologie getan hatte. Auch schien ihr das Universitätsstudium ein Mittel zu sein, um den Dienst für das Regime möglichst gering zu halten. Schließlich bedeutete es auch eine Chance für die eigene geistige Entwicklung in einer Zeit, in der man Frauen auf jede erdenkliche Weise davon abzubringen suchte, eine andere Rolle als die der Hausfrau und Mutter anzustreben.

Sophie änderte ihre Einstellung trotz aller Widerstände nicht. Es muß ein großer persönlicher Triumph für sie gewesen sein, als sie trotz allem im März 1940 ihr Abitur bestand.

Doch nun begannen die Verzögerungen. »Es wäre wunderbar, wenn wir (Hans und sie) eine Zeitlang miteinander studieren könnten. Wir sind immer voller Pläne, unverwüstlich!«[38] schrieb sie im Frühjahr 1941 in ihr Tagebuch. Aber der Staat verlangte, daß alle Abiturientinnen mindestens sechs Monate Arbeitsdienst ableisten mußten. Hans versuchte von München aus, eine Befreiung von diesem Dienst und einen Studienplatz für Sophie zu bekommen, doch vergeblich. Als Mädchen mußte Sophie entweder Hausarbeit in einer kinderreichen Familie verrichten oder, was häufiger vorkam, irgendeine manuelle Tätigkeit ausüben. Um diese wenig verlockenden Aussichten zu umgehen, versuchte Sophie statt dessen eine Ausbildung am Kindergarten des Fröbelseminars in Ulm zu machen, in Verbindung mit Lehrpraktika.

Es gelang ihr auch, dort aufgenommen zu werden, und sie empfand die Monate im Fröbelseminar als eine Art Begnadigung. Susanne Hirzel, die Tochter eines Ulmer Pfarrers und eine von Sophies engsten Freundinnen, schrieb sich ebenfalls dort ein, und die beiden Mädchen bauten sich gegenseitig moralisch immer wieder auf. Einmal, als sie beide, nachdem die Mitgliedschaft zur Pflicht geworden war, noch beim BDM waren, hatte Sophie Susanne eine ihrer Wunschvorstellungen anvertraut: »Eigentlich sollte man sich hinaufdienen, hinaufheucheln in ein höchstes Amt und dann die ganze Verlogenheit aufdecken.«[39]

Fräulein Kretschmer, ihre unergründliche Seminarlehrerin, hatte es verstanden, ihren Arbeitsplatz zu behalten, obwohl sie keine überzeugte Nationalsozialistin war; das erleichterte das Leben für die beiden Mädchen ein wenig. Einmal, während einer ideologischen Unterweisungsstunde, während der die Schülerinnen aufmerksam einer Rede Hitlers, die im Radio übertragen wurde, lauschen sollten, saßen Sophie und Susanne dabei und lasen ziemlich offensichtlich in ihren Privatbüchern. Die einzige Reaktion von Fräulein Ketschmer war, daß sie den beiden ein warnendes Zeichen gab; bei anderen Lehrern hätte ein solches Verhalten zu ernsthaften Schwierigkeiten geführt.

Jene Monate in Ulm, in denen sie sich mit den Kindern beschäftigte und sie beim Spielen zeichnete, waren wahrscheinlich die letzten relativ unbelasteten, die Sophie in ihrem Leben haben sollte. Es war ihr gelungen, dem üblichen obligatorischen Dienst zu entgehen, und sie hatte dabei auch noch die Gelegenheit, zu arbeiten und zu lernen, ohne direkt an den Kriegsvorbereitungen beteiligt zu sein. Auch blieb ihr immer noch Zeit für gelegentliche Fahrradtouren in die Umgebung Ulms. »Und selbst wenn man meint, alles müßte bald untergehen, so steht am nächsten Abend der Mond doch wieder gleich am Himmel. Und auch die Vögel singen immer so süß und eifrig und denken nicht daran, was es viel nützt«[40], schrieb sie an ihren Freund Fritz. Aber sie konnte der häßlichen Realität des Alltags nicht immer entfliehen.

Entgegen Sophies Hoffnungen wurde die Arbeit am Fröbelseminar nicht als gleichwertiger Ersatz für den Reichsarbeitsdienst anerkannt. Sie mußte ihre sechs Monate nun doch noch ableisten, und so würde sie wieder warten müssen, bis sie endlich mit Hans an der Münchner Universität studieren konnte.

Im März 1941 wurde sie zu einem etwas verfallenen Schloß in der Nähe von Sigmaringen beordert, das zu einem Arbeitslager für junge Mädchen erklärt worden war. Zu dieser Zeit gab es etwa 2000 solcher Lager in ganz Deutschland; sie beherbergten junge Frauen zwischen 18 und 25 Jahren, die dort so hart arbeiten mußten, daß sie sich oft wie Lasttiere fühlten. Doch ihre Reaktion hing stark von ihrer politischen Überzeugung ab. Melita Maschmann, die beim BDM eine Karriere als eifrige Propagandistin gemacht hatte, beschrieb ihre eigenen Erfahrungen im Arbeitslager zwar als Knochenarbeit, doch sang sie bei der Feldarbeit voll Freude. »Unsere Lagergemeinschaft war ein verkleinertes Modell dessen, was ich mir unter Volksgemeinschaft vorstellte«[41], schrieb sie später in ihren Erinnerungen.

Doch für Sophie war das Leben dort schrecklich. Die Mädchen trugen Uniformen und mußten ideologischen Unterricht besuchen, der von fanatischen Führerinnen abgehalten wurde. Die Räume im Schloß waren hoch, kalt und feucht – sie fror ständig –, und die Mahlzeiten bestanden hauptsächlich aus Pellkartoffeln. Obwohl sie von Gleichaltrigen umgeben war, schrieb Sophie in ihren Briefen, daß sie sich noch nie in ihrem Leben so allein gefühlt habe. Die anderen Mädchen gehorchten, unterwarfen sich den Regeln und stellten keine Fragen; in ihrer Freizeit taten sie nichts anderes, als über Jungen und Sex zu reden und endlos zu kichern.

Sophie fühlte sich in ihrer Einsamkeit hochmütig und hartherzig; sie verabscheute diese Mädchen. Und mehr noch, sie empfand eine maßlose Wut über die Führerinnen, die ihre Macht ausnutzten, über die sie in einer anderen Gesellschaft niemals hätten verfügen können. Sie brüllten Befehle und ließen ihre Schützlinge springen wie Marionetten am Faden. Sophie schäumte jedesmal, wenn sie sie herumkommandierten, und einmal schrieb sie: »Wir leben sozusagen wie Gefangene, da nicht nur Arbeit, sondern auch Freizeit zum Dienst wird... Manchmal möchte ich sie (die Führerinnen) anschreien: Ich heiße Sophie Scholl, merken Sie sich das!«[42]

Einzig das Bett war eine Zuflucht. Wenn das Licht gelöscht war, zog Sophie ihre Taschenlampe hervor und las Thomas Manns »Zauberberg« unter der Bettdecke. Das Buch stand auf der schwarzen Liste; allein die Tatsache, daß sie solch ein Buch las, muß Sophie das Gefühl der Verbundenheit mit Ideen und Werten gegeben haben, die Zeit und Raum überwanden. Manns luftiger Berggipfel in den Schweizer Alpen mag ihr realer vorgekommen sein als die tägliche Feldarbeit oder die düstere Kälte des Schlosses.

An einem der Besuchstage kamen Inge Scholl und Otl Aicher zum Schloß, und es gelang ihnen, Sophie zu sehen, trotz der Versuche der Lagerleiterin, sie aufzuhalten. Es war ein herrlicher Tag, und die drei picknickten auf einer nahegelegenen Weide. Doch ihre Wiedersehensfreude wurde durch eine Radiomeldung überschattet: Deutschland marschierte in die Sowjetunion ein.

Es war der 22. Juni 1941. Obwohl das Dritte Reich in jenem Sommer auf dem Höhepunkt seines Erfolges stand, erschreckte diese Meldung viele Deutsche, sogar jene, die stolz auf Hitler waren und ihm vertrauten. Die Vorstellung eines Zweifrontenkrieges, besonders in der Weite Rußlands, in der kein Europäer eine Chance zum Sieg zu haben schien, war entmutigend. Sophie schien es nun, als wolle der Krieg und die Gemeinheit derer, die ihn führten, nie ein Ende nehmen.

Nicht lange danach schrieb sie an Fritz: »Wenn man an den Sieg der Macht glaubt, muß man auch glauben, daß Menschen auf derselben Stufe stehen wie Tiere.«

Und an Inge schrieb sie: »Ich lebe so dahin, nicht traurig und nicht besonders fröhlich, immer mich an meine selbstgestellten Gesetze haltend.«[43]

Es mußte doch einen Sinn geben, etwas Wesentliches jenseits dieser Welt, in der sie lebte, die nur noch ein groteskes Zerrbild ihrer selbst war. Es mußte eine tiefere Wahrheit geben. Als das Wetter wärmer und die Tage länger wurden, las Sophie die Schriften des Augustinus unter einem hohen Baum im Park des Schlosses. In ihren Aufzeichnungen aus jener Zeit beschreibt sie den Frieden, der über sie kam, wenn sie las. Sie fühlte sich eins mit den Blättern, den Ästen, dem Baumstamm und den Vögeln, die freundlich zwitscherten. In solchen Momenten wurde sie sich bewußt, daß es einen Sinn jenseits dessen gab, was Menschen dieser Welt antaten.

Sophie war im Milieu der bürgerlichen Mittelschicht aufgewachsen, in der die Perspektiven und Aussichten der äußersten Linken fremd und unzugänglich schienen. Der Nationalsozialismus, der die Jugend dazu aufforderte, sich für die große Sache Deutschlands einzusetzen, schien zunächst eine naheliegende Position zu sein. Wäre sie diesem Weg, der ihr ja offenstand, gefolgt, hätte Sophie bequem Karriere im BDM machen und sich dabei die nationalsozialistischen Methoden der Unterdrückung so wie alle anderen zu eigen machen können. Aber sie tat es nicht.

Aber auch wenn sie dieses Leben innerlich abgelehnt hätte, hätte sie trotzdem unauffällig in dieser Gesellschaft weiterleben können. Sie hätte ein ruhiges Leben, angefüllt mit Fahrradausflügen, Chorsingen und dem Lernen für Examina führen können, wie so viele deutsche Mädchen um sie herum, die versuchten, ihre Augen vor den häßlichen Widersprüchen in ihrer Umwelt zu verschließen. Doch es gab etwas, was Sophie Scholl von diesen Mädchen unterschied; es hatte etwas zu tun mit der Klarheit, mit der sie diese Widersprüche sah und erkannte, wie sie leben mußte, wenn sie ihren Werten, ihrem inneren Selbst treu bleiben wollte.

Einmal schrieb sie in ihr Tagebuch: »Man sollte überhaupt den Mut haben, nur an das Gute zu glauben. Ich meine damit nicht, an Illusionen zu glauben, sondern ich meine nur das Wahre und Gute zu tun und bei anderen Menschen vorauszusetzen...«[44]

Sechstes Kapitel

Im Januar 1943, ungefähr fünf Wochen bevor die Gestapo ihn ergriff, schrieb Hans Scholl einen langen Brief an Rose Nägele, eine junge Frau, die er seit seiner Kindheit kannte. Sie gehörte zu den Menschen, zu denen er eine intensive und intellektuelle Beziehung hatte. Diese Freundschaft schien für Hans zu jener Zeit an Intensität zu verlieren, und in dem Brief erklärte er behutsam sein allmähliches Zurückziehen:

> *Aber ich liebe diese Übergangszeiten. Sie fördern den Geist, so schwer sie auch zu ertragen sind. Das ist derselbe Trieb, welcher mir den Aufenthalt auf den großen Durchgangsbahnhöfen so reizvoll macht. Ich kenne einen Menschen, der überall, wo er hinkommt, man möchte sagen: den Mantel nicht auszieht, der immer der fremde Gast bleibt, obgleich er nicht schweigt und kein geheimnisvolles Wesen an den Tag legt. Wenn man mit ihm spricht, könnte man meinen, er könne nach jedem Satz ganz unverhofft die Uhr aus der Tasche ziehen und sagen: Es ist jetzt Zeit. Dieser Mensch ist mir sehr sympathisch.*[45]

Dieses Bild ist sehr aussagekräftig: Es spiegelt sowohl Hans' intellektuelle und literarische Interessen als auch seine rastlose Persönlichkeit. Wie die kreativen Anstrengungen vieler aufstrebender junger Intellektueller hat es aber auch den Beigeschmack von Wichtigtuerei. Doch darüber hinaus ist dieses Bild des Mannes im Mantel etwas außerordentlich Modernes; es scheint den Geist der vierziger Jahre zu verkörpern. Aber auch schon in den dreißiger Jahren kamen im Untergrund neue Ansichten und Wertvorstellungen auf, und zwar auf beiden Seiten des Rheins, in Frankreich und Deutschland. Sie wurden später von Schriftstellern wie Camus und Sartre ausgedrückt, von denen Hans Scholl jedoch mit ziemlicher Sicherheit noch nie etwas gehört hatte. Hans' Vorstellungen von sich selbst waren den ihren nicht unähnlich: der fremde Mann im Mantel von anonymem Grau, ohne Besitz oder Heim, allein, der sich seine eigene Welt sucht und schafft.

Deshalb hat dieses Bild eine grundsätzliche Bedeutung. Zieht man in Betracht, wo Hans aufwuchs, und sieht man seine frühere nationalsozialistische Überzeugung, dann ist es zwar ein kühnes, aber ein verständliches Bild. Ohne Plan und Ziel durch die Welt zu wandern, unvermutet einen Blick auf die Uhr zu werfen und dann weiterzuziehen – das sind Bilder, die sich direkt gegen das volkstümliche Geplärr der eigenen Nation wenden. Diese Bilder lehnen sich unmißverständlich gegen die geistige Einengung und Verarmung in den Fängen der nationalsozialistischen Blut-und-Boden-Ideologie auf.

Doch dieses Bewußtsein von Entwurzelung und Leben im Exil war noch sehr viel stärker ausgeprägt bei Alexander Schmorell. Er war hin- und hergerissen zwischen seiner deutschen und seiner russischen Herkunft. Sein deutscher Großvater war seinerzeit nach Rußland ausgewandert, ohne die deutsche Nationalität aufzugeben. Alex' Vater, Hugo, wurde in Rußland geboren, fühlte sich aber immer als Deutscher. Er ging nach München und studierte dort Medizin, doch später ließ er sich in Rußland nieder und heiratete eine Russin, die Tochter eines russisch-orthodoxen Klerikers. Im Ersten Weltkrieg wurde Hugo Schmorell von Moskau aus an den Ural versetzt; dort führte er ein Krankenhaus für deutsche Zivil- und Kriegsgefangene. 1917 wurde sein Sohn Alex geboren, in einer Zeit voller Unruhen und Krieg. Der Junge war kaum zwei Jahre alt, als seine Mutter an Typhus starb.

1921, drei Jahre nach der Russischen Revolution, nahm Dr. Schmorell den letzten Zug, der deutsche Zivilisten und Kriegsgefangene aus Rußland brachte, und fuhr nach Deutschland; bei sich hatte er seinen vierjährigen Sohn und dessen altes russisches Kindermädchen. Hugo Schmorell ging nach München, heiratete dort zum zweiten Mal – eine deutsche Frau, die auch in Rußland war – und baute sich eine Arztpraxis auf.

Einige sagen, es sei die russische Kinderfrau gewesen – die nie Deutsch lernte und ihrem Schurik unablässig von seiner lieben Mutter und ihrer strahlenden Welt erzählte –, die in Alex das

Heimweh und die Sehnsucht nach Rußland weckte, nach den endlosen Steppen, den Birkenwäldern und den leuchtenden Ikonen, das er nie verlieren sollte. Berichte über sein Leben in Deutschland erwecken den Eindruck, daß er ein glückliches Kind gewesen war und ein leichtes und angenehmes Leben führte. Doch aus der neuen Ehe seines Vaters kamen zwei weitere Kinder, die sich im Gegensatz zu ihm ganz und gar als Deutsche fühlten. Vielleicht war Alex glücklich, aber er hatte doch auch immer Sehnsucht nach einem weit entfernten Land, an das er sich nicht einmal selbst erinnern konnte.

Alex sprach fließend Russisch, und als er älter wurde, entwickelte er so etwas wie einen eigenen russischen Stil durch die Lektüre der Werke von Dostojewski, Gogol und Puschkin. Die Familie Schmorell, die in einer schönen Villa in Harlaching, einem vornehmen Vorort Münchens, lebte, scheint Alex' »slawische Seele« zwar toleriert, aber nicht gerade gern gesehen zu haben. Er war ein begabter Junge, liebte Musik – die tragischen und fröhlichen russischen Volkslieder ebenso wie die großen Klassiker – und spielte Klavier und Balalaika. Er erlernte die Malerei und Bildhauerei und wollte Bildhauer werden, obwohl sein Vater von seinem Berufswunsch durchaus nicht begeistert war. Hugo Schmorell wollte gerne, daß seine Söhne solide bürgerliche Berufe ergriffen, zum Beispiel, daß sie Ärzte würden.

Alex paßte sich an, wenn auch widerwillig, und wurde dafür großzügig belohnt. So durfte er zum Beispiel seine Freizeit ausschließlich so gestalten, wie es ihm gefiel. Die Eltern finanzierten ihm seine Hobbies, wie die Beschäftigung mit der Kunst, die er so liebte, Reisen und Sportarten, wie Reiten, Skilaufen und Bergsteigen – alles Aktivitäten der privilegierten Jugend Münchens.

Er wurde im russisch-orthodoxen Glauben erzogen, ein Zugeständnis an die Religion seiner verstorbenen Mutter. Seit frühester Jugend kennzeichnete ihn eine seltsame Mischung aus Frohsinn, Humor und Melancholie. Alex hatte immer Freunde, auch Freundinnen, und war ständig in den schöpferischen und darstellenden Künsten sowie in den oben genannten Sportarten aktiv. Er war ständig in Bewegung. Er gehörte zur jugendlichen

Elite Münchens, das ein herrlicher Ort zum Leben war, wenn man über Jugend, Bildung und Geld verfügte.

Doch Schurik hatte noch andere Interessen: Er liebte es, allein in der Natur zu wandern oder durch die Stadt zu spazieren, verbrachte seine Zeit mit Hilfsarbeitern auf Bauernhöfen, plauderte mit Bäuerinnen, Zigeunern und Vagabunden. Er war fasziniert von Landstreichern, den Außenseitern in einer so betont homogenen Bevölkerung oder »Volksgemeinschaft«, wie Deutschland es unter dem Nationalsozialismus war. Das Ausgestoßensein dieser Menschen wurde für ihn zum Ausdruck der Freiheit, einer Freiheit, die er in jedem russischen Buch und in jedem russischen Lied fand.

Instinktiv verachtete er die Ideale und Grundsätze des Dritten Reiches zutiefst. Es war keine von der Vernunft gesteuerte Ablehnung, sie ging viel tiefer. Es war für Alex auch keine Frage der Ethik und Gerechtigkeit; sondern die Vorstellung, in einer grauen, bis ins letzte reglementierten Welt leben und funktionieren zu müssen, in der Männer und Frauen in Uniform, im Gleichschritt marschierend, den Ton angeben, war für ihn unerträglich. Kurz vor der Machtergreifung der Nazis 1933 war Alex Mitglied in der rechtsgerichteten Jugendgruppe Scharnhorst gewesen, jedoch ohne großen Enthusiasmus, und als diese Vereinigung der Hitlerjugend angeschlossen wurde, ging er nicht mehr zu den Treffen. Alex machte keine Erfahrung einer existentiellen Wende durch wie Hans Scholl nach dem Parteitag 1936, und sein Leben wurde nicht von rational gesteuerter Überzeugung, sondern von inneren Gefühlen bestimmt.

Man hat den Eindruck, daß Alex ein wenig verwöhnt wurde, als ob Großzügigkeit und materielle Zuwendung väterliches Verständnis hätten ersetzen können. Er verkörperte Stil und Eleganz; in seinen Reithosen und -stiefeln und seinen Rollkragenpullovern sah er aus wie ein englischer Gutsbesitzer. Es gibt Hinweise, daß er ein Problemkind der Familie war: ein Junge, der hin und wieder in Schwierigkeiten geriet und mit Hilfe von Vaters Geld und Einfluß herausgeholt werden mußte. Einmal, als er als Sanitäter bei der Wehrmacht diente, wurde er geschnappt, als er Zivilkleidung statt der verhaßten Uniform trug. Seinem Vater und seinem Onkel, die Beziehungen zu höchsten Stellen hatten, gelang es gerade noch, ihm die Schwierigkeiten aus dem Weg zu räumen.

Alex konnte rücksichtslos und leichtsinnig sein, er ging verschwenderisch mit seiner Energie, seinen Talenten und seiner Zuneigung um, und er hatte keinerlei Sinn für Sicherheit; er verstand einfach nicht, was es heißt, vorsichtig zu handeln.

Als Alex Schmorell Hans Scholl im Herbst 1940 an der Münchner Universität kennenlernte, hatte er die Anfänge von Hitlers Eroberung Europas bereits hautnah miterlebt. Nach dem obligatorischen Arbeitsdienst, während dessen er beim Autobahnbau mithalf, war er als Sanitäter bei den deutschen Einheiten eingesetzt worden, die Österreich »heim ins Reich« holten. Auch bei den Feldzügen gegen die Tschechoslowakei 1938 und gegen Frankreich 1940 war er dabeigewesen, ebenso wie Hans, doch damals hatten sie sich nicht getroffen.

Zu Beginn seiner Karriere in der Armee machte Alex eine ernste emotionale Krise durch. Er sollte einen Waffeneid und gleichzeitig einen Gehorsamseid auf die Person Adolf Hitlers leisten. Das konnte er nicht tun, und er brach fast völlig zusammen. Schließlich ging er zu seinem zuständigen Offizier, erzählte ihm, daß es ihm unmöglich sei, den Eid zu leisten, und – so unglaublich sich das auch anhört – fragte ihn, ob er ihn nicht aus dem Militärdienst entlassen könne. Sein Gesuch wurde abgelehnt, aber erstaunlicherweise erhielt er keine Strafe. Vielleicht war der Offizier einer von der verständnisvollen Sorte. In der Tat gab es in den Sanitätsbataillonen mehr Gleichgesinnte, die nicht hundertprozentig vom Nationalsozialismus überzeugt waren, als in anderen militärischen Einheiten, was vielleicht einer der Gründe war, daß sich die eventuellen Verschwörer dort leichter finden konnten.

Nachdem er es offen abgelehnt hatte, den Eid zu leisten, ging es Alex besser. Obwohl er seinen Militärdienst trotzdem leisten mußte, fühlte er sich an den Eid nicht gebunden. Später, als der Krieg gegen Rußland begann, schwor er seinen Freunden, daß er niemals, so lange er lebe, einen Russen erschießen werde. Glücklicherweise wurde er an der Front nie mit dieser Entscheidung konfrontiert.

Im Herbst 1940 war er wieder in München und bereitete sich auf sein Physikum vor. Nun konnte er wieder zu Hause leben, Unterricht in Bildhauerei nehmen und Konzerte besuchen. In dieser Zeit begegnete er Hans Scholl; sie waren demselben Sanitätsbataillon zugewiesen worden. Übereinstimmend in ihren Ansichten und Vorlieben, fühlten sie sich schnell zueinander hingezogen. Beide verabscheuten das Militär und die Nazis, und ihre Persönlichkeiten, so verschieden sie auch waren, ergänzten sich gut: der Mann mit dem Mantel und der Vagabund, beide waren auf der Durchreise, in einer Zeit, die sie als absurd und barbarisch empfanden.

Zusammen lernten sie fürs Examen, das sie beide bestanden, und allmählich wurde Hans häufiger Gast in der Familie Schmorell, wo er auch an den »Leseabenden« teilnahm, die Alex von Zeit zu Zeit in der Villa veranstaltete. Durch Alex traf Hans zwei weitere spätere Mitglieder der Weißen Rose. An einem der Leseabende im Hause Schmorell machte Schurik Hans mit Christoph Probst – genannt Christel –, einem alten Freund vom Gymnasium in München, bekannt; und er brachte Hans auch mit Traute Lafrenz zusammen. Alex hatte sie während seiner kurzen Studienzeit in Hamburg kennengelernt. Bei einer Aufführung der Brandenburgischen Konzerte in München hatte er sie fast umgerannt.

Im Frühjahr 1942 hatten sich diese Freundschaften sehr gefestigt. Hans und Traute hatten eine leidenschaftliche Liebesbeziehung miteinander, die beiden so sehr an die Substanz ging, daß Hans sie schließlich beendete. Ein Jahr zuvor waren deutsche Truppen in Rußland einmarschiert, die Luftangriffe auf deutsche Städte nahmen zu, und das Leben in den Städten war düster und entmutigend geworden. An diesem Punkt entschieden Alex und Hans – vermutlich mit Wissen und Einverständnis von Christel Probst –, daß die Zeit reif war zu handeln.

Willi Graf kam erst spät zu der Gruppe hinzu; er war der letzte, der vor Sophies Ankunft in München zu den anderen stieß. Er blieb immer ein Außenseiter; ganz gleich wie tief er in die Verschwörung verwickelt sein mochte, egal wie gefährlich die

Aktionen, die er durchführte, auch sein mochten, es blieb immer ein Gefühl der Distanz zwischen ihm und den anderen.

Im Gegensatz zu den anderen war Willi ein frommer Katholik, ein eher ruhiger, grüblerischer junger Mann, der seinen Glauben ständig in Frage stellte. Hinter seiner Wortkargheit und seiner wenig verbindlichen, zugeknöpften Art verbarg er endlose Zweifel, Zweifel an sich selbst, an der Frage des Widerstandes im Krieg und manchmal, irgendwo ganz tief in seinem Inneren, vielleicht auch an Gott selbst.

Willi war in Saarbrücken aufgewachsen, einer Stadt in der Nähe der französischen Grenze; 1942 war er 24 Jahre alt. Sein Vater war Weingroßhändler, und er erwartete von seinen Kindern, daß sie sich stets ordentlich und fromm benahmen; die Mutter dagegen umsorgte ihre Kinder mit Wärme und Zärtlichkeit und milderte so die väterliche Strenge. Von Kindheit an spielte die Kirche eine wichtige Rolle in Willis Leben. Schon in der Schule war die Religion sein Hauptinteressengebiet, zusammen mit Kunst, Dichtung und Musik. Dagegen hatte er sich niemals für Politik interessiert; sein Aufbegehren war nicht politisch.

Der geborene Einzelgänger der Weißen Rose, Willi Graf, sehnte sich mehr als alle anderen nach tiefer und dauerhafter Freundschaft. Er stellte sehr hohe, fast schon grausam kompromißlose Ansprüche an seine Freunde. Als Hitler die Macht übernahm, war er gerade 15 geworden. Damals stellte er eine Liste all seiner Freunde auf; dann strich er die Namen derer durch, die der Hitlerjugend beigetreten waren; mit ihnen nahm er nie wieder Kontakt auf.

Wie die anderen ging er während der Schulferien auf wochenlange Fahrten durch Deutschland und ins Ausland. Er war Mitglied des »Grauen Ordens«, einer jener inoffiziellen und illegalen katholischen Jugendgruppen, die in den Jahren 1937 und 1938 aufgelöst wurden. Willi Graf wurde während seines Studiums an der Bonner Universität verhaftet, verhört und einige Wochen später wieder freigelassen. Diese Erfahrung stärkte seinen Haß auf das Regime und überzeugte ihn vollends, daß Hitler und seine Anhänger die Verkörperung des Bösen seien.

1939 war Willi Sanitäter. Er diente in Polen und nach dem Einmarsch deutscher Truppen 1941 dann auch in Rußland; er mußte die Verwundeten behandeln, während der Kampf noch tobte. Was er dort sah, berührte sein Innerstes zutiefst: Es waren nicht nur das Blut und die Schmerzen der Verwundeten, die ihn erschreckten, sondern vor allem die unbeschreibliche Grausamkeit und Brutalität seiner Kameraden der Zivilbevölkerung gegenüber. »Ich wünschte, ich hätte nicht sehen müssen, was ich alles in dieser Zeit ansehen mußte«, schrieb er seiner Schwester Anneliese aus Rußland.[46]

Sein Weltbild und auch sein theologisches Fundament gerieten ins Wanken: Was sollte er tun? Wie sollte man sich angesichts dieser Flut von Gewalt und Terror verhalten? »Der Glaube ist keine einfache Sache«, schrieb er. »In Wirklichkeit ist Christentum ein viel schwereres und ungewisseres Leben, das voller Anstrengung ist und immer wieder neue Überwindung kostet, um es durchzustehen. Gerade das Christentum ist vielleicht das allerschwerste; denn wir sind es nie und können es höchstens im Tod ein wenig sein.«[47] Die Eintragungen in seine Tagebücher sind komprimiert, fast rätselhaft, aber voll von unausgesprochenem Leid. Er sah, wie russische Frauen, Kinder und alte Männer von deutschen Soldaten aus ihren Häusern verjagt wurden; in einem Dorf blieben nur eine Katze und einige Blumen unbeschadet. Er kümmerte sich um sie.

Diese Erfahrungen, die er nur seiner Schwester und seinem Tagebuch anvertraute, ließen ihn nie mehr los. Schließlich wurde er beurlaubt und nach München zur Zweiten Studentenkompanie an die Bergmann-Schule versetzt. Dort traf er Hans und Alex und durch sie wiederum Christel Probst, den er besonders bewunderte.

Das Leben wurde in München für Willi nun viel leichter. Er nahm Fechtunterricht, las unentwegt und sang im Bach-Chor. Aber was das Wichtigste war: Er hatte Freunde, alte Kameraden aus der Gruppe »Neues Deutschland« und außerdem die neue und lebensfrohere Gruppe um Hans und Alex. Trotzdem ließen ihn die Eindrücke aus Rußland niemals los.

Als in der Zeit von Sophies Ankunft in München Hans und

Alex das Thema Verschwörung aufbrachten und über die Herstellung und Verteilung von illegalen Flugblättern nachzudenken begannen, war er hin- und hergerissen. Einerseits schrie alles in ihm danach, die Tyrannei mit allen Mitteln zu bekämpfen, andererseits schreckte er vor den illegalen und vielleicht unchristlichen Handlungen zurück. Er befürchtete, seine Freunde, die an der Front um ihr Leben kämpften, zu gefährden.

Willi Graf brauchte Wochen, um sich zu entscheiden. Diese Zeit muß zermürbend für ihn gewesen sein, denn mit seiner Entscheidung war er wie immer im Grunde wieder ganz allein. Auch nachdem er sich zur Mitarbeit bei der Weißen Rose entschlossen hatte, sogar noch, nachdem er einen weiteren Fronteinsatz in Rußland – dieses Mal wenigstens nicht allein, sondern zusammen mit Hans, Alex und anderen Freunden – durchgemacht hatte, und selbst in dem Moment, als er im Widerstand größte Risiken auf sich nahm, hörte er nie auf zu zweifeln.

Willi Graf mußte die Schwelle zum aktiven Widerstand jedesmal neu überschreiten, und es war niemals leicht für ihn.

Siebtes Kapitel

Ab Mitte Juni 1942 tauchten in München Flugblätter der Weißen Rose auf. Nach und nach erschienen vier Stück, jedes von ihnen eine geballte Ladung Wut, gespickt mit beißenden Zitaten aus der Literatur. Aber so plötzlich diese Blätter auftauchten, so schnell verschwanden sie auch wieder. Seit Jahren war in München nichts dergleichen vorgekommen; höchstens unmittelbar nach Hitlers Machtübernahme waren derart ausführliche und leidenschaftliche Anti-Nazischriften verbreitet worden. Die Flugblätter waren mit einzeiligem Abstand getippt und beidseitig beschrieben, vervielfältigt und in Briefumschlägen mit sauber getippten Namen und Adressen als Drucksache an Leute in der ganzen Stadt geschickt worden.

Einige hundert Flugblätter wurden der Gestapo von den Empfängern übergeben. Die Polizei erkannte bald ein Muster in der Vorgehensweise der Verteilung: Die Flugblätter waren rings um die Universität herum ausgelegt worden, allerdings nicht in großer Anzahl. Die meisten waren an Akademiker, Beamte und – was aus der Sicht der Gestapo eher ungewöhnlich war – an Nichtintellektuelle, wie Gastwirte, verschickt worden. Dem Staatssicherheitsdienst waren diese Flugblätter ein Dorn im Auge, besonders, weil sie in München aufgetaucht waren, das doch als »Hauptstadt der (nationalsozialistischen) Bewegung« bekannt war. Diese Flugblätter signalisierten ein Abebben der öffentlichen Moral und ließen darüber hinaus eine bewußte Strategie der Verfasser erkennen. Es war nicht einfach, die Spur der Flugblätter über die Post zurückzuverfolgen, also zum Beispiel die Briefkästen zu finden, in die sie eingeworfen worden waren. Für die Gestapo war es viel leichter, Leute aus Telefonzellen heraus zu verhaften, in denen sie gerade Plakate anklebten, oder sie in öffentlichen Toiletten ausfindig zu machen, wo sie Anti-Naziparolen an die Wände malten.

Nach einigen Wochen intensiver Untersuchung kamen die verantwortlichen Beamten zu der Überzeugung, daß die Flugblätter sich in erster Linie an die gebildete Klasse richteten, was an sich ungewöhnlich war, und daß ihr oder ihre Verfasser unbekannt bleiben würden. Vom Standpunkt der Verfasser selbst aus war die Situation viel komplizierter. Obwohl der Zeitpunkt der Verteilung der Flugblätter sorgfältig geplant gewesen zu sein schien, hatte er eigentlich mehr davon abgehangen, wie und wann sich Abfassung und Druck bewerkstelligen ließen, als daß man von einer klug terminierten Attacke auf die entmutigte deutsche Psyche hätte sprechen können.

Im Sommer 1942 gewann Deutschland seine Schlachten noch; der Druck auf Rußland verstärkte sich, und Rommel hatte Erfolg in Nordafrika. Doch es war deutlich, daß der Krieg andauern würde. Um die Bevölkerung darauf vorzubereiten, produzierte Propagandaminister Goebbels einen Film mit dem Titel »Der große König«. Er handelte vordergründig von Friedrich dem Großen, propagierte aber in Wirklichkeit ein neues Image von Adolf Hitler, der nun nicht länger als mitreißender Redner, sondern als tragischer, unerreichbarer Held dargestellt wurde. Dem Publikum sollte suggeriert werden, daß Adolf Hitler die Last des Krieges allein und einsam auf seinen Schultern trage, und der Film lieferte auch eine Erklärung dafür, daß Hitler sich immer seltener in der Öffentlichkeit sehen ließ. »Das Jahr wird hart und schwierig werden«, bekundeten die Plakate zu diesem Film, aber »jeder, der sein Land liebt und ehrt, muß all dies auf sich nehmen.«

Doch bis Ende Mai 1942 hatten die über tausend britischen und amerikanischen Flugzeuge nicht nur die Industrieanlagen und Bahnhöfe, sondern fast die ganze Innenstadt Kölns zerstört. Auch andere Städte, wie Hamburg, Lübeck und Düsseldorf, wurden bei Luftangriffen schwer getroffen, und die silberne Formation rückte allmählich immer weiter gen Süden vor, immer näher an München heran.

Inzwischen war auch die Angst vor Denunziation unter der Bevölkerung gewachsen, und sie hielt die Menschen davon ab, einander ihre Ansichten anzuvertrauen. Die einzige Form, seinen Unmut über die Lage zu artikulieren, waren die sogenannten »Flüsterwitze«. Ein Beispiel: »Wußtest du schon, daß in Zukunft Zähne nur noch durch die Nase gezogen werden? – Nein, warum? – Weil niemand mehr wagt, den Mund aufzumachen.« Dieser Witz bezog sich unter anderem auf Hitlers Rede von Ende April, in der er härtere Strafmaßnahmen gefordert und gedroht hatte, jeden Richter, der offensichtlich nicht wisse, was die Zeit erfordere, aus seinem Amt zu entfernen.

Das Auftauchen der Flugblätter zeigt, daß Hans Scholl und Alex Schmorell begonnen hatten zu handeln, vermutlich nach Absprache mit Chistoph Probst. Jeder Medizinstudent bekam im Monat für seinen Dienst 250 Reichsmark (mehr als ein Arbeiter im Durchschnitt verdiente). Mit diesem Geld und einem Teil der finanziellen Unterstützung, die Alex von seinem Vater bekam, kauften sie in einem kleinen, abgelegenen Laden eine gebrauchte Kopiermaschine zu einem unverschämten Preis. Außerdem besorgte Alex eine Schreibmaschine, Spezialpapier, Schreibzeug, Matrizen und Briefmarken – alles in unverdächtigen Mengen. Ein Bekannter, ein Architekt namens Manfred Eickemeyer, gewährte ihnen Zutritt zu seinem Studio in Schwabing und überließ ihnen seinen Keller zum Kopieren und als Lager.

So war alles bereit für die Herstellung der Flugblätter der Weißen Rose. Die Wahl des Namens »Weiße Rose« ist bis heute unklar; offenbar sollte er Reinheit und Unschuld im Angesicht des Bösen ausdrücken. Der Name ist eher ein poetisches und künstlerisches Symbol als ein politisches. Bei den Gestapoverhören sagte Hans später aus, der Name entstamme einem spanischen Roman, den er einmal gelesen habe. Offenbar handelt es sich um den Roman über die Ausbeutung der Bauern von Mexiko des deutschen Autors B. Traven (auch Autor des Buches »Der Schatz der Sierra Madre«), der den Titel »Die weiße Rose« trägt. Dieses Buch war 1931 in Berlin veröffentlicht worden, und so besteht durchaus die Möglichkeit, daß Hans und Alex es gelesen hatten, doch gleichwohl bleibt die Frage offen, woher der Name wirklich stammt.

Bei der Konzeption der Flugblätter gingen die beiden so vor, daß zunächst jeder für sich einen Text verfaßte. Danach tauschten sie ihre Werke aus, diskutierten darüber, und schließlich traf Hans die redaktionellen Entscheidungen. Das meiste von dem, was schließlich stehen blieb, stammte aus Hans' Feder.

Das erste Flugblatt, das in Briefkästen ganz Münchens geworfen wurde, war ein einziger Ausdruck der Wut.

> *Daher muß jeder einzelne seiner Verantwortung als Mitglied der christlichen und abendländischen Kultur bewußt in dieser letzten Stunde sich wehren, soviel er kann, arbeiten wider die Geißel der Menschheit, wider den Faschismus und jedes ihm ähnliche System des absoluten Staates. Leistet passiven Widerstand* – Widerstand -, *wo immer Ihr auch seid, verhindert das Weiterlaufen dieser atheistischen Kriegsmaschine, ehe es zu spät ist, ehe die letzten Städte ein Trümmerhaufen sind, gleich Köln, und ehe die letzte Jugend des Volkes irgendwo für die Hybris eines Untermenschen verblutet ist. Vergeßt nicht, daß ein jedes Volk diejenige Regierung verdient, die es erträgt!*[48]

Das Flugblatt fährt fort mit einem Zitat aus Schillers »Die Gesetzgebung des Lykurgus und Solon« und zitiert Passagen aus Goethes »Des Epimenides Erwachen«. Es endet mit dem Ruf »Freiheit! Freiheit!« und der Bitte an den Leser, das Flugblatt abzuschreiben und weiterzugeben.

Dieser erste Versuch schlägt Töne an von Wut bis zu ernster Mahnung, von klassischer Poesie über das Individuum und den Staat bis zum abschließenden Ruf nach Freiheit. Der Text ist konfus, doch bewegend.

Der Kampf begann.

Sophie wußte nichts von der Weißen Rose und ihrer gerade begonnenen Kampagne. Etwas über einen Monat nach ihrer Ankunft in München begannen Gerüchte zu zirkulieren, daß antinazistische Literatur an der Universität aufgetaucht sei. Das Lesen eines solchen Flugblattes, ohne es der Gestapo zu übergeben, war ein Verbrechen. Unter den Studenten entstand Aufregung und Unruhe; einige gaben die Flugblätter, die sie bekommen oder gefunden hatten, ab, die meisten jedoch nicht.

In einer Vorlesung bemerkte Sophie ein solches Blatt unter ihrer Bank. Sie hob es auf. »Nichts ist eines Kulturvolkes unwürdiger, als sich ohne Widerstand von einer verantwortungslosen und dunklen Trieben ergebenen Herrscherclique ›regieren‹ zu lassen«[49], stand darauf. Sie fühlte, wie ihr das Blut ins Gesicht stieg, und warf einen verstohlenen Blick um sich. »Der Staat ist niemals Zweck, er ist nur wichtig als eine Bedingung, unter welcher der Zweck der Menschheit erfüllt werden kann, und dieser Zweck der Menschheit ist kein anderer, als Ausbildung aller Kräfte des Menschen, Fortschreitung.«[50]

Plötzlich wurde ihr bewußt, daß es noch andere junge Menschen an der Universität gab, die so dachten wie sie; diese hier nannten sich die »Weiße Rose«, und sie handelten. Doch irgend etwas an diesem Text kam ihr bekannt vor... Schnell faltete sie das Flugblatt zusammen, legte es in ihr Notizbuch und machte sich auf den Weg zum Zimmer ihres Bruders, um ihm den Zettel zu zeigen.

Hans war nicht zu Hause, und so begann Sophie, den Stapel Bücher auf seinem Schreibtisch durchzusehen. Eine alte Schiller-Ausgabe öffnete sich auf einer Seite, die voller Bleistiftnotizen war: »Hindert eine Staatsverfassung, daß alle Kräfte, die im Menschen liegen, sich entwickeln, hindert sie die Fortschreitung des Geistes, so ist sie verwerflich und schädlich... je länger sie Bestand hat, um so schädlicher ist sie.«[51] Sophie blätterte weiter und fand die vollständigen Passagen, die auf dem Flugblatt zitiert waren, Wort für Wort unterstrichen.

Sie war zu Tode erschrocken.

Als Hans kam, hielt sie ihm das Flugblatt entgegen; er leugnete jedoch jede Beteiligung ebenso, wie er es bereits Traute Lafrenz gegenüber getan hatte. Da kamen Alex und Christel, und dieser Moment wurde zur Stunde der Wahrheit für Sophie Scholl.

Ihre Gedanken hatten sich immer um den Krieg gedreht, um ihren jüngeren Bruder Werner und ihren Freund Fritz an der Front. Doch zur selben Zeit hatte sie sich auch mit Selbstvorwürfen gequält, weil sie nichts tat, außer zuzusehen und ihren Emotionen Raum zu geben. Noch kurz vorher hatte sie Fritz mit ihrer Weigerung schockiert, Pullover und Handschuhe für das Winterhilfswerk, das für die Männer an der Front sammelte, zu spenden. »Ob jetzt deutsche Soldaten erfrieren oder russische, das bleibt sich gleich und ist gleichermaßen schlimm. Aber wir müssen diesen Krieg verlieren. Wenn wir jetzt Wollsachen spenden, tragen wir dazu bei, den Krieg zu verlängern«, hatte sie zu ihm gesagt.[52]

Nun stand sie ihrem ernsten und entschlossenen großen Bruder gegenüber, der die unsichtbare Linie bereits überschritten hatte. Der Aufruhr in ihrem Inneren muß fast unerträglich gewesen sein. In Gegenwart von Christel und Alex redete sie auf Hans ein von den schrecklichen Risiken, die er auf sich nahm und durch die er die ohnehin schon prekäre Situation der Familie noch verschlimmerte: Werner war in Rußland, ihr Vater mußte eine Gefängnisstrafe befürchten, und der Gesundheitszustand ihrer Mutter verschlechterte sich unter diesen Sorgen immer mehr. Bereits jetzt war die ganze Familie bei der Gestapo registriert.

Hans versuchte, diese Vorwürfe abzuwehren, und seine Freunde verteidigten ihn. Alex versuchte Sophie klarzumachen, daß ihr Handeln nicht rücksichtslos sei, daß die Auswahl der Leute, die die Flugblätter zugeschickt bekamen, mehr oder weniger zufällig sei, und daß es nichts gab, was Hans und Alex mit der ganzen Sache in Verbindung bringen könne. Christel sprach zu ihr vom Kampf für höhere Werte, und auch Hans sagte schließlich, daß sie im Namen der deutschen Intelligenz, deren moralisches Rückgrat 1933 gebrochen worden sei, handeln müßten.

Sophie sah trotz ihrer Angst, trotz ihres Schreckens ein, daß es nun kein Zurück mehr gab. Sie dachte an ihre Lieblingsepistel des Jakobus: »Seid Täter des Wortes – nicht Hörer allein!« Ihre Freunde hatten den entscheidenden Schritt gewagt und den einzig möglichen Weg gewählt. Sie würde sich ihnen anschließen.

Achtes Kapitel

München war und ist eine tief katholische Stadt. Kirchen sind überall; Gotik und Barock, Rokoko und Neoklassizismus bezeugen die Biegungen und Krümmungen des Flusses der katholischen Geschichte. Schlendert man durch eines der Gäßchen, so steht man oft unvermittelt vor einer Kirche, wie zum Beispiel der Frauenkirche, deren Zwillingstürme zum Wahrzeichen Münchens geworden sind und die auch heute noch die Silhouette der Stadt beherrschen. Oder man stößt auf eine kunstvoll und zierlich gebaute Rokokokapelle, mitten im Herzen der Stadt, zwischen Autoverkehr und Fußgängergewimmel. Kirchen findet man in dieser Gegend überall, im Stadtzentrum ebenso wie in den Wohngegenden am Rande des Zentrums, in den weit ausgedehnten Vorstadtbezirken und in jedem Dorf und jedem Ort in Oberbayern. Im Inneren der Kirchen befinden sich häufig reich verzierte Rokokoaltäre und vergoldete Marienstatuen, deren Pracht im leuchtenden Kontrast zu den schlichten weißen Wänden steht. Selbst an trostlosen Wintertagen sind die Kirchen voller Blumen, die dem Betenden und Schauenden ein wenig Duft und Farbe in den grauen Alltag bringen.

Die Kirche ist in Bayern überall spürbar, ob man katholisch ist oder nicht. Die meisten Mitglieder der Weißen Rose waren keine Katholiken oder zumindest nicht sehr engagierte. Doch die intellektuellen und emotionalen Proteströmungen gegen die Nazis, die eng mit dem Katholizismus verknüpft waren, spielten eine wesentliche Rolle für die Entwicklung ihres Widerstandes.

Von Anfang an hatte die katholische Kirche, wie die meisten Institutionen im Dritten Reich, ein zwiespältiges Verhältnis zum Nationalsozialismus. Ungefähr ein halbes Jahr nach der Machtübernahme, am 20. Juli 1933, unterschrieb Hitler ein Konkordat mit dem Vatikan. Diese Handlung wurde als grundlegender diplomatischer Durchbruch gewertet, gerade in dieser Zeit, als Adolf Hitler auf der internationalen Bühne der Politik noch ein verachteter Außenseiter war. Dieses Abkommen, für beide Seiten eine »Zweckehe«, sicherte den deutschen Katholiken zu, daß sie ihren Glauben weiterhin ungehindert ausüben durften, verbot ihnen aber jede Aktivität, die in irgendeiner Weise in die Angelegenheiten des Staates eingriff. In der Praxis sah das so aus, daß dieses Abkommen die Nazis befähigte, katholischen Jugendgruppen, wie zum Beispiel dem »Grauen Orden«, dem Willi Graf angehörte, zu verbieten, eigene Uniformen zu tragen, Ausflüge in die Umgebung zu planen und durchzuführen, eigene Zeitungen zu drucken und zu verteilen, kurz, irgend etwas zu unternehmen, was nicht der direkten staatlichen oder parteilichen Kontrolle unterlag. Die Kirche hatte diesem Übereinkommen zugestimmt, um den Klerus vor Belästigungen und Verhaftungen durch die Nazis zu schützen. Diese Hoffnung wurde jedoch enttäuscht. Tausende von Priestern, Nonnen und Mitarbeitern wurden wegen »Unsittlichkeit« oder »Schmuggel ausländischer Währungen« verhaftet, erfundene Anschuldigungen, derer sich die Nazis häufig bedienten, um politisch Andersdenkende verhaften zu können. Doch die Kirche hatte noch einen anderen Grund zur Unterzeichnung dieses Abkommens gehabt: In Hitler hatte sie einen Gegner des Kommunismus gefunden, mit dem sie sich stillschweigend zusammenschließen konnten, um ihrem eigenen Kampf gegen den Kommunismus mehr Gewicht zu verleihen.

Die Nationalsozialisten entpuppten sich allerdings als wenig angenehme und dankbare Partner. In dem Maße, in dem es ihnen gelang, ihre Machtstellung im In- und Ausland aufgrund wirtschaftlicher, diplomatischer und psychologischer Erfolge auszubauen, trat ihre Abneigung gegen Religion und Kirche immer offener und brutaler zutage. Priester, die ihre Meinung weiterhin öffentlich kundtaten, wurden verhaftet, das Beichtgeheimnis wurde verletzt, katholische Publikationen wurden nicht länger nur zensiert, sondern ganz verboten, und auch die Klöster und Konvente wurden gezwungen, ihre Pforten zu schließen.

Michael Kardinal von Faulhaber, Erzbischof von München-Freising, verkörperte vielleicht am deutlichsten die zwiespältige Haltung der meisten kirchlichen Würdenträger gegenüber den

Machthabern des Dritten Reiches. Ursprünglich ein konservativer Nationalist, der im Ersten Weltkrieg glaubte, daß Deutschland für eine gerechte Sache kämpfe, war er bereits 1921 zum Erzbischof von München ernannt worden. Wie die meisten Kirchenfürsten, Intellektuellen und militärischen Führer Deutschlands hatte er weder die Weimarer Republik noch ihren Versuch, ein demokratisches Staatssystem zu schaffen, unterstützt. Tatsächlich gehörte er sogar zu denjenigen, die Papst Pius XI. dahingehend beeinflußten, daß er Vertreter an den Verhandlungstisch mit Adolf Hitlers Abgesandten schickte.

Andererseits setzte sich Faulhaber aber auch für Häftlinge in Konzentrationslagern ein, und zwar teilweise durchaus mit Erfolg. Doch die Verfolgung von Katholiken ging weiter. Ungefähr vier Jahre nach der nationalsozialistischen Machtübernahme, am 4. November 1936, wurde der bayerische Kardinal vom Führer in seinem »Adlerhorst« auf dem Obersalzberg empfangen. Dieses dreistündige Treffen war in der Tat eine Warnung: Wenn es dem Nationalsozialismus nicht gelinge, den Bolschewismus zu zerschlagen, dann sei es sowohl für die Kirche als auch für das Christentum in Europa vorbei. Der Bolschewismus sei ein tödlicher Feind sowohl für die Kirche als auch für den Faschismus.

Auch wenn die Kirche im Grunde diesen Standpunkt teilte, so fühlte sie sich doch im März 1937 genötigt, ein offenes Wort zu sprechen. Papst Pius XI. veröffentlichte die Enzyklika »Mit brennender Sorge«, die das nationalsozialistische Regime beschuldigte, das Konkordat zu verletzen und damit »zerstörerische Glaubenskriege« zu entfesseln.

Die Reichskristallnacht am 9. November 1938 rüttelte schließlich die Christen aller Konfessionen in Deutschland wach. Sie mußten mit ansehen, wie Ruhe und Ordnung gestört wurden, wie die Juden auf die Straßen getrieben, angespuckt, geschlagen und schließlich abtransportiert wurden, wie SA- und SS-Männer in Zivil jüdische Geschäfte und Wohnungen demolierten und die Synagogen in Brand setzten. Die Polizei schaute weg. Hilflos und ohnmächtig erlebte die Familie Scholl diese Nacht: Die Bestie im Menschen hatte ihre Maske heruntergerissen, und die Zeit der Beschönigung war nun endgültig vorbei.

Als Kardinal Faulhaber hörte, daß die Synagoge brannte, sandte er einen Lastwagen zum Oberrabbiner von München, damit man die Heiligen Reliquien retten könne.

Obwohl im Verlauf der zwölfjährigen Naziherrschaft die Konflikte zwischen der katholischen Kirchenleitung und der Bevölkerung einerseits und dem Naziregime andererseits immer wieder aufflackerten, verwendeten die Nazis doch die meiste Energie auf die Propaganda einer neuen Staatskirche, die aus der protestantischen oder lutherischen Kirche als der am stärksten vertretenen Konfession in Deutschland hervorgehen sollte.

Diese sogenannten »Deutschen Christen« lehnten die alttestamentlichen, jüdisch-hebräischen Werte ab und verlangten nach einer Neuerweckung des »nordischen Gesetzes«, einer Wiedereinführung von Regeln der Rücksichtslosigkeit und Macht. Das traditionelle Christentum war ihrer Meinung nach eine Religion für »Kranke und Schwache«. Mit Adolf Hitler als ihrem neuen Messias betrachteten sie ihre Religion als identisch mit ihrem Vaterland. »Entweder haben wir einen deutschen Gott oder gar keinen«, verkündete 1934 ein Sprecher der Bewegung »Deutsche Christen«. Und weiter: Die Deutschen seien von dem christlichen Gott, an den sie bisher geglaubt hätten, verlassen worden. Er sei kein gerechter, allmächtiger Gott, sondern der politisch-parteiergreifende Gott der anderen. Nur weil sie an ihn und nicht an ihren germanischen Gott geglaubt hätten, hätten sie im Kampf der Nationen verloren.

Diese neue Kirche veränderte die christlichen Rituale von Taufe, Hochzeit und Beerdigung und versuchte sogar, die fest eingebürgerten Weihnachtsbräuche in ein Fest der Wintersonnenwende zu verwandeln, allerdings ohne großen Erfolg.

Diesem primitiven und plumpen Bestreben, eine Nazi-Religion ins Leben zu rufen, stand die Bekennende Kirche gegenüber. Die aus lutherischen Pastoren bestehende Gruppe traf sich zum erstenmal im März 1935, um ihre Ablehnung dieser faschistischen »Theologie« zum Ausdruck zu bringen.

Eines ihrer führenden und im wesentlichen den Geist der Vereinigung bestimmenden Mitglieder war Martin Niemöller, ein Pfarrer aus der wohlhabenden Berliner Gemeinde Dahlem.

Auch er galt als unerschütterlicher Konservativer, und er hatte es im Ersten Weltkrieg sogar bis zum U-Boot-Kapitän gebracht. Er und ein weiterer junger Pfarrer, Dietrich Bonhoeffer, der aus einer angesehenen preußischen Familie stammte, wurden die treibenden Kräfte der Gruppe, dieses letzten bestehenden Felsens des praktizierten Protestantismus in einem Meer von Haß.

In aller Öffentlichkeit erklärte die Bekennende Kirche unmißverständlich, daß die neue Religion anstelle des Glaubens an ein ewiges Königreich Jesu Christi, des Herrn und Erlösers, den Glauben an ein unsterbliches Deutschland verlange. Dieser irrsinnige Glaube schaffe einen Gott nach dem Bild des Menschen. Er sei anti-christlich. Angesichts dieser Versuchung und Gefahr einer solchen Religion müsse man Zeugnis ablegen vor seinem Land und seinem Volk.

Fünfhundert Pfarrer, die diese Worte von ihren Kanzeln herab verlasen, wurden verhaftet. Bereits 1939, als Hitler schließlich für den Krieg gerüstet war, hatte man diese unnachgiebige Gruppe von Pfarrern fast völlig zum Schweigen gebracht. Martin Niemöller war verhaftet, vor Gericht gestellt und ins Gefängnis geworfen worden. Statt freigelassen zu werden, wurde er nach Abbüßen der über ihn verhängten Haftstrafe von der Gestapo zunächst in das Konzentrationslager Sachsenhausen und dann nach Dachau gebracht; 1945 wurde er dann von den Alliierten befreit. Dietrich Bonhoeffer dagegen kam in der deutschen Widerstandsbewegung um. Seine heimlichen Versuche, mit den Alliierten einen Frieden auszuhandeln, zu dessen Voraussetzungen gehörte, daß das deutsche Militär Hitler ermordete, endeten mit seiner Verhaftung im April 1943 und seiner Hinrichtung im April 1945, kurz bevor die Alliierten das Konzentrationslager, in dem er interniert war, befreiten.

So erlebten die Mitglieder der Weißen Rose bereits in ihrer Jugend, wie nach und nach alle Stimmen des moralischen Protestes erstickt wurden. Sie mußten erleben, wie ihre eigenen Kirchen unter dem Druck der brutalen Gewalt stumm und starr wurden.

Ein weiterer, wichtiger Angriff auf die Kirchen erfolgte zu einem Zeitpunkt, als die Nazis die meisten Siege zu verzeichnen hatten und sich auf dem Höhepunkt ihrer Popularität im eigenen Land befanden. Es war das Jahr von Juni 1940 bis Juni 1941, vor der Invasion Rußlands. In jenem berauschenden Jahr ungehinderter Triumphe holten die Nazis zu einem besonderen Schlag gegen das katholische Bayern aus, einem Schlag, den selbst überzeugte Anhänger des Führers übereinstimmend als unsinnig betrachteten. Im April 1942 gab Adolf Wagner, der Gauleiter von Oberbayern und München, der gleichzeitig auch das Amt des Bayerischen Kultusministers bekleidete, bekannt, daß ab sofort alle Kreuze aus den Schulen zu entfernen seien. Die Reaktion der Bevölkerung darauf war gewaltig. In den Schulen ländlicher Gebiete wurde gestreikt; aufgebrachte Eltern, die niemals zuvor die Schulen ihrer Kinder betreten hatten, hielten Versammlungen ab und verfaßten ohne langes Zögern Bitt- und Protestschreiben. Die Menschen hatten keine Angst davor, in dieser Sache laut zu protestieren. In einigen Bergdörfern drangen die Bauern sogar in die Schulen ein und warfen die Bilder Adolf Hitlers aus den Klassenzimmerfenstern.

Jedermann stimmte darin überein, da dies eine dumme Maßnahme eines außergewöhnlich dummen und unsensiblen Gauleiters gewesen sei. Wagner wurde hauptsächlich von Hitler und seinen Genossen toleriert, weil er einer der loyalen »alten Kämpfer« war, weil er bereits in der ersten Stunde der Parteibildung der NSDAP, als die Braunhemden in München gegen Ende der Weimarer Republik mit Sozialisten, Kommunisten und sogar gelegentlich mit der Polizei gekämpft hatten, dabeigewesen war. Adolf Wagner war Hitler so ergeben, daß sogar seine Stimme Hitlers ähnelte; wenn er im Radio sprach, glaubten die Zuhörer oft, den Führer zu hören. Obwohl Hitler Wagners Tat im Grunde guthieß, widerrief er öffentlich dessen Kreuzaktion. Eines wurde durch diese Episode jedoch deutlich: Die Bayern hatten die Verfolgung der Juden und der politisch Andersdenkenden akzeptiert oder zumindest geduldet, als aber ihre eigene religiöse Tradition angegriffen wurde, waren sie bereit zu kämpfen.

Im Sommer 1941 begannen Gerüchte über Geheimprogramme in Kliniken und Heimen für psychisch Kranke in Deutschland zu kursieren, Gerüchte von Mord. Sicherlich war die Idee der Reinigung der »deutschen Rasse«, mit dem Ziel, die Gemeinschaft vor vererbbaren körperlichen Mißbildungen und »krebsartigen Auswüchsen« zu bewahren, wie Adolf Hitler es nannte, im Dritten Reich nicht neu. Eines der ersten Gesetze, die die Nationalsozialisten nach ihrer Machtergreifung erlassen hatten, war das »Gesetz zum Schutze der Erbgesundheit des deutschen Volkes«[53] gewesen; es war am 14. Juli 1933, sechs Tage bevor das Konkordat mit dem Papst unterzeichnet wurde, in Kraft getreten. Unter dieses Gesetz fielen Manisch-Depressive, von Geburt an körperlich Behinderte, Epileptiker und Menschen, die seit ihrer Geburt blind waren; sie alle wurden zwangssterilisiert. Die Entscheidungen über die Sterilisation dieser Menschen wurden vor Ort getroffen; Einspruch dagegen konnte nur an eigens dafür eingerichteten »eugenischen Gerichten« erhoben werden. Aber bis zum Ausbruch des Krieges war die *Tötung* psychisch und körperlich »defekter« Menschen noch nicht vollständig etabliert worden. Erst als deutsche Truppen Polen und Rußland überfielen, wurde den Menschen zu Hause in Deutschland langsam bewußt, daß »unnütze Esser ausgemerzt« wurden. Diese Redeweise war bereits Bestandteil der Lehrpläne in den Schulen und des Behördenjargons geworden, und sie bezog sich in gleichem Maße auf Juden, Zigeuner und Homosexuelle wie auch auf psychisch Kranke, körperlich Behinderte, unheilbar Kranke und alte Menschen.

Im ganzen Land berichteten Familien einander von Vorfällen in ihrer Nachbarschaft, Verwandtschaft oder unter ihren Freunden und Kollegen, deren Angehörige, die schon seit geraumer Zeit in Pflegeheimen und Kliniken lebten, »plötzlich verstorben« waren. In dem bei den Nazis üblichen herrischen Ton wurde den Hinterbliebenen amtlich mitgeteilt, sie sollten sofort anreisen und die Urnen mit der Asche der Toten abholen, sonst würden diese vernichtet. Dabei wurde zudem so getan, als täte die Verwaltung der jeweiligen Klinik den Familien einen besonderen Gefallen.

Bis zum August 1941 waren auf diese Weise ungefähr 80 000 Menschen durch das Euthanasie-Programm in Deutschland getötet worden. In vielen Fällen waren sie vor ihrem Tode zudem von an berühmten Schulen und Universitäten ausgebildeten Ärzten zu Versuchszwecken mißbraucht worden; die Mediziner probierten an ihnen verschiedene Gifte, Gase und Injektionen aus, um festzustellen, welche am schnellsten wirkten. Dies sollte den »humanen« Aspekt des ganzen Programms darstellen. Die SS setzte zusätzlich sogenannte »Gaswagen« ein, Lastwagen, deren Abgase ins Innere geleitet wurden und die darin eingepferchten Menschen langsam erstickten. Dieses Modell war für das Vernichtungsprogramm, das Hitler sich für das jüdische Volk ausgedacht hatte, konzipiert worden.

Die Familie Scholl erfuhr Einzelheiten des Euthanasieprogramms von einer Diakonisse, einer Freundin von Frau Scholl, die selbst als Diakonie-Schwester während des Ersten Weltkrieges Verwundete gepflegt hatte. Diese Diakonisse arbeitete in einem nahe gelegenen Heim für geistig behinderte Kinder. Verzweifelt berichtete sie Magdalena Scholl, was in diesem Heim vor sich ging: Eines Tages war die SS mit einem Konvoi von Lkws vorgefahren, war ins Haus gestürmt und hatte die Kinder nach draußen gezerrt und in die offenen Lastwagen gestoßen. Die Schwestern hatten zunächst fassungslos dabeigestanden, dann hatten sie begonnen, an das Mitleid der schwarzgekleideten Männer zu appellieren. Die Kinder selbst verstanden gar nicht, was mit ihnen geschah; sie waren verwirrt, aber nicht ängstlich. Sie fragten die Schwestern, wohin sie denn gingen. Und die Oberin sagte in ihrer Verzweiflung: »Ihr geht in den Himmel.« Da lachten die Kinder erfreut und winkten, als die Lastwagen mit ihnen davonfuhren.

Der Landesbischof der Lutherischen Kirche des südwestlichen Württembergs, Dr. Wurm, schrieb einen aufgebrachten Brief an den Reichsinnenminister Wilhelm Frick. Darin hieß es, die Bevölkerung sehe aus dem Schornstein des nahe gelegenen Heim-Krematoriums ständig Rauch aufsteigen. Er bemerkte weiter, daß zu den vom Euthanasie-Programm Betroffenen doch auch Veteranen, die im Ersten Weltkrieg tapfer für ihr Vaterland gekämpft hätten, Epileptiker, die nur zeitweilig unter Anfällen litten, und »andere arbeitsfähige Menschen« gehörten. Der katholische Bischof von Limburg legte beim Justizminister Protest ein und sandte ebenfalls eine Kopie an Innenminister Frick. Darin verwies er auf die Morde in Hadamar, einem Heim, in dem die Todesrate bereits auf 10000 Menschen gestiegen war. Er schrieb, die Kinder der Umgebung sagten zueinander, wenn sie Lastwagen in Richtung des Heims fahren sähen: »Da kommen die Todeswagen«, und bei ihren Spielen neckten sie einander mit den Worten: »Wenn du nicht artig bist, kommst du in den Backofen!«

Auch der katholische Bischof der Stadt Münster, Kardinal von Galen, konnte diese Vergehen nicht länger ertragen. Er war schon seit geraumer Zeit ein Kritiker der Nazis und hatte sich bereits 1934 gegen ihre Rassenpolitik gewandt. Im Juli des Jahres 1941 nun stellte er sich auf die Kanzel und ließ von dort aus seinem Zorn freien Lauf über ein Programm, das »Gottes Willen, das Gesetz der Natur und das System der Rechtsprechung in Deutschland« verhöhne. Laut rief er seiner Gemeinde zu: »Dies sind unsere Brüder und Schwestern!« Und er fragte seine Zuhörer, wie sie gedächten, ihr Leben zu gestalten, wenn der Maßstab dafür einzig die ökonomische Produktivität eines Menschen sei. Unter diesen Umständen sei kein Menschenleben mehr sicher, denn wer könne nun seinem Arzt noch vertrauen?

Der Bischof wetterte gegen die Beschlagnahme von Klöstern, Konventen und Kirchen und warnte die Menschen vor »einem Feind in unserem Land«, der Gestapo. Doch er fügte hinzu, daß mit Gewalt gar nichts zu erreichen sei. Die »geistige und moralische Opposition« sei der einzige Weg, sich diesem Regime zu widersetzen. Das Volk solle stark und standhaft bleiben.

Die Predigten Bischof Galens wurden abgeschrieben und vervielfältigt. Sie zirkulierten bald in ganz Deutschland, und zwar nicht nur unter Katholiken. Eines Tages erreichte auch die Familie Scholl eines dieser Exemplare, die ohne Absender verschickt wurden. Dies war ein unglaublicher Beweis von Mut in dieser dunklen Zeit; die Tatsache, daß in einer Zeit der Verfolgung und Bespitzelung ein Kirchenmann aufstand und seine Stimme gegen die Machenschaften des diktatorischen Regimes erhob, daß andere Menschen es sogar wagten, seine Worte niederzuschreiben und im ganzen Land zu verteilen, dies sind Geschehnisse, deren Bedeutung heute kaum ermessen werden kann.

Zu der Zeit, als der Brief Bischof Galens ins Haus der Familie Scholl kam, war Hans gerade zu Hause. Er hatte seinen Dienst beim Militär in Frankreich hinter sich gebracht und studierte bereits Medizin in München. Er las die Predigt immer wieder durch. »Endlich hat einer den Mut, zu sprechen«, sagte er und fügte hinzu: »Man sollte einen Vervielfältigungsapparat haben«.[54]

Die Nazis hatten nur eine Wahl: Sie mußten Bischof Galen und seine Anhänger und Mitprotestierenden verhaften – oder sie würden das Töten einstellen müssen. Erstaunlicherweise entschieden sie sich für das letztere. Das Euthanasieprogramm wurde offiziell gestoppt, obwohl während der Kriegsjahre immer wieder Menschen mit »Schäden« verschwanden, ebenso die Neugeborenen von polnischen und russischen Zwangsarbeiterinnen. Für den Moment blieb Bischof Galen verschont. Joseph Goebbels versprach seinen Parteifreunden jedoch, den Bischof zu hängen, sobald der Endsieg erkämpft sei.

Sogar in der Zeit, als die deutschen Armeen Sieg auf Sieg in den Ebenen Rußlands erlangten, blieben dennoch Spuren und Nischen von Ärger und Verweigerung im Dritten Reich bestehen, auch in München. Junge Menschen wie Hans Scholl und Christoph Probst – beide keine Katholiken – begannen, sich mit Theologie und Philosophie zu beschäftigen, um einen Weg zu finden, gegen die immer stärker werdende Barbarei der Nazis anzugehen. Sie konnten einfach nicht verstehen, wie ihr Land in diesen gähnenden Abgrund des Terrors und Mordens hatte fallen können; die Erinnerung an und der Traum von einem anderen Deutschland lebte stark in ihnen weiter.

Ein wenig Hilfe und Antwort auf ihre Fragen fanden sie in den Bekenntnissen des Augustinus, den Werken Thomas von Aquins, der indirekt den Tyrannenmord rechtfertigte, sowie in den Werken französischer Katholiken wie Pascal und Claudel. Wenn sie in preußisch geprägten Gegenden Deutschlands gelebt hätten, hätten sie sich vielleicht anderen Autoren und konfessionellen Schriften zugewandt, aber im katholischen Süddeutschland war es nur natürlich, daß sie zu leicht zugänglichem katholischen Gedankengut griffen.

Seit Jahren waren Hans' Wut, Willis schreckliche Verwirrung und Christophs Hilfslosigkeit ständig gewachsen. Bereits vor Beginn des Krieges und der Reichskristallnacht hatte Hans seinem tiefen Abscheu für die Menschen in Wien, die beim Einmarsch deutscher Truppen am 12. März 1938 enthusiastisch über den Anschluß Österreichs ans Reich jubelten, Ausdruck gegeben. »Ich verstehe die Menschen nicht mehr«, schrieb der Neunzehnjährige an seine Eltern, nachdem er im Radio die Begeisterungsausbrüche der Massen gehört hatte. »Wenn ich durch den Rundfunk diese namenlose Begeisterung höre, möchte ich hinausgehen auf eine große einsame Ebene und dort allein sein.« [55]

Mit Ausnahme von Willi Graf wären diese jungen Leute unter normalen Umständen vermutlich von religiösen Einflüssen unberührt geblieben. Doch sie lebten in einer ungewöhnlichen Zeit; es schien, als sei die Welt auf dem Weg direkt in die Hölle, und niemand bemühte sich, sie aufzuhalten, weder in Deutschland selbst noch von anderen Ländern aus. Sie aber versuchten mit jedem Nerv ihres Seins einen Sinn in diesem Leben zu finden. Ohne religiöse Struktur war dies schwierig, ohne Gott wurde es unmöglich.

Christoph Probst war kein gebürtiger Katholik; wenige Minuten vor seiner Hinrichtung aber wurde er getauft. Sein Leben liest sich wie eine auf schreckliche Weise abgebrochene Tolstoi-Biographie. Er kam aus einer Atmosphäre städtischer Kultiviertheit, aus einer Familie von Freidenkern und sensiblen Intellektuellen und wählte eine Welt der bäuerlichen Einfachheit und des strengen Glaubens an den christlichen Gott. Sein Vater, Hermann Probst, entstammte einer Kaufmannsfamilie und hatte privates Vermögen geerbt. Aufgrund dieser finanziellen Sicherheit war er in der Lage, einen Großteil seiner Zeit der Forschung und Wissenschaft zu widmen; er war ein ästhetisch empfindender Mensch, der nicht an akademische Stellungen oder Beamtenposten gefesselt sein wollte. In seinen letzten Lebensjahren beschäftigte er sich besonders mit den östlichen Religionen und studierte Persisch und Sanskrit, um die alten östlichen Schriften im Original lesen zu können.

Das Haus der Familie Probst war voll von Menschen, Gedankengut und Büchern, die nach 1933 verschwinden mußten. Die Bücherschränke waren mit Bänden über die Mahabharata und die Bhagavad-Gita gefüllt. Zu den Freunden Hermann Probst gehörten zum Beispiel Künstler wie Paul Klee und Emil Nolde, die er miteinander bekannt machte. Beider Werke wurden später in Deutschland verboten; Paul Klee flüchtete ins Ausland. Emil Nolde malte den jungen Christoph mit seiner Schwester Angelika, und das Portrait der beiden Kinder, die einander sehr zugetan waren, wurde deutlich sichtbar im Wohnzimmer der Familie aufgehängt.

Christophs Eltern ließen sich scheiden, als ihre Kinder noch klein waren. Beide heirateten danach wieder und blieben gute Freunde. Christoph und Angelika wurden auf fortschrittliche und liberal eingestellte Internate in Bayern geschickt, und später besuchten sie Gymnasien in Nürnberg und München. Dort traf Christoph dann auch mit Alex Schmorell zusammen. In den zwanziger Jahren waren diese Internate noch vom Enthusiasmus und Konformismus der verschiedenen Jugendbewegungen, die schon bald stark nationalistisch wurden, verschont geblieben. Sogar bis Mitte der dreißiger Jahre, als Christel zur Schule ging, gelang es vielen dieser Einrichtungen, sich einer Verbindung mit der Hitlerjugend und der damit verbundenen zwangsweisen Fütterung mit nationalsozialistischem Gedankengut zu entziehen.

Christel wurde weniger von bedrückender Enttäuschung, wie es bei Hans der Fall war, oder vom Zwang zu anarchistischem Aufstand, wie Alex ihn fühlte, geformt, sondern vielmehr von abendländischen humanistischen Werten, die, als er aufwuchs, Teil seines alltäglichen Lebens waren. Bis 1936 war er sorgfältig von seinen Eltern und Lehrern von jeder nationalsozialistischen Propaganda und Brutalität abgeschirmt worden. Doch als er siebzehn Jahre alt war, beging sein Vater, der unter Depressionen litt, Selbstmord. Wir können Christels innerste Gefühle und Gedanken heute nicht mehr rekonstruieren; doch ohne Rücksicht auf seine eigene Trauer versuchte er mit allen Kräften, seine Stiefmutter zu trösten. Ihr Leben war jetzt plötzlich ernsthaft in Gefahr, denn sie war Jüdin und befand sich nun nicht länger unter dem Schutz eines »arischen« Ehemannes. Frau Probst konnte aber in ihrem Haus etwas außerhalb von München wohnen bleiben. Die anderen Einwohner des Dorfes müssen große Achtung vor ihr gehabt haben, denn sie taten alles, um sie vor der Verfolgung und Belästigung der Nazis zu schützen. Christel liebte beide Elternpaare. Niemals äußerte er Zorn oder Groll über die Scheidung oder das Internatsleben, das er führte, obwohl es in keiner Weise dem typischen Leben eines bürgerlichen deutschen Jungen entsprach. Die Realität sah so aus, daß sein Zuhause lange Jahre aus Schlafsälen bestand, und die Folge davon war, daß er und seine Schwester Angelika sehr aneinander hingen. Bis zu seinem 21. Lebensjahr, als er Herta Dohrn heiratete, hatte er nie ein richtiges Zuhause gekannt.

Christoph Probst machte relativ jung, mit 17, sein Abitur und wurde danach sofort zum Reichsarbeitsdienst eingezogen. Nach dessen Absolvierung schrieb er sich an der Münchner Universität ein. Er wählte als Studienfach die Medizin, was für ihn letztlich ein Akt des Widerstandes gegen die Euthanasie- und Sterilisationsprogramme der Nazis war. Gleichzeitig diente er, ebenso wie Alex, Hans und Willi, als Sanitäter beim Militär – in seinem Fall war es die Luftwaffe.

Als großer, gutaussehender und athletisch gebauter junger Mann strahlte Christoph zusätzlich eine besondere Liebenswürdigkeit und Freundlichkeit aus, die zudem mit intellektueller Neugier, der Fähigkeit zur Selbstkritik und einer erstaunlichen Reife gepaart war. Er scheute sich niemals, Zärtlichkeit und Liebe zu zeigen. Er war fest davon überzeugt, daß das Geistesleben die Hauptsache im Leben eines Menschen sei. Seine Interessen für Literatur, Musik und Kunst dehnte er auf das Gebiet der Philosophie aus, als die Jahre der Naziherrschaft immer länger dauerten. Lernen und Wissen hatten seiner Meinung nach nur Sinn, wenn beides mit ethischem Verhalten verknüpft wurde. Für Christoph schien es nie eine Trennung zwischen Wort und Tat zu geben.

»Es ist nämlich ein Trugschluß, sich nur vor Augen zu halten, daß der geistig entwickeltere Mensch durch seine größere Zartheit weniger ertragen könne. Ich stehe auf dem Standpunkt, daß gerade der geistige Mensch mehr ertragen kann, da er – wenn er physisch behindert ist und leidet – gerade ja das Reich des Geistigen besitzt, in dem er noch voll und ganz leben kann«, schrieb er in einem Brief an seinen Bruder.[56]

Im Jahre 1940 heiratete Christel Herta Dohrn. Zunächst wohnte das junge Paar bei Christophs jüdischer Stiefmutter in Zell bei Ruhpolding. Schon bald kamen Kinder: 1942, im Alter von 23 Jahren, war Christoph Probst bereits Vater von zwei Söhnen, und eine Tochter sollte in Kürze noch hinzukommen. Er war Vater mit ganzem Herzen und betete seine Kinder an. Durch sie hatte er einen Hafen gefunden, einen Ort der Wärme und des Lachens; vor allem aber waren Geborgenheit und Zuverlässigkeit in sein Leben getreten, Dinge, die er vermutlich sein Leben lang vermißt hatte. An den Wochenenden, wenn er keinen Dienst hatte, verbrachte er viel Zeit mit seiner Frau, seinen Kindern und seinem Schwiegervater, Harald Dohrn, einem Lehrer und Wissenschaftler, der voller Leidenschaft zum Katholizismus konvertiert war. Während dieser Zeit traf Christel Hans Scholl; sie wurden von Alex miteinander bekannt gemacht, der Christel seit Jahren kannte und ihn als seinen engsten und besten Freund bezeichnete.

Christoph Probst verkörperte das Ideal eines gebildeten jungen Mannes. Mit seinem strahlenden Lächeln und Pfeife rauchend, wie es unter den jungen Männern seines Kreises damals Mode war, sah er aus wie ein junger Lanzelot: stark und geschmeidig, freundlich, tugendhaft und voller Leidenschaft, jedoch ohne Zwang, sich selbst beweisen zu müssen.

Müßte man raten, wer aus der Gruppe der Weißen Rose von den anderen am meisten geschätzt und gemocht wurde, dann erscheint sicherlich Christophs Bild, festgehalten auf einem Schnappschuß, auf dem er, den Kopf im Halbprofil erhoben, zu seinem kleinen Sohn auflacht, der auf seinen Schultern sitzt: Er war der Mittelpunkt echter und tiefer Zuneigung.

Im Sommer 1941 stellte sich Hans Scholl dem ausgezeichneten katholischen Publizisten Carl Muth vor. Er erschien vor dessen Haus im Münchener Vorort Solln mit einem Vorstellungsbrief von Otl Aicher, der Muth kurz zuvor kennengelernt hatte. Zwischen dem vierundsiebzigjährigen, zerbrechlichen, weißhaarigen Wissenschaftler und Publizisten und dem ernsten dreiundzwanzigjährigen Studenten entstand rasch ein Gefühl tiefer Zuneigung. Diese Freundschaft und die Beziehungen, die daraus entstanden, sollten entscheidend für die Entwicklung der Weißen Rose werden.

Carl Muth lebte allein in einem kleinen Haus, das vollgestopft mit Büchern, Zeitschriften und Manuskripten war. 1903 hatte er die Zeitschrift »Hochland« als Stimme des katholischen Fortschritts gegründet. Kurz bevor Hans Carl Muth kennenlernte, war sie von den Nazis strikt verboten worden. Dies muß ein schwerer Schlag für den alten Mann gewesen sein, der es fertiggebracht hatte, seit 1933 den Namen Adolf Hitlers in seinen Veröffentlichungen auch nicht ein einziges Mal zu erwähnen, und der bis dahin ungeschoren davongekommen war. Dann und wann waren zwar Ausgaben seiner Zeitschrift beschlagnahmt worden, doch sein Recht zu publizieren hatte er nie verloren. Indem er – ebenso wie die anderen wenigen, noch in Deutschland lebenden und arbeitenden anti-nationalsozialistischen Publizisten – hauptsächlich über historische Themen, wie das hellenistische Griechenland, das Mittelalter und die Aufklärung, schrieb, hatte er indirekt und sehr geschickt das Naziregime attackiert, dessen intellektuelle Fähigkeiten zu begrenzt waren, um dies zu bemerken – bis 1941.

Muths Haus mit seinem kleinen Garten entwickelte sich zu einem Zufluchtsort für Hans, und bald auch für Sophie und Inge Scholl, die Hans Carl Muth kurze Zeit später vorstellte. Hans bewunderte den alten Mann sehr; zweifellos hatte er vor seinem Kennenlernen von dessen Ruf eines nach Integrität, Tiefe und Weisheit strebenden Mannes gehört. Muth war es gelungen, in »Hochland« genau den richtigen Ton anzuschlagen: Seine zunächst bewußt kleine Auflage von 5000 Exemplaren war in den Jahren von 1933 bis 1939 auf 12000 gestiegen.

Die Scholl-Geschwister besuchten den alten Mann regelmäßig. Die beiden Mädchen empfanden dasselbe wie Hans für ihn, ohne Rücksicht auf ihre protestantische Zugehörigkeit, und sie hingen an ihm und seiner privaten Welt inneren Exils, als sei er ihr Rettungsanker in dieser stürmischen Zeit. Den Zauber Muths machte nicht nur sein immenses philosophisches Wissen oder seine tiefe Ablehnung des Nationalsozialismus aus, sondern vor allem seine jugendlich leichte, fast spielerische Art, ethische und metaphysische Fragen zu klären. Er hörte den jungen Leuten nicht einfach nur zu, sondern bemühte sich auch, ihre Erfahrungen wirklich zu teilen und mit ihnen zu erleben. Wenn einmal Zweifel zwischen ihnen aufkamen, schrieb er den jungen Leuten ausführliche Briefe, um seinen Standpunkt zu erläutern. Wie Inge Scholl es später ausdrückte, schwebte Muth ständig »zwischen Exkommunikation und Heiligsprechung«.[57] Hans bedeutete dem alten Wissenschaftler ebenfalls sehr viel, vielleicht mehr als jeder andere junge Mensch: Er repräsentierte das »andere« Deutschland, das junge Deutschland, das wie durch ein Wunder unverdorben geblieben war. Die Gegenwart der Scholls in seinem Haus war ihm eine tiefe Befriedigung, ja sogar Freude.

Es dauerte nicht lange, bis Hans nach vielen Diskussionen bei Ersatzkaffee im Garten begann, Muths Bibliothek zu ordnen und zu katalogisieren. Jeden Tag kam er zwischen Unterricht und Krankenhausdienst für ein paar Stunden nach Solln hinaus und las dort Plato, Claudel, Bernanos und sogar Marx. Inge Scholl kam zuweilen aus Ulm und blieb eine oder auch zwei Wochen bei Carl Muth; sie brachte ihm Essen von ihrer Mutter mit, kümmerte sich um ihn und heiterte ihn auf. Und Sophie wohnte eine Woche lang nach ihrer Ankunft in München bei ihm, als sie noch kein Zimmer hatte.

Muth machte Hans mit verschiedenen Freunden bekannt; einer von ihnen war Pater Rumuald Bauerreis, Archivar des Klosters Sankt Bonifazius in München. Muth schrieb ihm im Frühjahr 1942 und bat ihn, sich um seinen jungen Schützling zu kümmern. Auf diese Weise erhielt Hans Zutritt zu der großen, reich bestückten Bibliothek des Ordens. Bald erfuhr er, daß das Kloster Sankt Bonifazius von den Nazis geschlossen werden sollte, und zusammen mit Alex, der ihn manchmal in die Bibliothek begleitete, beschloß er, einige der wertvollsten Bücher in Sicherheit zu bringen, bevor die Nazis sie in die Hände bekommen konnten. Noch am selben Tag, an dem sie hörten, wann das Kloster geschlossen werden sollte, trugen sie so viele Bücher wie möglich in ihren Rucksäcken fort. Vorher hatten sie einen einfachen Mann kennengelernt, der einen Wagen besaß und, wie Hans sagte, »besser Bescheid weiß, wie die Nazis sind, als Professoren und Generäle«. Sie verstauten die Bücher in dem Wagen und brachten sie ins Haus der Schmorells in der Benediktinwandstraße in Harlaching.

In Muths Haus begegneten sie eines Tages auch Theodor Haecker. Er war Mitarbeiter der Zeitschrift »Hochland« gewesen, stand aber schon seit 1935 unter einem Schreib- und Redeverbot der Nazis. Er litt schrecklich unter dieser auferlegten Zwangsruhe und unter der Trennung von seinem Publikum; andererseits brachte er es jedoch auch nicht fertig, mit seiner Wut und Verachtung für die Nazis hinter dem Berg zu halten. Haecker war dreiundsechzig Jahre alt und Witwer, ein Mann mit durchdringenden blauen Augen unter buschigen Augenbrauen und verschlossenen Gesichtszügen. Er wurde von den Gewalttaten in Deutschland und Europa schier zerrissen und war überzeugt, daß Gott Deutschland für seine Verbrechen gegen das jüdische Volk zerstören werde. In seinem Tagebuch, das unter dem Namen »Tag- und Nachtbücher« bekannt wurde, schrieb er: »Es könnte die Zeit kommen, daß die Deutschen im Auslande auf der linken Seite ihrer äußeren Kleidung ein Hakenkreuz, also das Zeichen des Antichrist, tragen müssen. Durch ihre Verfolgung der Juden nähern sich nämlich die Deutschen immer mehr den Juden und ihrem Schicksal. Sie kreuzigen ja heute Christus zum zweitenmal, *als Volk!*«[58]

Haecker war konvertierter Katholik und ein national anerkannter Übersetzer und Deuter von Kierkegaards Werken; sein Lebensziel war es, existentielle Konzepte mit katholischem Dogma und Gedankengut zu verbinden.

Was Hans nach Solln und hin zu Männern vom Format Muths

und Haeckers zog, hatte tiefere Ursachen als die Zuneigung eines Jungen zu einem Alten und Weisen oder ihre gemeinsame Abneigung gegen die Nazis. Diese katholischen Denker, besonders Haecker, bemühten sich, den Existentialismus in einer Welt, die verrückt geworden zu sein schien, anzuwenden. Der Existentialismus ist immer ein wesentlicher Zug, wenn nicht die Hauptströmung im modernen katholischen und protestantischen Denken gewesen, doch zu jener Zeit zwischen 1941 und 1942 war es besonders wichtig für Hans und seine Freunde, um zu einer Entscheidung zu kommen, die Grenze zum Widerstand zu übertreten.

Pascal, ein Katholik, und Kierkegaard, ein Protestant, haben grundlegende Voraussetzungen allen existentialistischen Denkens zusammengefaßt: »Es gibt keine Beständigkeit für den Menschen: Es ist eine Bedingung, die von Anfang an für die Menschheit natürlich ist, jedoch ganz gegensätzlich ihren Neigungen gegenüber«, hat Pascal geschrieben. »Wir brennen vor Verlangen nach einem sicheren Platz, einem letzten festen Ort, um auf ihm einen Turm zu bauen, der in die Unendlichkeit reichen könnte, aber unser eigener Grund zerbröckelt völlig, und die Erde öffnet sich vor uns zum eigentlichen Abgrund.« Auf diese Weise wurde sich im 17. Jahrhundert ein junger Franzose einer erwachenden Krise westlicher Zivilisation bewußt, einer Krise, die Kierkegaard zwei Jahrhunderte später zu einem verzweifelten »Sprung in den Glauben« – einem Akzeptieren Gottes, einem Glauben an seine Existenz – veranlaßte, nachdem er eine ihn fast vernichtende Angstphase durchgemacht hatte.

Diese Gedanken wurden ein Teil der grundlegenden Bindung zwischen Haecker und den jungen Menschen in der Weißen Rose. In einer Welt, in der alle bisher bestehenden Werte zerstört worden sind, in der Religion und Geschichte, Literatur und soziale Strukturen ihre Bedeutung verloren haben, muß der Mensch wieder aufstehen, seine neuen Lebensbedingungen annehmen, akzeptieren, daß er allein und ohne Schutz ist, und damit fortfahren, seine eigene Umgebung zu schaffen, seine eigenen Werte, seine eigenen Entscheidungen, seine eigenen Handlungen – und zu jeder Zeit bereit sein, die Konsequenzen auf sich zu nehmen, für alles Denken, Sagen, Tun verantwortlich zu sein. Dies sind die existentialistischen Gedanken Martin Heideggers. Sie führten tragischerweise dazu, daß er sich zeitweilig dem Willen des Führers, Adolf Hitlers, unterwarf und zum fundamentalen Sprecher für eine »totale Revolution der deutschen Existenz« wurde. Dies ist aber auch der Existentialismus eines von Heideggers berühmtesten Bewunderern, Jean-Paul Sartre.

Für andere, die ähnlich dachten, waren solche Gedankengänge von der Erschaffung neuer Werte und vom Annehmen des Alleinseins nicht möglich, zumindest nicht ohne die Hilfe Gottes. Und Gott mußte, um in einer solchen Krise helfen zu können, im Glauben völlig angenommen werden, ohne Suche nach rationalen Beweisen und ohne daß seine Existenz grandiosen und schwierigen, Hegel-ähnlichen, metaphysischen Systemen angepaßt werden mußte.

Das existentielle Gedankengut kann als letzte und einzig mögliche Antwort auf die deutsche Romantik und den russischen Nihilismus angesehen werden. Die moderne Welt ist fremd, kalt und unannehmbar geworden; wir wissen nicht mehr, wohin wir gehören, und wir befinden uns nicht mehr in Harmonie mit dem Universum. Aber anstatt umzukehren, wie es die Romantiker und Nationalisten taten, und in eine scheinbar perfekte Vergangenheit zu flüchten, propagieren die Existentialisten, daß wir weitergehen, daß wir diese scheinbar unerträglichen Bedingungen akzeptieren, daß wir uns selbst neu erschaffen und »authentische Entscheidungen« treffen, auch wenn wir allein sind und weder Hilfe noch Gnade von irgend jemandem erwarten können. Diese Art zu denken, die den Menschen dazu zwingt, zu wählen und zu handeln, um existieren zu können und die Verantwortung für sein Handeln anzunehmen, war ein grundlegender Teil der Einstellung intellektuell und ethisch denkender zeitgenössischer Männer wie Dietrich Bonhoeffer. Auch er glaubte, daß jeder, der handelte – in diesem Fall Hitler Widerstand leistete und ihn vielleicht sogar tötete –, frei sein würde. Es besteht kein Zweifel, daß existentialistisches Gedankengut eine Strömung unter ernsthaften Intellektuellen des Dritten Reiches und ein bedeutender Faktor für den sich entwickelnden Widerstand war.

Theodor Haecker, einer seiner führenden Vertreter, las zunächst in Muths Haus laut aus seiner »Zeitschrift« und seinen verbotenen oder noch unveröffentlichten Arbeiten vor, später dann in dem Arbeitsraum, in dem sich die Weiße Rose versammelte. Sein Verlangen, gehört zu werden, war größer als seine Angst vor der Verhaftung. Seine innere Anspannung muß unermeßlich gewesen sein; seine Hände zitterten beim Lesen. Ein Beispiel aus seiner »Zeitschrift« im Mai 1940, das zu der Art von Auszügen gehört, die er den jungen Leuten vorzulesen pflegte:

> *Das Schicksal und damit die Aufgabe des christlichen Deutschen ist ohne Beispiel, an das er sich halten könnte... Er ist allein! Alles, was er fühlt, denkt und tut, hat Fragezeichen, ob es auch richtig sei. Die Führung Deutschlands ist heute, darüber ist nicht der geringste Zweifel, also auch keine Ausrede möglich, dezidiert antichristlich – sie haßt Christus, den sie gar nicht mehr nennt....*
>
> *Es war von Anfang an der immer wieder gelingende Trick dieser zur Plage Europas geschickten Unmenschen, die eigenen Interessen ihrer niedrig triebhaften und gierigen, intellektuell in dem denaturierten Spiritus der Halbbildung entseelten Natur mehr oder weniger durch eine beispiellose Kunst der Lüge zu verbinden mit wahren und gerechten Wünschen und Ansprüchen des deutschen Volkes...*
>
> *Das deutsche Volk wird geschlagen, aber nicht erschlagen und vernichtet. Dieser Lichtkern ist doch in meinem Geiste: es ist besser, daß ein Volk geschlagen wird und leidet, als daß es als Apostat siegt...*[59]

Dies war mehr oder weniger die Art, in der Haecker die Studenten ansprach, und ihre Antworten, ihr gemeinsamer Gedankenaustausch, müssen für ihn sehr wichtig gewesen sein. Niemals ermutigte er jemanden, öffentlich Widerstand zu leisten: Es bedeutete den fast sicheren Tod. Statt dessen erzählte er den jungen

Leuten, daß das Böse, der Antichrist, auf irgendeine Weise Teil von Gottes Plan sei. Aber er übermittelte auch gleichzeitig zwei Arten von Botschaften: Die eine drückte Entscheidungsmöglichkeit und Schaffenskraft aus, die andere Resignation; Hans Scholl konnte die letztere keinesfalls akzeptieren. »Es ist höchste Zeit, daß die Christen Position beziehen!« rief er, nachdem er einen »feindlichen« Sender gehört hatte, der berichtete, daß deutsche Kommunisten und Sozialdemokraten den Nazis Widerstand geleistet hatten und verhaftet worden waren. »Wir werden mit leeren Händen dastehen. Wir werden keine Antwort haben, wenn man uns fragt: ›*Was habt ihr getan?*‹«[60] Sophie Scholl drückte dasselbe Gefühl in einem Brief an Fritz Hartnagel aus:

> *Wahrscheinlich werde ich im nächsten Semester auch zum Arbeitseinsatz herangezogen. Ich bin nicht so unglücklich darüber, weil ich auch noch leiden will (das ist zu viel gesagt, aber wenigstens noch unmittelbarer betroffen sein will) über der ganzen Zeit. Verstehst Du, das Mitleiden fällt oft schwer und wird gerne zur Phrase, wenn nicht der eigene Körper weh tut.*[61]

Aus einleuchtenden Gründen erscheinen die Namen der Mitglieder der Weißen Rose nicht in Theodor Haeckers »Tag- und Nachtbüchern«. Nach der Festnahme und Hinrichtung der Hauptpersonen der Weißen Rose im Februar 1943 wurde er, ebenso wie Carl Muth, von der Gestapo verhört. Aber mehr als ein Jahr später, am 9. Juni 1944, machte er eine merkwürdige und geheimnisvolle Eintragung in sein Tagebuch:

> *Freitag vormittag gegen 10.00 Uhr. Im Keller. Sprengbombe. Zerstörung des Hauses und meiner Wohnung. Beispiellose Verwüstung. Manche* guten *Menschen, Helfer, Tröster durch ihr Sein und ihr Tun! Scholl! Manche crapule. Vornehme Seelen. Und kleine Seelen. Gott ist barmherzig! Gott ist großartig! Gott ist genau, aber großartig ...*[62]

Es ist ein Schrei am Rande der Vernichtung, der Schrei eines Mannes, der sich völlig allein im Universum befindet, der unwillkürliche Schrei eines Mannes, der fühlt, daß er ins physische und psychische Chaos gleitet. Auf diesem Höhepunkt der Krise, aus der dunklen Nacht seiner Seele heraus, scheint es, als habe Theodor Haecker einen Schrei nach Hans Scholl ausgestoßen.

Neuntes Kapitel

Wo Bücher verbrannt werden, wird man schließlich auch Menschen verbrennen. Die Warnung des Dichters Heinrich Heine – gleich wie oft sie bereits zitiert wurde – erwies sich als äußerst zutreffend. Im Jahr 1933 wurden in Deutschland Bücher verbrannt; das geistige Erbe und die Menschlichkeit einer Nation gingen in Flammen auf, als die grimmig frohlockenden Rufe der Studenten an der Universität die Nacht erfüllten.

Die Universitäten blieben wie leere Schalen als trügerische Fassaden einer Normalität bestehen, während Hunderte von Professoren relegiert und dazu gezwungen wurden, das Land zu verlassen. Die Münchner Universität stand schon Jahre vor Hitlers Machtergreifung in einem »braunen« Ruf, besonders wegen der lautstarken Agitation der nationalsozialistischen Bewegung in der Stadt und deren studentischer Unterstützung an der Universität. Doch im Grunde waren alle Universitäten im Reich, ob sie nun einen liberalen Ruf besaßen, wie Freiburg, oder einen konservativen, wie München, in ein zentralistisches System von Kontrolle und Konformität integriert.

So angesehen die deutschen Universitäten auch in den intellektuellen Kreisen der Welt waren – besonders auf den Gebieten der Natur- und Sozialwissenschaft sowie der Philosophie –, so waren sie doch schon seit dem 19. Jahrhundert Brutstätten nationalistischer Begeisterung gewesen. Der Geist akademischer Freiheit in diesen Institutionen zog nicht notwendigerweise eine Atmosphäre von unabhängigem Denken, Objektivität und Toleranz der Meinung anderer Menschen – oder gar anderer Nationen – gegenüber nach sich. Nationalistische Gefühle und die Sehnsucht nach einer Vereinigung aller deutschen Kleinstaaten ohne einheitliche politische Identität brach hervor, als der fremde Eroberer Napoleon deutschen Boden erschütterte. Einheit bedeutete Stärke, Stärke die Unbeugsamkeit gegenüber fremden Eroberern, und diese Unbeugsamkeit erweckte den Wunsch, andere Länder zu erobern und zu beherrschen.

Dieser Ausbruch nationaler Gefühle und das Bedürfnis nach Selbstentdeckung und Selbstverherrlichung hatte ihren Ursprung nicht etwa in der Masse der Arbeiter in den Städten oder unter den Handwerkern und Bauern auf dem Lande. Sie ging vielmehr zuerst von den Intellektuellen aus, den Künstlern und Professoren, die eine recht hohe Position in der deutschen Gesellschaft innehatten.

Doch trotz dieser Woge von Nationalismus, die im 19. Jahrhundert sowohl Deutschland als auch unter anderem Italien und Rußland überschwemmte, hat es auch immer deutsche Stimmen gegeben, die vor Fremdenhaß, Vorurteilen, blinder Leidenschaft und nationaler Verherrlichung warnten. In seiner Antrittsrede als Professor für Geschichte an der Universität Jena erinnerte Friedrich Schiller seine Zuhörer daran, daß das erste Gesetz des Anstandes die Erhaltung der Freiheit anderer sei, das zweite sei die Demonstration der eigenen Freiheit. Aber auch jene, die die napoleonische Eroberung der heimischen Lande bitter bekämpften, wie der katholische Rheinländer Joseph Görres, der später zum Professor für Geschichte an der Universität München ernannt wurde, sprachen sich laut und offen gegen »preußische und protestantische« Wogen der Aggression aus, die von Norden her deutsches Land eroberten, nun, da Napoleon geschlagen war.

Die Universitäten des Rheinlandes sowie des Südwestens Deutschlands wie auch ein großer Teil der Bevölkerung dieser Gebiete waren gegenüber der Vereinigung deutscher Kleinstaaten in einem preußischen Verband negativ eingestellt. Die Universität Freiburg zum Beispiel behielt stur die Tradition der Französischen Revolution bei und engagierte sich in den zwanziger Jahren des 19. Jahrhunderts in der versuchsweisen Entwicklung lokaler Parlamente und anderer demokratischer Institutionen.

In dieser Region im Südwesten Deutschlands wuchsen die meisten Mitglieder der Weißen Rose auf. An der Universität Freiburg bildete sich eine weitere Widerstandsgruppe gegen Hitler aus einem kleinen Zirkel von Akademikern. Südwestdeutschland und in geringerem Maße auch Bayern mit seiner Hauptstadt München haben sich immer selbst als »wahrer« kultureller Mittelpunkt Deutschlands gefühlt, als unabhängige Macht zwischen dem erstarrten und aufgeblasenen katholischen Österreich und dem aggressiven und spartanisch-protestantischen Emporkömmling Preußen. Generationen von Professoren dieser Gegend schürten den Protest gegen die Hegemonie Preußens und gegen das, was sie als falschen Nationalismus und dessen betrügerischen Sicherheitswahn betrachteten. Ihrer Meinung nach verkörperte Preußen, nachdem seine Soldaten die Macht an sich gerissen und alle Spuren einer Demokratie von 1848 ausradiert hatten, »den Frieden eines Grabes und die Ordnung eines Friedhofes«.

Die Universität Berlin wurde 1810 im Zuge einer Reformbewegung in Preußen gegründet, doch sie entwickelte sich schon bald zu einer Bastion des preußischen Nationalismus, »einer intellektuellen Leibwache der Hohenzollern«, der preußischen Regierungsmacht. Ein Nachfahre dieser Dynastie krönte sich später selbst zum Kaiser, zum Herrscher über alle Deutschen. Während Napoleons Aufstieg und Niedergang wurde deutlich, daß Freiheit nach preußischem Verständnis das bedingungslose Akzeptieren des Staates und demzufolge totalen Gehorsam ihm gegenüber bedeutete. Das galt sowohl für den preußischen Staat selbst als auch für die anderen deutschen Territorien, die er annektierte. Männer wie Hegel und Fichte, bekannte intellektuelle Persönlichkeiten, die damals an der Universität Berlin lehrten, begannen Preußen mit fast religiöser Ehrfurcht anzubeten. Ein neues messianisches Gefühl für Deutschland und die deutsche Sprache ergriff das Land, wenn auch Fichte in seiner Eigenschaft als Rektor der Berliner Universität zu diesem Zeitpunkt in einer Ansprache an die deutsche Nation Deutschland eher als »Vaterland des Geistes« betrachtete denn als Kriegsvolk.

Doch bereits 1813 hatte der Geist von Eroberung, Paraden und marschierenden Armeen die Luft erfüllt. Einer der führenden Intellektuellen jener Epoche, Ernst Moritz Arndt, beschrieb damals seine Gefühle angesichts einer Militärparade mit Worten, die den Zeugnissen von Betrachtern einer Nazi-Demonstration bewaffneter Macht auf fatale Weise ähneln. Er schrieb im Jahre 1813:

Wenn eine große Menschenmenge vor mir ist, wenn eine Gruppe Soldaten mit wehenden Fahnen und tönenden Trompeten und Pauken vorbeizieht, dann wird mir bewußt, daß meine Gefühle und Handlungen nicht leere Illusionen sind, dann fühle ich das unzerstörbare Leben, den unsterblichen Geist und unsterblichen Gott... Wie jeder andere Mensch bin ich egoistisch und sündhaft, aber in meiner Begeisterung bin ich auf der Stelle frei von meinen Sünden, ich bin nicht länger ein einziger Leidender, ich bin eins mit dem Volk *und mit Gott. In solch einem Moment verschwindet jeder Zweifel über mein Leben und Arbeiten.*

Die Sozialwissenschaften, die sich später im 19. Jahrhundert an deutschen Universitäten entwickelten, behandelten solche Gedanken über das Alleinsein und die Gemeinschaft auf »objektivere« und rationalere Art und Weise. Ferdinand Tönnies entwarf ein Modell von Idealtypen sozialer Organisationen: der Gemeinschaft und der Gesellschaft. Das Phänomen der Gemeinschaft entsteht aus tief im Unterbewußtsein liegenden Faktoren in einem Volk; es wächst organisch, ist ein Teil der Natur, besteht unabhängig vom freien Willen eines Menschen. Die Gemeinschaft drückt ein Streben aus, das größer ist als das eines einzelnen menschlichen Wesens. Das Phänomen der Gesellschaft ist dagegen die fremde, industrialisierte und moderne Welt, die wir heute kennen. Es erwächst aus Verträgen, nicht aus der Natur; es kann verändert werden; es besteht aus Kompromissen und von außen erwirkten Veränderungen in der eigentlichen Basispolitik.

Als der preußische Staat seine Armeen über Deutschland ausschickte und die Annektierung der Kleinstaaten unvermeidbar und überwältigend zu sein schien, brachen die Widerstandsbewegungen zusammen, selbst im Südwesten Deutschlands, wo sie am stärksten etabliert waren. An der Universität Karlsruhe im Staat Baden schrieb Professor Hermann Baumgarten, ein Liberaler und Verfechter der Werte der Aufklärung, ein Traktat, in dem er die Kapitulation der Intellektuellen vor der militärischen Macht erklärte. 1866, nachdem Preußen Dänemark Schleswig-Holstein abgenommen und auch Frankfurt und Hannover in seinen Besitz gebracht hatte, verfaßte Baumgarten seine Abhandlung »Warum Bürger politischen Affairen hilflos gegenüberstehen«, ein Aufsatz, der erstaunliche Ähnlichkeit mit den Gedanken, die Thomas Mann später während des Ersten Weltkrieges zu Papier brachte, aufweist. Manns Aufsatz trägt den Titel »Gedanken eines unpolitischen Mannes«.

Diese großen Vertreter der deutschen Intelligenz hielten die Bürger für unfähig, politische Entscheidungen zu treffen und den wahren Gang der Geschichte und Politik zu durchschauen. Diese Tatsache wird an den Kriegsfolgen Preußens deutlich; dem Sieg der Macht müssen sich schließlich alle Menschen beugen. Hinzu kam, daß die Beschäftigung mit Politik mit dem Makel der Trivialität behaftet war. Intellektuelle meinten, sich an so nichtigen Angelegenheiten wie politischen Entscheidungen, Diskussionen und Kompromissen nicht die Hände schmutzig machen zu sollen.

Politische Entscheidungen wurden also der Kaste des Militärs überlassen. Das in Deutschland aufkommende Gefühl des Triumphes über eine Welt, die nur darauf wartet, besiegt und erobert zu werden, fand sich in ähnlicher Weise auch im Geist des »manifest destiny« in Amerika und den imperialen Bestrebungen Britanniens. In Deutschland wurde es am besten von dem bekannten Historiker Heinrich von Treitschke zum Ausdruck gebracht.

»Kein Staat der Welt hat den Staatsgedanken so groß, so menschlich gefaßt wie der deutsche Staat«, schrieb Treitschke gegen Ende des 19. Jahrhunderts. »Keiner strebt so ernst wie er, die uralten Gegensätze des Völkerlebens, Staatsmacht und Volksfreiheit, Wohlstand und Wehrkraft, Bildung und Glauben zu versöhnen. Und weil die Fremden dies im stillen fühlen, hassen sie uns.«[63]

Der Erste Weltkrieg setzte nationale Leidenschaften frei bis hin zu einem rasenden Fieber, das mit der Niederlage Deutschlands jedoch nicht abklang. Der Versailler Vertrag mit seinen

»demütigenden« Bedingungen wurde zum roten Tuch, das die nationalistische Raserei fortsetzte. Auf diese Weise wurde der Erste Weltkrieg zum Schmelztiegel für Adolf Hitler; ohne ihn hätte er keine historische Wirkung erreichen können.

Die große Ernte des Ersten Weltkrieges war die bolschewistische Revolution in Rußland, eine weltbewegende Erhebung des Volkes, die dazu führte, daß das Kind Alexander Schmorell und sein Vater zurück in die deutsche Heimat flüchteten. Der Erste Weltkrieg war auch der Prüfstein für Robert Scholls Gesinnung; er blieb Pazifist trotz des massiven Druckes der Gemeinschaft um ihn herum.

Einen Krieg verloren zu haben war das größte Übel; hinzu kamen aber noch die auferlegte Entmilitarisierung Deutschlands, die ökonomischen Reparationsforderungen der Siegermächte und die darauffolgende Inflation der Reichsmark sowie Arbeitslosigkeit und zunehmende Anarchie in den Straßen. Dies alles war mehr, als die deutsche Nation ertragen konnte. Jedes dieser Übel beschleunigte den Prozeß der nationalistischen Infiltration, erzeugte Wut und den Wunsch nach Rache. Die Sehnsucht nach nationalem Selbstbewußtsein wurde in dem Maße größer und mächtiger, in dem die Weimarer Republik von einer Krise in die andere geriet. Schriftsteller wie Ernst Jünger und Moeller van der Bruck, der bedeutende Übersetzer der Werke Dostojewskis, sprachen grimmig von einer großen Geisteskrise, von einem existentiellen Tiefpunkt der Menschheit, und sahen bereits im Geiste voraus, wie ein »Übermensch« aufstehen und das auserwählte deutsche Volk in eine neue Welt der Menschlichkeit führen würde.

Daraus versteht sich, daß die deutschen Universitäten damals keine wirklichen Festungen freien Denkens und freier Forschung sein konnten, abgesehen von den naturwissenschaftlichen Fakultäten. Zwar verschafften sich an so ziemlich allen Universitäten liberale, mäßigende und selbstkritische Stimmen Gehör, doch es waren einsame Stimmen, die nicht den »Willen der Gemeinschaft« ausdrückten – einer Gemeinschaft freilich, die von Anhängern des Volksgedankens definiert wurde und nicht von der Arbeiterbewegung, den Sozialisten und den Künstler-Anarchisten der Linken. Aber egal, welcher Geist an den Universitäten auch geherrscht hatte, niemals hatten sie eine Unterdrükkung in dem Maße erfahren müssen, wie sie mit der Machtübernahme der Nationalsozialisten 1933 einsetzte. Obwohl sie ihre Pläne letztlich nicht durchsetzen konnten, hatten die Nazis durchgreifende Dinge vor mit den Universitäten, den »Elfenbeintürmen«, wie sie sie nannten, und den »Schwächlingen«, die in ihnen hausten. Obwohl die deutschen Universitäten nie eine Wiege linken und liberalen Gedankenguts gewesen waren, verachteten diese rechtsradikalen Männer sie.

Einige der Nazi-Theoretiker, die selbst Professoren im neuen Reich waren, machten gewagte Vorschläge, als sie an die Macht gekommen waren. Ernst Krieck zum Beispiel schlug vor, die Universitäten völlig aufzulösen; diese Idee sollte die Fakultäten und ihre Studenten für die gesamte Dauer der zwölf Jahre des Dritten Reiches bedrohen. Sein Plan war, sie in technische Berufsschulen umzuwandeln. Alfred Bäumler, Philosoph und Nietzsche-Experte der Partei, schlug vor, die Universitäten in »Männerheime« zu verwandeln und alle »feminin-demokratischen Elemente« auszumerzen.

Zu der Zeit, als sich die Mitglieder der Weißen Rose an der Münchner Universität einschrieben, also in den frühen vierziger Jahren, waren so ziemlich alle Reste von freiem Gedankengut in Lehre und Forschung und mit ihnen die besten Dozenten verschwunden. Äußerlich sah die Universität München aus wie immer. Sie lag am Rande Schwabings, dem Künstlerviertel der Stadt. Dies war genau der richtige Ort für sie, zwischen der Welt der Bürger und der der Künstler. Sie bestand aus einer Reihe zwei- bis dreistöckiger in neutraler Farbe gehaltener Gebäude auf beiden Seiten einer Durchgangsstraße, der Ludwigstraße, die Sophie Scholl in München am meisten liebte.

Die Universität fügt sich architektonisch perfekt in das beeindruckende Straßenbild ein, eines der bemerkenswertesten der Stadt. Die Ludwigstraße ist lang, recht gerade, baumlos und streng klassizistisch. Sie vermittelt die leere und endlos scheinende Perspektive eines surrealistischen Gemäldes, doch sie wird an beiden Enden ordentlich begrenzt. Am nördlichen Ende, genau hinter der Universität, befindet sich das Siegestor, ein eher bescheidener Siegesbogen der bayerischen Armee; am Südende, in der Nähe der Stadtmitte, wird sie von der Feldherrnhalle abgeschlossen, einer Nachbildung florentinischer Loggias mit bayerischen Löwen und Statuen von Generälen versehen; dies war auch das Szenarium für Hitlers Putsch im Jahr 1923.

Die Ludwigstraße, die Universität und überhaupt ein großer Teil Münchens ist absichtlich so entworfen worden, um einen lateinisch-mediterranen Eindruck zu vermitteln. Dies läßt sich auf den Einfluß der Wittelsbacher zurückführen, der königlichen Dynastie Bayerns. Diese Familie hatte eine Vorliebe für pompöse Schlösser, Paläste, Plätze und Straßen im Sinne Ludwigs XIV.

Die Universität fügt sich mit ihren einfachen, pseudo-renaissanceartigen Gebäuden vortrefflich in die bauliche und soziale Landschaft der Stadt ein. Ihre langgezogene Horizontale wird durch zwei riesige Springbrunnen aufgelockert, die dem Eingang der Universität gegenüberliegen und zu sprudeln beginnen, sobald der Frühling kommt. Ihr Anblick und das Rauschen des Wassers verkünden den Beginn milderen Wetters und leichteren Lebens. München hat eine Vorliebe für Springbrunnen, und die gesamte Stadt ist viel eher für den Sommer geschaffen als für düstere, gotische Winter.

Ebenso wie die Stadt selbst hat die Universität im Laufe der Jahre eine Vielzahl der merkwürdigsten Menschen angezogen. Einer von ihnen war auch Rudolf Hess, ein Teilnehmer des Ersten Weltkrieges, der sich nach seiner Militärzeit als Student der Wirtschaftswissenschaften einschrieb, jedoch die meiste Zeit damit verbrachte, anti-semitische Flugblätter zu verteilen und gegen die begrenzten Kräfte der noch jungen bayerischen Republik zu kämpfen. Er war bekannt mit Karl Haushofer, Professor für Geopolitik an der Universität München, dessen »Lebensraum«-Konzept für das deutsche Volk Adolf Hitler so sehr inspirierte. Hess stellte seinerseits in den frühen Tagen des »Kampfes« für die Nazi-Bewegung den ehemaligen General Haushofer dem österreichischen Korporal vor. München gehörte außerdem zu den vier oder fünf Universitäten, an denen Joseph Goebbels sich mit Philosophie und den schönen Künsten beschäftigte, bevor er 1921 seinen Doktor in Heidelberg machte.

Im Jahr 1933 wurde die Münchner Universität, wie alle anderen in Deutschland, von nationalsozialistischem Personal übernommen. Der neue Rektor, Professor Dr. Walter Wüst, ein Führer in der SS, war als Experte auf dem Gebiet der »arischen Kultur« bekannt. 1942, als die Weiße Rose sich in München formierte, war die Universität bereits völlig mit dem Nazi-System »gleichgeschaltet« worden. Von ihren Tagen in der Hitlerjugend an wurden die Studenten bis zur Langeweile und Apathie mit nationalsozialistischem Gedankengut gefüttert, und alle Seminarräume und Hörsäle waren voller Spitzel der Nationalsozialistischen Studenten-Organisation, die sich eifrig Notizen machten und ständig auf der Lauer nach verräterisch-kritischen Aussagen lagen, während die Professoren gehemmt und bedrückt ihre Vorlesungen hielten. Selbst die »akademische Freiheit« wurde neu definiert. Nach den Worten von Walter Schultze während einer Rede auf der wissenschaftlichen Versammlung der nationalsozialistischen Vereinigung der Professoren war sie »eine Vorstellung von Freiheit, die ganz besonders unsere eigene ist, seit wir wissen, daß Freiheit ihre Grenzen in der tatsächlichen Existenz des *Volkes* haben muß... Schließlich ist Freiheit nichts anderes als der verantwortungsvolle Dienst im Namen der Grundwerte unserer Existenz als ein *Volk.*«[64]

Einige Beispiele von Seminaren, die an den Universitäten von Berlin und München angeboten wurden: »Geographie im Dienst des nationalsozialistischen Staates«, »Das Leben der Seele in seinen rassischen, nationalen und historischen Formen«, »Volk und Rasse (einschließlich: Gesetzgebung über rassische Weiterentwicklung und Eugenik), mit Dias und Exkursionen«, »Geburt, Heirat und Tod: Die Rolle der Rasse im völkischen Charakter (mit Dias)«, »Unterentwickelte Völker, primitive Rassen, veraltete Kulturen, Teil I (mit Dias)«, »Die Soziologie des Krieges (auch für die Öffentlichkeit zugänglich)«.[65]

Akademische Forschung und Veröffentlichung hatten ihren Tiefstand erreicht, und in Deutschland erscheinende wissenschaftliche Zeitschriften wurden von der internationalen Gemeinschaft von Wissenschaftlern kaum noch gelesen. Ein Auszug aus der Zeitschrift »Deutsche Justiz« – ein Artikel vom Obersten Parteirichter Walter Buch vom 21. Oktober 1938 – spiegelt die Qualität der Presse aus Wissenschaft und Forschung in jener Zeit: »Der Jude ist kein menschliches Wesen. Er ist eine Erscheinung von Verwesung. Genauso, wie die Verwesungsbakterien Holz nicht eher angreifen können, bis es reif für die Verrottung ist, so war der Jude fähig, sich unter das deutsche Volk zu mischen, um Übel zu bringen, jedoch erst, nachdem die deutsche Nation, geschwächt durch die Verluste von Blut seit dem Dreißigjährigen Krieg, von innen angefangen hatte zu faulen.«[66]

Doch trotz des Abgleitens in Gedankenlosigkeit und Terror blieben Reste von Wissen und Anstand hier und dort bestehen, verteilt über die verschiedenen Institute und Fakultäten und sowenig Aufsehen wie möglich erregend. Mit Hilfe eines Art geheimen, ablehnenden Wortschatzes und durch die Beobachtung unwillkürlicher Gesichtsausdrücke bei subversiven Bemerkungen erkannten Studenten, die nicht nationalsozialistisch fühlten und dachten, gleichgesinnte Kommilitonen. Traute Lafrenz, Hans' Freundin und Kommilitonin, half der gerade angekommenen Sophie, sich in dem Labyrinth der Ausweichmöglichkeiten zurechtzufinden. Auf Anregung von Traute und Hans belegte Sophie einen Philosophiekurs, der zweimal wöchentlich morgens im Auditorium Maximum stattfand; es war der beliebteste Kurs, der im Sommersemester 1942, von Mai bis Ende Juli, angeboten wurde, und der Dozent war Professor Dr. Kurt Huber.

Doch die Flucht in die innere Emigration war nicht immer die einzige Form von Protest an der Münchner Universität. 1935 zum Beispiel hatte der viel beachtete Autor Ernst Wiechert eine Reihe von Colloquien mit dem Thema »Der Dichter und seine Zeit« gehalten. Seine Vorlesungen waren sehr gut besucht, und was er sagte, machte großen Eindruck auf seine Zuhörer. Er sagte ihnen ganz offen, daß die »Kunst«, die von den Nazis produziert werde, »Mord an der Seele« sei. Außerdem ermunterte er seine Studenten, sich nicht zum Schweigen verleiten zu lassen, wenn das Gewissen ihnen befehle zu sprechen. Diese Vorlesung wurde auf mehreren Flugblättern vervielfältigt und kam auch an anderen Universitäten in Umlauf. Ernst Wiechert wurde von der Gestapo inhaftiert; später wurde er sogar ins Konzentrationslager Dachau verschleppt.

Professor Fritz-Joachim von Rintelen sprach über das Gedankengut der griechischen Antike. Er beherrschte die Kunst doppeldeutiger Bemerkungen, und seine Vorlesungen gerieten regelmäßig zu raffinierten Schmähreden über das nationalsozialistische Gedankengut und seine Praktiken, betrachtet durch das Prisma der zivilisierten hellenistischen Vergangenheit. Seine Seminare waren normalerweise genauso überfüllt, doch eines Tages erschien er nicht. Und er kam auch nicht zum nächsten Vortrag. Einer von Rintelens Studenten – Jürgen Wittenstein, auch Medizinstudent und ein Freund von Hans, Willi und Alex – berichtete später, was geschehen war. Wittenstein und fünfzig andere Studenten wagten es, selbst zum Rektor zu gehen, um ihn zu fragen, was mit ihrem Lehrer geschehen sei. Rektor Wüst kam tatsächlich aus seinem Privatbüro, um die Delegation zu empfangen, wahrscheinlich weil ihm die Tatsache, daß die Studenten ihn persönlich sprechen wollten, unglaublich erschien. Nachdem sie ihm ihr Anliegen vorgetragen hatten, starrte er sie einen Moment lang völlig ungläubig an, drehte sich dann um, ging zurück in sein Büro und schlug die Tür hinter sich zu. Daraufhin organisierten die Studenten eine Protestversammlung in der Ludwigstraße, direkt vor der Universität, und in einer äußersten Trotzhandlung gingen sie zu Rintelens Wohnung und versammelten sich unter seinem Fenster, um ihre Solidarität zu bekunden. Dies war sehr mutig, ja sogar unglaublich; doch trotzdem wurde von Rintelen nie wieder an der Universität gesehen.

Sogar noch 1942, nach fast einem Jahrzehnt der Herrschaft Adolf Hitlers, blieben ein solches Verhalten, solche Spuren von Anständigkeit gewagt, vereinzelt und fast unerklärlich, aber sie existierten immerhin. Professor Heinrich Wieland, Direktor des Chemieinstitutes der Münchner Universität, machte seinen Fachbereich zum Zufluchtsort für Verfolgte – für »Halbjuden«, meist Kinder aus Mischehen zwischen Ariern und Juden, die nun in einem Schwebezustand zwischen der neuen Ordnung und dem drohenden Abtransport in ein Konzentrationslager lebten.

Denn eben das geschah mit ihren jüdischen Elternteilen seit dem Sommer 1941. Einer jener Studenten, die am Chemiefachbereich eingeschrieben waren, war Hans Leipelt aus Hamburg; später versuchte er, die Aktivitäten der Weißen Rose nach der Hinrichtung ihrer meisten Mitglieder weiterzuführen.

Bis zum heutigen Tag ist nicht geklärt, wie und warum es Professoren wie Wieland erlaubt wurde, weiterzuarbeiten. Eine andere Ausnahme, die nicht in das Bild braunhemdiger Trostlosigkeit passen wollte, war der Fall Kurt Hubers.

Seit 1926 lehrte Kurt Huber im Amt eines außerordentlichen Professors ohne feste Anstellung die Fächer Philosophie, Psychologie und Musikwissenschaften. Durchschnittlich besuchten etwa 250 Studenten seine Vorlesungen, und die Universitätsverwaltung mußte ihm widerwillig den größten Saal, das Auditorium Maximum, zuweisen, damit all seine Hörer Platz fanden.

Im Jahr 1942 war Huber 49 Jahre alt, ein schmächtiger Mann mit bereits ergrauendem Haar. Er war blaß und sah älter aus, als er war, müde und abgespannt. Er humpelte stark und zog sein rechtes Bein nach. Als kleines Kind war er an akuter Diphtherie erkrankt, und sein Kehlkopf hatte aufgeschnitten werden müssen, um sein Leben zu retten. Sein Leben lang litt er an den Folgen dieser Krankheit. Seine Hände zitterten, und manchmal zuckte sein Kopf stark hin und her, besonders, wenn er sich aufregte. Er erklomm das Rednerpodium, wartete, bis Stille eintrat, und dann begann er seine Vorlesung. Manchmal dauerte es schmerzliche Sekunden oder gar Minuten, bis seine Stimme klar und verständlich wurde. Doch wenn sie es einmal war, war die Wirkung umwerfend. Er bereitete jede Vorlesung sorgfältig vor, sprach jedoch frei. Die Entwicklung seiner Gedanken, die Art, wie er sie zum Ausdruck brachte, ermöglichte den Studenten einen Zugang zur Welt der großen Denker, zur schier endlosen und beeindruckenden Geschichte menschlicher Ideen, die ein wesentlicher Teil ihres nationalen Erbes war.

Seine Vorlesungen in Philosophie konzentrierten sich hauptsächlich auf die deutschen Idealisten, wie Kant, Hegel, Schelling und andere, und auf die Werke des berühmten Philosophen und

Mathematikers des 17. Jahrhunderts, Gottfried Wilhelm von Leibniz. Während dieser Zeit schrieb Huber an einem maßgeblichen Werk über Leibniz. Der große Gelehrte war ein interessantes Forschungsgebiet für Huber: Leibniz wird als außergewöhnlich moderner Denker angesehen, und sein Einfluß auf die Idealisten des 19. Jahrhunderts, besonders auf Hegel und Fichte, war grundlegend. Er versuchte, die Konzepte von Inhalt und Form zusammenzubringen und einen Mittelpunkt zwischen den Prozessen des Verstandes und den Methoden der Wissenschaft zu finden. Hierzu benutzte er die Mathematik: In den späten sechziger Jahren des 17. Jahrhunderts entwickelte Leibniz ein Modell, um zu beweisen, daß alle Gedanken, verbal oder nichtverbal geäußert, auf eine Kombination von Zahlen oder Wörtern reduziert werden könnten oder in der Außenwelt auf eine Kombination aus Klängen und Farben.

Doch diese Reduzierung der Welt auf logische Kalküle befriedigte ihn noch nicht. In seinem Werk »Théodicée«, veröffentlicht 1710, reflektierte er über die Notwendigkeit, Gott in eine Analyse des Kosmos mit einzubeziehen. Zu jener Zeit seines Lebens beschäftigte er sich intensiv mit der Existenz des Bösen in einem sonst perfekten, geradezu mathematisch geordneten Universum. Er löste das Problem mit der Erklärung, daß jede Kreatur im Universum begrenzt sei und deshalb unvollständig; doch weil jede Kreatur ihren speziellen Platz innerhalb der Schöpfung, der kosmischen Hierarchie, hat, ist sie Teil der Natur und als solche auch Teil eines Ausdrucks von »universeller Harmonie«.

Leibniz entwickelte damals bereits Gedanken, die später im Aufklärungsdenken des 18. Jahrhunderts wieder auftauchen sollten. In seinem Konzept ähnelt das Böse einer »Dissonanz in der Musik«; es ist zwar ein Mangel, aber letztlich ist auch das Böse ein Teil der Schönheit des Universums und Gottes.

Wenn Professor Huber über solche Themen sprach, konnte er sich der einen oder anderen ironischen Bemerkung nicht enthalten. Er besaß einen trockenen Humor – keine weit verbreitete akademische Eigenschaft in Deutschland und ganz gewiß nicht unter den Nazis. Solche Bemerkungen schienen aus ihm herauszubrechen, als könne er nicht anders, als habe er das unwiderstehliche Bedürfnis, dem Naziregime den Fehdehandschuh vor die Füße zu werfen. So erwähnte er zum Beispiel Spinoza und fügte mit einem ironischen Lächeln hinzu: »Vorsicht, er war Jude! Laßt euch nicht vergiften!« In solchen Fällen entstand unruhiges und ängstliches Gemurmel im Saal, doch die Studenten kamen beim nächsten Mal in Scharen wieder, und irgendwie hatten solche Vorfälle keine ernsten Konsequenzen.

Kurt Hubers politische und soziale Einstellungen waren konservativ, und er verabscheute die Nazis in erster Linie, weil er sie als eine Massenbewegung von Revolutionären betrachtete. Er war ein echter Vertreter des philosophischen und historischen deutschen Nationalismus, doch niemals hätte er den Krieg und die gewaltsame Besetzung anderer Länder als Mittel propagiert, um den deutschen Geist zu verbreiten. Zu Beginn der Naziherrschaft hatte er versucht, eine feste Professorenstelle zu bekommen, die er zweifellos verdiente: Er war eine der genialsten, intelligentesten und ausdrucksvollsten jüngeren Persönlichkeiten in der akademischen Welt. Doch von einem nationalsozialistischen Universität-Verwaltungsangestellten wurde er mit den Worten abgewiesen: »Wir können nur Offiziersmaterial gebrauchen.«

Diese beiläufige äußerst brutale Bemerkung muß für Kurt Huber, der sein ganzes Leben lang Schmerz und Mühsal nur durch Selbstdisziplin und Vernunft überwunden hatte, niederschmetternd gewesen sein. Hinzu kam, daß er sich der deutschen Sache tief verbunden fühlte und ein leidenschaftlicher Bewunderer des Militärs war, das er als Säule einer moralischen deutschen Ordnung betrachtete. Seine eigene Unfähigkeit, seinem Vaterland in Uniform zu dienen, muß eine der schlimmsten Strafen für ihn gewesen sein. Bereits während des Ersten Weltkriegs war er im wehrfähigen Alter gewesen und hatte darauf verzichten müssen, die legendären Bande einer Kameradschaft zu teilen, die nur im Schützengraben wuchsen und später von den nationalistischen Dichtern so gepriesen wurden. Und nun, in den dreißiger und vierziger Jahren, mußte er in einer Gesellschaft leben, die all das schätzte, was er nicht sein konnte. Gleichwohl bewunderte er das preußische Militär auch weiterhin für seine Disziplin, Standfestigkeit und seinen Ehrenkodex. Er haßte den Mann, der sich anschickte, diese tapferen und starken jungen Männer auszusenden, um ohne Sinn und Ziel zu sterben.

Huber war in der Schweiz geboren, aber in Stuttgart aufgewachsen, und zwar in einem kultivierten bürgerlichen Haushalt. Seine Eltern waren beide Wissenschaftler und Lehrer, und seine Mutter brachte ihm das Klavierspielen bei, während sein Vater ihn in harmonischem Zusammenspiel und der Theorie des Kontrapunktes unterrichtete. Er war ein brillanter Schüler und hatte ein perfektes Gehör. Über die Musik hinaus besaß er die seltene Fähigkeit, die »zwei Kulturen«, die Wissenschaft und die Kunst, zusammenzubringen. Er erwarb seinen Doktortitel mit *summa cum laude* an der Universität München in den Fächern Musik, Philosophie und Psychologie. Seine große Liebe gehörte der Volksmusik, und seine Forschungen und Veröffentlichungen auf diesem Gebiet waren von internationalem Ruf. Unter anderem analysierte er die Lieder burmesischer Frauen auf den Reisfeldern und führte Untersuchungen von Tonlagen und Rhythmen anderer Kulturen durch.

Doch solche nur kurz währenden Höhepunkte der Anerkennung wurden an der Universität München kaum beachtet. 1936 wurde er immerhin ausgewählt, Deutschland auf dem Internationalen Kongreß der Volksmusik in Barcelona zu vertreten, kurz bevor ein anderer Faschist, Francisco Franco, sich anschickte, die Macht über die spanische Republik zu erlangen.

Kurt Huber hätte seine Fähigkeiten auf dem Gebiet der Volksmusik und seinen wissenschaftlichen Ruf dazu benutzen können, sich im Dritten Reich eine Karriere aufzubauen. Wegen des völkischen Aspektes seiner musikalischen Interessen wurde er 1938 eingeladen, den neuen Fachbereich für Volksmusik an der Universität Berlin zu übernehmen. Und nach all den Jahren der Enttäuschung nahm er diese Gelegenheit begierig wahr. Doch das eine Jahr, das er in Berlin verbrachte, wurde eine Katastrophe; die Universitätsverwaltung und dic nationalsozialistische Studentenorganisation erwarteten von ihm, daß er »Blut und Boden«-Marschlieder, die auf der Volkstradition basierten, produzierte. Er weigerte sich, denn schließlich war er Wissenschaftler und kein Propagandist. Die Situation wurde daraufhin für ihn immer angespannter und schier unerträglich. Am Ende des Jahres wurde der Vertrag nicht erneuert, und die Familie Huber, in ihren Lebensverhältnissen mehr denn je eingeschränkt, kehrte zu ihrem spartanischen Leben in München zurück.

Als er Mitte Dreißig war, hatte Huber Clara geheiratet, eine robuste und gesunde Frau, die viel jünger als er selbst war. Im Jahr 1942 hatte das Paar bereits zwei Kinder: Birgit war elf, Wolf zwei Jahre alt. Die Familie lebte sparsam; sie mußte es, denn egal wie hart der Professor auch arbeitete, sich bemühte und kämpfte, um mit seinen willfährigeren Kollegen zurechtzukommen, er konnte in dieser Gesellschaft keine Anerkennung oder Belohnung für seine wissenschaftlichen Bemühungen erhalten. Er kochte innerlich, und sein Charakter wurde als »cholerisch« bezeichnet. Er war ständig voller Entrüstung über die Ungerechtigkeiten und Erniedrigungen auf persönlichem und nationalem Gebiet, mit denen er jeden Tag außerhalb seines Heimes konfrontiert wurde. Nur in seinem eigenen Haus konnte er sein wahres Gesicht zeigen.

Privat war er ein forderndes und autoritäres Familienoberhaupt mit einer gutherzigen und besorgten Ehefrau. Er war genau, gerecht und ungeduldig; sein oberstes Ziel war die Perfektion. Seine Kinder zitterten, wenn er die Geduld verlor oder die Klavierstunden seiner Tochter beaufsichtigte. Aber er konnte andererseits auch liebevoll sein und sie liebkosen, wenn er gutgelaunt nach Hause kam. Er streichelte dann zum Beispiel die Köpfe seiner Kinder und versuchte lächelnd, durch Schnuppern in ihrem Haar zu erraten, welches Essen seine Frau heute gekocht hatte. Er liebte seine Familie mit seinem ganzen verborgenen, leidenschaftlichen Wesen, und seine Frau und seine Kinder wußten das auch. Doch wenn er über die Nazis, über die Bomben auf deutsche Städte und die Zerstörung der deutschen Kultur nachdachte, verlor er die Fassung und begann zu brüllen. Dann lief Clara Huber verzweifelt durch die Zimmer und schloß die Fenster, während sie beschwörend flüsterte: »Kurt, hör auf! Sie werden dich noch nach Dachau bringen!«

Neben seiner Familie lag Huber aber auch noch eine andere Gruppe von Menschen am Herzen: seine Studenten. Sie waren seine Hoffnung für die Zukunft, die einzige, die ihm geblieben war. Als Professor und väterlicher Freund bemühte er sich, ihnen die Werte deutscher Kultur zu vermitteln, die zählten. Auf diese Weise würden sie nicht völlig von den Barbaren und Bomben zerstört werden. Er liebte seine Studenten auf eine distanzierte, intellektuelle Weise. Doch einige wenige von ihnen, wie zum Beispiel seine Doktorandin Katharina Schüddekopf und Hans Scholl, lud er sogar zu Kaffee und Kuchen zu sich nach Hause ein. Er duzte jedoch niemals jemanden außerhalb der Familie.

Kurt Huber kam durch Hans Scholl in Kontakt mit der Weißen Rose. Obwohl Sophie, Willi, Traute, Alex und Hans seine Vorlesungen besuchten, hatte doch keiner von ihnen persönlichen Kontakt zu ihm. Er unterschied sich von ihnen in Alter, Temperament sowie politischer und sozialer Ausrichtung, teilte mit ihnen aber das reiche Erbe der deutschen Intelligenz. Kurt Huber und die anderen Mitglieder der Weißen Rose hätten zweifellos in der Definition des perfekten Menschen übereingestimmt – es war eine deutsche Definition, vielleicht die des nihilistisch-existentialistischen Dichters und Philosophen Friedrich Nietzsche. Johann Wolfgang von Goethe repräsentierte für Nietzsche den Höhepunkt deutscher Perfektion. Vor dem Hintergrund ihrer Erziehung hätten sicherlich alle Mitglieder der Weißen Rose versichert, daß Goethe das Modell sei, dem man nacheifern solle, auch wenn man es niemals vollständig würde erreichen können.

Nietzsche hat über Goethe geschrieben, er sei ein Mann, der das Leben nicht verlassen, sondern sich selbst in seine Mitte gestellt habe. Er sei nicht zaghaft gewesen, sondern habe so viel wie möglich auf sich und in sich genommen. Er habe die Vollständigkeit erstrebt und habe gegen die Trennung von Verstand und Gefühl und von Gefühl und Willen gekämpft. Er habe sich in Vollkommenheit geübt und sei stets kontrolliert gewesen; er habe Respekt vor sich selbst gehabt als Lebewesen, das es wagen konnte, natürlich zu sein; ein Mann voller Toleranz, nicht aus Schwäche, sondern aus Stärke, denn er habe gewußt, wie er zu seinem Vorteil nutzen konnte, was einen durchschnittlichen Charakter zerstört hätte. Ein solcher Geist, ein Mensch, der wirkliche Freiheit erreicht habe, lebe in der Mitte der Dinge, den Lauf des Schicksals fröhlich und zufrieden akzeptierend. Er lebe in dem Glauben, daß das einzelne nur in seiner Isolation störend wirke, daß in der Ganzheit des Lebens dagegen alles in Ordnung sei und seine Richtigkeit habe. Daher habe er alles akzeptieren können.

Im Juni 1942 war Kurt Huber zu einem Leseabend im Haus von seiner Kollegin Frau Dr. Mertens eingeladen. Er hatte zugesagt, vielleicht um seine Gedanken vom Krieg und den Bombenangriffen abzulenken, aber vielleicht auch in der verschwindenden Hoffnung, gleichgesinnte Kollegen zu finden.

An diesem Abend war ein Publizist anwesend, Heinrich Ellermann, und ein Autor und ehemaliger Schauspieler namens Sigismund von Radecki, ein konvertierter Katholik, der besonders begabt und witzig im Vorlesen von Prosa war; man fühlte sich in seiner Gegenwart wie im Theater. Auch einige Medizinstudenten waren eingeladen worden.

Nach der Diskussion des literarischen Themas, das man sich vorgenommen hatte, kam man, zum Leidwesen der Gastgeberin, auf die Politik zu sprechen. Keiner der Anwesenden kannte den anderen gut, daher war das Thema sehr gefährlich. Man war sich generell einig, daß die deutsche Kultur im Begriff war zu zerfallen. Jemand riskierte es, die Meinung zu äußern, die einzige Möglichkeit, mit der Situation, genauer den Nazis, umzugehen, sei nicht der offene Protest, sondern das einfache Festhalten an kulturellen Werten und seinen Pflichten als Wissenschaftler. Nur so könne man den Alptraum aushalten.

An diesem Punkt machte einer der Studenten eine heftige ironische Bemerkung. Wütend sagte Hans Scholl: »Wir mieten eine Insel in der Ägäis und machen weltanschauliche Kurse.«[67] Zieht man seinen geringeren akademischen Status in Betracht, bekommt man einen Eindruck von Hans' enormem Selbstbewußtsein und auch von der Leidenschaft, die ihn dazu trieb, aus der normalen sanftmütigen Studentenrolle auszubrechen, die von der traditionellen deutschen Gesellschaft gefordert wurde.

Die Atmosphäre muß nach einer solchen Unverschämtheit

eisig geworden sein. Kurt Huber lief rot an. Doch er nahm an dem, was Hans gerade gesagt hatte, durchaus keinen Anstoß, im Gegenteil, er war plötzlich sehr aufgebracht. Laut sagte er: »Man muß etwas tun, und zwar heute noch!«[68]

Das Schweigen war bedrückend. Hans starrte den älteren Mann voller Bewunderung an. Ihre Augen trafen sich, und keiner von ihnen sollte diesen Augenblick je wieder vergessen. Als der Abend beendet war, sprachen sie noch kurz miteinander, stellten sich einander vor und sagten, sie wollten sich wiedertreffen.

Die Gruppe hatte sich bereits gebildet. Obwohl Kurt Huber noch nichts von ihr wußte, war er bereits fast ein Mitglied der Weißen Rose.

Zehntes Kapitel

Während der Ereignisse jenes Sommers entwickelte sich die Arbeit der Weißen Rose zwar schnell, aber nicht problemlos. Der Inhalt der Flugblätter wurde von den wenigen Menschen, die die Identität der Autoren kannten, einer beständigen Prüfung und Verbesserung unterzogen.

Eine dieser Personen war Manfred Eickemeyer, der Hans die Benutzung seines Ateliers in der Leopoldstraße in Schwabing gestattete. Er arbeitete als Architekt für das deutsche Generalgouvernement im besetzten Polen, das Dienststellen in Krakau unterhielt. Eickemeyer wußte von den Deportationen, die im ganzen Land stattfanden, und hatte auch Massenerschießungen von Juden gesehen. Er beschrieb Hans und Alex, wie Spezialeinheiten der SS Männer, Frauen und Kinder zusammentrieben, sie in Lastwagen verluden und in die Vororte der Städte fuhren, sie dort aufforderten, Gräben auszuheben, und sie dann in Gruppen erschossen. Eine Gruppe nach der anderen fiel schichtweise auf die Leichen darunter. Er erzählte ihnen auch, daß die Wehrmacht danebenstand und nichts tat, um diese Greuel zu verhindern.

Manfred Eickemeyer war zutiefst entsetzt über diese Geschehnisse. Auf seinen wiederholten Reisen nach München berichtete er davon; er wollte, daß die Welt erfuhr, was da vor sich ging – insbesondere das deutsche Volk. Er glaubte, daß die einzige Möglichkeit, dieses sinnlose Morden zu verhindern, darin bestünde, die Menschen wachzurütteln und davon zu informieren.

Als das zweite Flugblatt der Weißen Rose erschien, war er gerade wieder einmal in München. Es war die dritte Woche im Juni 1942. Das Flugblatt enthielt unter anderem folgende Zeilen:

Nur als Beispiel wollen wir die Tatsache kurz anführen, die Tatsache, daß seit der Eroberung Polens dreihunderttausend *Juden in diesem Land auf bestialische Art ermordet worden sind. Hier sehen wir das fürchterlichste Verbrechen an der*

Würde des Menschen, ein Verbrechen, dem sich kein ähnliches in der ganzen Menschengeschichte an die Seite stellen kann...

Sollte dies ein Zeichen dafür sein, daß die Deutschen in ihren primitivsten menschlichen Gefühlen verroht sind..., daß sie in einen tödlichen Schlaf versunken sind, aus dem es kein Erwachen mehr gibt, nie, niemals?

Es scheint so und ist es bestimmt, wenn der Deutsche nicht endlich aus dieser Dumpfheit auffährt, wenn er nicht protestiert, wo immer er nur kann, gegen diese Verbrecherclique, wenn er mit diesen Hunderttausenden von Opfern nicht mitleidet. Und nicht nur Mitleid muß er empfinden, nein, noch viel mehr: Mitschuld... *Ein jeder will sich von einer solchen Mitschuld freisprechen, ein jeder tut es und schläft dann wieder mit ruhigstem, bestem Gewissen. Aber er kann sich nicht freisprechen, ein jeder ist* schuldig, schuldig, schuldig![69]

Das Flugblatt endete mit einigen Aphorismen von Laotse und der Aufforderung, die Information weiterzugeben. Offenbar war Manfred Eickemeyer mit dem, was er da las, ziemlich unzufrieden. Das Flugblatt enthielt überhaupt keine detaillierten Beschreibungen der Grausamkeiten, nannte keine Namen oder Orte, keine Einzelheiten. Die »jüdische Frage« wurde in ein paar Sätzen zusammengefaßt. Er sagte dies Hans, sagte ihm, daß die Flugblätter seiner Meinung nach nicht informativ genug seien. Er fragte ihn, warum kostbarer Raum Laotse gewidmet wurde, anstatt ihn für die brutalen Fakten zu nutzen. Es war wahrscheinlich nicht leicht für Hans, diese Kritik zu akzeptieren, hatte er doch mit jedem niedergeschriebenen Wort sein Herz ausgeschüttet.

Trotzdem entwarf die Weißen Rose weiterhin Flugblätter, besorgte Schreibmaterial und Briefmarken und verteilte die Briefe und Flugblätter, jetzt auch mit Hilfe von Sophie und Traute. Eikkemeyer besaß trotz aller Kritik genug Sympathie für die Unternehmungen, um ein paar hundert Reichsmark beizusteuern und der Weißen Rose weiterhin zu erlauben, sein Atelier zu benutzen, was eine nicht zu unterschätzende Gefahr für ihn bedeutete.

Vermutlich war es das dritte Flugblatt, das von der Gruppe an Professor Huber geschickt wurde. Es erreichte ihn mit der Post wenige Tage bevor er eine Einladung zu einem Leseabend im Elternhaus von Alexander Schmorell, den er im übrigen nicht kannte, erhielt. Was er las, muß ihn gleichzeitig schockiert, verstört und provoziert haben; Worte wie diese hatte er in den letzten zehn Jahren weder gehört noch selbst auszusprechen gewagt.

»Unser heutiger ›Staat‹ aber ist die Diktatur des Bösen«[70], sagte das Flugblatt, und es fuhr fort, die nationalsozialistischen Führer als »Verbrecher« und »Säufer« zu beschreiben. Der Ton wurde sehr gewalttätig, fast geriet er außer Kontrolle und beruhigte sich dann wieder ein wenig, um zu diskutieren, wie man zurückschlagen könne. Die einzige Methode der Opposition, sagte das Flugblatt, sei »passiver Widerstand« – ein Ausdruck, den die Autoren im Zusammenhang mit Mahatma Gandhi und der Unabhängigkeitsbewegung in Indien gehört haben mußten.

Des weiteren versuchte das Flugblatt offensichtlich, präzisere Aussagen über Mittel und Wege des Widerstandes zu machen. Das Ziel der Weißen Rose war:

> *... den Nationalsozialismus zu Fall zu bringen, und in diesem Kampf ist vor keinem Weg, vor keiner Tat zurückzuschrekken, mögen sie auf Gebieten liegen, auf welchen sie auch wollen... Ein Sieg des faschistischen Deutschland in diesem Kriege hätte unabsehbare, fürchterliche Folgen. Nicht der militärische Sieg über den Bolschewismus darf die erste Sorge für jeden Deutschen sein, sondern die Niederlage der Nationalsozialisten.*[71]

Einige der Mittel, die vorgeschlagen wurden:

> Sabotage *in Rüstungs- und kriegswichtigen Betrieben, Sabotage in allen Versammlungen, Kundgebungen, Festlichkeiten, Organisationen, die durch die nationalsozialistische Partei ins Leben gerufen werden...* Sabotage *auf allen wissenschaftlichen und geistigen Gebieten, die für eine Fortführung des gegenwärtigen Krieges tätig sind – sei es in Universitäten, Hochschulen, Laboratorien, Forschungsanstalten, technischen Büros.*[72]

Dies waren gefährliche, wenn auch noch unpräzise Vorschläge. Kurt Huber muß sehr erregt und verwirrt gewesen sein, als er an jenem Abend im Juni nach Harlaching zur Villa der Schmorells fuhr. Hans Scholl war persönlich bei ihm vorbeigekommen, um ihn einzuladen, und auch wenn Huber nicht so recht wußte, was ihn erwartete, wollte er die Gelegenheit, seine Studenten zu treffen, nicht versäumen.

Er wurde von Hans und Traute Lafrenz an der Straßenbahnhaltestelle abgeholt. Sie warteten mit ihren Fahrrädern, um ihn zum Haus von Alex zu begleiten. Während sie durch diese ruhige Wohngegend gingen, in der die Häuser in großzügigen Gärten voll blühender Bäume standen, abgeschirmt von hohen Hecken, wandte sich Traute Lafrenz plötzlich an Huber und fragte ihn, ob er ein Flugblatt der Weißen Rose erhalten habe. Es verschlug ihm wahrscheinlich die Sprache; die Frage, so zielbewußt und treffsicher von einer jungen Frau gestellt, die er noch nie vorher gesehen hatte, muß ihn getroffen haben.

Zweifellos war er sehr auf der Hut. Kurt Huber war ein Mann, der unabhängige, selbstbewußte und intellektuelle Frauen nicht besonders mochte. Dagegen kam er gut mit Frauen aus, die die Rolle akzeptierten, die die »Natur« ihnen zugedacht hatte: die Umsorgende und Ernährende, die Bewahrerin des Herdfeuers für den kämpfenden Mann in der Welt. Seiner Meinung nach sollten sich die Frauen darauf beschränken, den Männern Kaffee einzugießen, während sie über die Probleme der Welt diskutierten; sie selbst waren nicht für die intellektuelle Partner- oder Freundschaft geeignet, sondern eher für die Rolle der moralisch Unterstützenden im Hintergrund. Er antwortete der jungen Frau, ja, er habe ein Flugblatt erhalten. Weiter äußerte er sich nicht darüber, außer, daß er bezweifelte, daß die Wirkung des Flugblattes das Risiko wert sei.

Sie waren währenddessen beim Haus der Schmorells angekommen. Seit dem Winter 1941 hielt Alex mit dem Einverständnis seiner Eltern »Lese- und Diskussionsabende« in der Villa ab. Jetzt war Sommer, der Garten stand in voller Blüte, und bevor sie ins Wohnzimmer gingen, wurden die Gäste auf die Terasse geführt. Nach ein paar Minuten betraten sie dann den eleganten

Salon. Geschmackvolle und bequeme Sofas und Sessel waren in einem Halbkreis für die Diskussion aufgestellt worden; ein Flügel schimmerte in einer Ecke des Raumes, und eine große goldene Ikone, besonders raffiniert angestrahlt, glühte im fahlen Abendlicht.

Es mag schwierig für Kurt Huber gewesen sein, den Wohlstand, den feinen Geschmack und die netten jungen Menschen um ihn herum mit der Strenge seines eigenen Lebens und den grimmigen Auswirkungen des Krieges und der Zerstörung, die ihn Tag und Nacht nicht losließen, in Einklang zu bringen.

Huber blieb den ganzen Abend hindurch sehr vorsichtig; er trug nur wenig zur Diskussion bei. Das Gespräch kam bald auf die Politik, auf endlose apokalyptische Zukunftsprognosen, auf den letzten Skandal an der Universität oder auf den Krieg an der Front. Unter anderem waren alle Mitglieder der Weißen Rose anwesend: Offensichtlich erwarteten sie, daß Kurt Huber sich entspannte und seinen wahren Gefühlen Ausdruck verlieh. Sie hofften, er werde sich ihnen anschließen.

Doch er blieb zurückhaltend. Sooft er auf der Bühne des Hörsaals auch unvorsichtig gewesen war, jetzt, mitten zwischen all diesen lebhaften jungen Menschen in der schlichten Eleganz dieses Privathauses, blieb er distanziert und vorsichtig. Schließlich begann er zu sprechen und beklagte den Niedergang des intellektuellen Standards in den Schulen und Universitäten und die Unterdrückung wissenschaftlicher Forschungen in fast allen Bereichen; doch dann fiel er in sein Schweigen zurück und verließ die Versammlung bald danach. Die anderen waren enttäuscht, Hans vielleicht am meisten; aber entschlossen, wie er war, würde er es wieder versuchen, den Professor in ihren Kreis zu ziehen.

Die vierte und letzte Schrift in der kurzen Flugblattexplosion in München erschien Mitte Juli, kurz bevor die Gruppe für die mehr als dreimonatigen Semesterferien auseinanderging. Praktische Maßnahmen wurden diesmal für den Augenblick beiseite gelassen, und die Verfasser sprachen statt dessen ausführlich über die christliche Verpflichtung, sich dem Unrecht zu widersetzen, und zitierten den romantischen Dichter Novalis.

Das Flugblatt informierte seine Leser außerdem, daß »die Weiße Rose nicht im Solde einer ausländischen Macht steht«[73], und fügte hinzu, daß die Empfänger der Briefe keine Angst haben müßten, auf irgendeiner geheimen Liste zu stehen, sondern daß sie zufällig aus Adreßbüchern ausgesucht worden seien.

Die letzte Zeile dieses Flugblattes war die Zusammenfassung, die konzentrierte Essenz dessen, was die Münchner Gruppe eigentlich war: »*Wir schweigen nicht, wir sind Euer Gewissen; die Weiße Rose läßt Euch keine Ruhe!*«[74]

Elftes Kapitel

Während die Flugblätter in der Nacht ausgetragen wurden, ging das Leben am Tage wie gewöhnlich in einem trägen Münchner Sommer weiter. Die Stadt sah nun trostloser aus als je zuvor, die Fassaden der Gebäude wirkten schäbig im Sonnenlicht, und nachts wurden die Straßenlaternen für den Fall von Luftangriffen ausgeschaltet.

Dennoch konnten die Medizinstudenten mit ihrem scheinbar zwanglosen, wenn auch hektischen Leben fortfahren. Sie besuchten Vorlesungen, gingen in ihre Kliniken oder trafen sich nach einem Konzert oder einem Spaziergang im Englischen Garten oder bei Lombardi zu einem billigen, doch guten Chianti. Jeder von ihnen spielte ein Instrument, und zwar ziemlich gut; gelegentlich kamen einige von ihnen zu einer lockeren Kammermusikgruppe zusammen. An manchen Wochenenden machten sie Ausflüge in die Berge, denn die langen Wanderungen und die frische Luft lösten ihre Spannungen und gaben ihnen neue Kraft. Auf dem Weg zurück nach München kehrten sie manchmal in Christels Haus in Ruhpolding ein.

Doch das leichte und scheinbar angenehme Studentenleben, das sie führten, war nur oberflächlich; in Wirklichkeit waren ihre Nerven zum Zerreißen gespannt. Ihr Leben bestand nur aus Vortäuschung, Geheimnissen und Lügen gegenüber ihren Familien und Freunden; niemals bekamen sie genug Schlaf, denn sie versuchten, an allen Orten zu erscheinen, wo man mit ihnen rechnete.

Alex Schmorell wandte sich wieder verstärkt seiner ersten Liebe, der Kunst, zu, um sich von den medizinischen Studien, der öden Routine in der Militäreinheit und dem auf die Dauer schrecklichen nächtlichen Streß zu erholen. Zusammen mit seiner Freundin Lilo Ramdohr belegte er Kurse in Malen und Zeichnen. Recht oft luden sie einen Münchner Landstreicher als Modell in Lilos Wohnung ein. Als Gegenleistung bekam er ein warmes Essen und ein Bad. Alex' Schwäche für Penner und

Vagabunden wurde zu einem grotesken Alptraum, obwohl er es wahrscheinlich niemals erfuhr: Viel später erst stellte sich heraus, daß der Modell sitzende Tramp ein Informant der Gestapo war.

Es fiel dem jungen Mann von Welt mit der russischen Seele und dem bestechenden Charme immer schwerer zu lächeln: Der dauernde Druck forderte seinen Preis. Er widmete sich der Bildhauerei als seiner wahren Leidenschaft und verbrachte Stunden allein, Formen und Leben aus Massen von Ton schaffend. Ohne Arbeit (und mit Arbeit meine er nur die Bildhauerei), schrieb er in dieser Zeit, sei Deutschland die unerträglichste Situation, die er sich für sich vorstellen könne. Eine schreckliche Ruhelosigkeit sei sein hartnäckigster Begleiter. Nur Arbeit sei Frieden.

Alex' Ruhelosigkeit endete schnell genug; noch vor Ende dieses Juli wurde er nach Rußland geschickt, zusammen mit Hans, Willi und ihren Freunden Jürgen Wittenstein und Hubert Fürtwangler aus der Kompanie der Medizinstudenten. Schließlich ging Alex ja nach Hause; als Mediziner in deutscher Uniform würde er nun doch noch das verwüstete und leidende Land sehen, das er als seine wirkliche Heimat betrachtete.

Gerüchte, daß die Kompanie noch während der Semesterferien an die Front geschickt würde, hatten schon Anfang des Monats in der Bergmann-Schule kursiert; jetzt, Mitte Juli, wurden sie bestätigt.

Es wurde nun Zeit, mit den Aktionen der Weißen Rose aufzuhören; Enttäuschung überkam den kleinen Kreis der Freunde. Endlich hatten sie angefangen zu handeln, und jetzt mußte der ganze schwierige und sorgfältig entwickelte Prozeß gestoppt werden, bevor sie überhaupt etwas erreicht hatten. Die Maschine mußte weggeschafft, und alle Spuren des Projektes mußten verwischt oder zerstört werden. Hans, Willi und Alex gingen nach Rußland. Ein Datum für die Abreise wurde bekanntgegeben, dann geändert, dann neu festgesetzt. Sie mußten packen, die Familien besuchen, Bücher unterbringen und sich von Freunden verabschieden – nur für eine gewisse Zeit, wie alle hofften.

Sie entschlossen sich, eine Abschiedsfeier zu geben, und mit der Zustimmung von Manfred Eickemeyer fand sie in seinem

Atelier statt. Ungefähr fünfzehn Leute wurden für den Abend des 22. Juli in das Studio in Schwabing eingeladen. Die jungen Männer mußten um sieben Uhr am nächsten Morgen mit dem Truppentransportzug aufbrechen. Unter den Gästen waren Kurt Huber und alle Mitglieder der Weißen Rose. Kissen und Stühle wurden in dem großen, weiträumigen Studio verteilt, und es gab Tee, Kuchen, Wein und Schnaps. Als die Nacht hereinbrach, vergrößerten die Verdunkelungsvorhänge noch die Intimität und ungezwungene Atmosphäre.

Wie gewöhnlich bei solchen Anlässen, wurde in der Gruppe lang und breit über Kunst und Literatur diskutiert. Im Verlauf des Abends wechselte das Gespräch dann zur Politik. Alex, vielleicht vom Wein und dem Gedanken an Rußland berauscht, wurde redseliger als erwartet; er sagte, daß passiver Widerstand der einzige Weg sei, mit den gegenwärtigen Realitäten fertig zu werden.

Plötzlich sprach Kurt Huber dazwischen, laut und nervös; er stimmte Alex zu, daß »aktiver Widerstand« unmöglich sei, denn sie seien keine Industriearbeiter, die auf die Straße gehen und streiken könnten. Es gebe keine anderen Mittel für Intellektuelle, sagte er, außer die nationalsozialistischen Organisationen und Veranstaltungen zu boykottieren und den Tod des Faschismus abzuwarten. Er begann am ganzen Körper zu zittern.

Hans widersprach Kurt Huber. Die bittere Isolation einzelner Menschen könne keine Basis für den Sturz des Regimes sein. Er sagte, der einzige Weg, wirklich Widerstand zu leisten, sei die kooperative Zusammenarbeit in Gruppen.

Die Diskussion erhitzte sich, und man kam auf die Zerstörung deutscher Städte durch Luftangriffe zu sprechen. Was würde von der großartigen kulturellen Tradition übrigbleiben, die sie vor den Nazis retten wollten, wenn die Städte in Grund und Boden gebombt würden? An diesem Punkt wurde Manfred Eickemeyer wütend; das deutsche Erbe, die großartigen Gemälde waren ihm relativ egal. Vielleicht verdiente das deutsche Volk, was es bekam, und sollte den Becher »bis zur bitteren Neige« austrinken.

Kurt Huber zitterte am ganzen Körper; er krümmte sich fast

in seinem Stuhl, und sein Gesicht war stark gerötet. Ja, sagte er laut, vielleicht gebe es nur einen Weg, heimliche Propaganda, Sabotage und... »Attentat«.

Alle starrten ihn an und konnten kaum glauben, was sie gehört hatten. Plötzlich wurde die Stille unterbrochen, denn Hans Hirzel, ein junger Gymnasiast aus Ulm, kam unerwartet herein, um sich von Hans zu verabschieden. Er war der Bruder von Sophies Freundin Susanne Hirzel. Bevor der Abend endete, gaben Sophie und Hans dem Jungen achtzig Reichsmark, damit er davon eine neue Vervielfältigungsmaschine kaufen konnte, sie in Ulm versteckte und ihnen so bei den Vorbereitungen der neuen Reihe von Aktivitäten half, die sie für die Zeit nach ihrer Rückkehr von der Front planten.

Als Kurt Huber das Fest verließ, schüttelte er den jungen Männern, die nun auf die Schlachtfelder zogen, die er nie sehen würde, die Hände. Er bat sie, ihm zu schreiben und ihre Eindrücke mitzuteilen. Hans versprach, es zu tun.

Hans und Alex tauschten einen kurzen Blick miteinander – es war klar, daß sie Huber nicht erzählen würden, daß sie selbst die Weiße Rose seien, noch nicht.

Sie beobachteten den älteren Mann, wie er über den Hof ging, von Christoph Probst bis zur Straßenbahnhaltestelle begleitet. Sie winkten, und der Professor winkte zurück...

Er muß klein, müde und sehr einsam ausgesehen haben.

Zwölftes Kapitel

Sophie, Traute und einige Freunde versammelten sich vor dem Münchner Ostbahnhof, um die jungen Männer zu verabschieden. Sie winkten lebhaft, als sich der Zug in Richtung Osten in Bewegung setzte; dann gingen sie nach Hause, nun plötzlich mit dem Vakuum eines farblosen Sommers konfrontiert.

Es dauerte drei Tage, bis der Militärzug Warschau erreichte. Der Studentenkompanie blieben einige Stunden Aufenthalt, bis der nächste Zug ging, und die jungen Männer machten einen Erkundungsgang durch die Stadt, die unter einer Hitzewelle fast erstickte. Die Lebensbedingungen hatten sich im Vergleich zum letzten Mal, als Willi die Stadt auf dem Weg zur Front passiert hatte, stark verschlechtert. Er schrieb in seinen Aufzeichnungen: »Das Elend sieht uns an... Hoffentlich sehe ich Warschau nicht mehr unter diesen Vorzeichen und Bedingungen.«[75] Hans erwähnte in einem Brief, den er später an Professor Huber aus Rußland schrieb, daß die Freunde zusammen zum jüdischen Getto gegangen seien. »Die Stadt, das Getto und alles Drum und Dran hatte auf alle einen entscheidenden Eindruck gemacht.«[76] Dies war seine vorsichtige Art, diese Erfahrungen auszudrücken.

Zu der Zeit, in der die Medizinstudenten in Warschau ankamen, im Juli 1942, hatten Hunger und Epidemien bereits den größten Teil der jüdischen Bevölkerung, die hinter die Mauern und Stacheldrahtzäune des jüdischen Viertels gesperrt worden war, ausgerottet. Ein paar Wochen zuvor hatte die SS mit den Deportationsfahrten vom Warschauer Getto zu den Lagern in Auschwitz, Treblinka und Maidanek begonnen.

Die Entscheidung, das jüdische Volk völlig zu vernichten, die »Endlösung der Judenfrage«, wie es beschönigend in den Fluren der Macht des Dritten Reiches hieß, war schon ungefähr ein Jahr zuvor getroffen worden. Die Durchführung des lange erwarteten Programms begann am 22. Juni 1941, am selben Tag, an dem Hitlers Armeen trotz des gegenseitigen Nicht-Angriffs-Paktes Rußland überfielen.

Juden aus allen besetzten Gebieten, und sogar einige aus dem Reich selbst, waren in das Warschauer Getto und in andere Gettos in polnischen Städten gepfercht worden. Als Hans, Alex und Willi dort ankamen, strömten ausgezehrte Männer, Frauen und Kinder aus den Toren des Gettos; sie wurden von Männern in grauen SS-Uniformen in ungeordneten Reihen durch die glühend heißen Straßen Warschaus zum Bahnhof gestoßen, um dort in verschließbare Viehwaggons getrieben zu werden.

Da gab es einerseits deutsche Soldaten, die ihre Opfer verspotteten und ohne ersichtlichen Grund quälten – einige sandten sogar Schnappschüsse nach Hause, um ihren (legalisierten) Sadismus zu dokumentieren –, und andererseits gab es Deutsche, die von dem, was sie dort sahen, tief betroffen waren, aber unfähig schienen, ihre Erfahrungen und Gefühle in Worte zu kleiden, außer daß »die Situation jeder Beschreibung spotte«, oder, wie Willi schrieb, »Das Elend sieht uns an«, oder daß sie »niedergedrückt« waren oder »sich ziemlich mies fühlten«.

Der Zug brauchte länger als eine Woche, um Wiasma zu erreichen, den Sammelpunkt für den mittleren Frontabschnitt und die 252. Division, der sie zugeordnet waren. Wiasma, eine kleine Stadt, war fast völlig zerstört; es gab nichts anderes dort, wie Willi notierte, als »Schmutz, Elend, deutsche Marschmusik«[77] und auf einem kleinen Hügel inmitten der Runinen eine heilgebliebene Holzkirche.

Von dort aus fuhren sie weiter zu der Stadt Gschatsk, etwa hundert Kilometer westlich von Moskau. Dies war der am weitesten in russisches Gebiet vorstoßende Punkt, den die Wehrmacht errungen hatte. Hier fand schließlich die große östliche Offensive statt, die allmählich in Schlamm und Schnee versank.

Trotz des Elends und der Verwüstung gelang es den jungen Männern, die Schönheit von Landschaft und Natur zu erfassen, und sie waren von der unendlichen Weite der Steppen, dem offenen Himmel, dem Geheimnis Rußlands fasziniert: »Da begann hinter der Grenze die Weite, die endlose Ebene«, schrieb Hans sofort nach seiner Ankunft in sein Tagebuch, »...wo jede Linie zerfließt, wo alles Feste sich auflöst wie ein Tropfen im Meer, wo es keinen Anfang gibt und keine Mitte und kein Ende, wo der

Mensch heimatlos wird und nur die Schwermut sein Herz erfüllt...«[78]

Es war nicht nur die nackte und grenzenlose Landschaft, die sie fesselte; Schuriks Anwesenheit verschaffte ihnen auch eine Sonderstellung. Durch ihn wurde es ihnen möglich, durch die Holztüren in Bauernhöfe, armselige Hütten und Scheunen einzutreten, die für Deutsche sonst verschlossen waren. Willi schrieb einfach: »Durch das Zusammenleben mit Alex eröffnete sich mir erst so recht dieses Land.«[79]

Man kann sich den Schock, die Angst und dann, langsam und ungläubig, das Lächeln der Bauern vorstellen, das ihre Gesichter erhellte, wenn sie Schurik begegneten, diesem großen jungen Mann in einer staubigen grauen Feindesuniform, ihre Sprache fließend sprechend, ihnen Wodka anbietend und seine Hand voll Freundschaft ausstreckend. Während Willi, Hans und vielleicht Hubert Fürtwangler ein wenig abseits standen, erzählte er den Bauern, daß er in Rußland geboren war, daß er fühlte, dies sei sein Heimatland, und daß er eines Tages zurückkommen und für immer bleiben werde. Er war voller Energie, fast ekstatisch, denn seine Kindheitserinnerungen und -phantasien hatten sich erfüllt: Rußland war genauso, wie er es sich immer vorgestellt hatte. Trotz allem, was die Menschen in Deutschland denken oder sagen mochten, er erfuhr keine Enttäuschung.

Am 5. August 1942, kurz nach seiner Ankunft in Gschatsk, schrieb er einen warmen, gefühlvollen Brief an seine Eltern in München:

Wir reisten zwölf volle Stunden hierher, und hier werden wir bleiben. Die Front ist ungefähr zehn Kilometer entfernt. Gschatsk ist fast völlig zerstört, und die Russen kämpfen immer noch, manchmal am Tag und manchmal bei Nacht. Aber unser Lager liegt im Wald und ist völlig außer Gefahr. Ich rede oft und viel mit den russischen Menschen, mit einfachem Volk und mit Gebildeten, besonders mit Ärzten. Ich bin tief beeindruckt. Vergleicht man die heutige russische Generation mit der deutschen oder französischen, kommt man zu einem erstaunlichen Schluß: Sie (die Russen) sind so viel jünger, frischer und anziehender.

An diesem Punkt hat Schurik wohl seinem Vater versichern wollen, daß seine Liebe zu Rußland nicht von kommunistischer Indoktrination beeinflußt sei:

Und merkwürdigerweise haben alle Russen dieselbe Meinung über den Bolschewismus: Sie hassen nichts mehr als dies, und was noch wichtiger ist: Auch wenn der Krieg für Deutschland nicht gut ausgeht, wird der Bolschewismus hier nie wieder Fuß fassen. Er ist vorbei, abgetan, und das russische Volk, sowohl der Bauer als auch der Arbeiter, haßt ihn aufs schärfste.

Ich muß jetzt Schluß machen und zu der chirurgischen Station gehen, auf der ich arbeite.

Wenn möglich, schickt doch bitte Streichhölzer.

Grüße an alle,
ich küsse Euch
Euer Schura

Bald wurden die jungen Sanitäter in Bauernkaten eingeladen, sangen dort mit den Bewohnern Volkslieder, tanzten mit ihnen und versorgten die Ortsansässigen mit Schnaps und Medikamenten. Schurik berichtete später im August nach Hause, daß

...diese zwanzig Jahre des Bolschewismus die russischen Menschen nicht hat vergessen lassen, wie man singt und tanzt; überall, wo man hinkommt, hört man russische Lieder. Neue und alte werden gesungen. Gespielt auf Balalaikas und Gitarren und so wunderschön... Ungeachtet ihrer Armut sind die Menschen schrecklich gastfreundlich. Der Samowar und alles andere, was sie besitzen, wird auf den Tisch gestellt, wenn ein Gast kommt.

Dieser freundliche Umgang mit der russischen Bevölkerung war dem deutschen Militär natürlich streng verboten und fand daher meist an den Abenden statt, ein gutes Stück von deutschen Einheiten entfernt. Die Sommernächte sind schwül, lang und weiß in der russischen Ebene, und die spontanen Festlichkeiten nahmen oft fast schon bacchanalen Charakter an. Nur wenige Kilometer entfernt wurden gleichzeitig Himmel und Erde von Kanonendonner und Raketen erschüttert.

Hans fühlte sich selbst »zerrissen«; nachts tanzten und sangen sie wie verrückt, und tagsüber versorgten sie im Lazarett die Verwundeten und Sterbenden. Wenn er schließlich eingeschlafen war, plagten ihn wilde und verworrene Träume. Selbst Willi war, trotz seines beherrschteren Temperaments, von dieser berauschenden Welt der Steppen, der Lieder, des Kanonenfeuers und des Wodkas gefangen: »In den frühen Morgenstunden ist es herrlich draußen«, schrieb er Ende August.

Schade, daß wir im Walde liegen, wo man nicht zum Horizont sehen kann. Die Bäume ringsum beengen den Blick. Am Abend hören wir russische Lieder bei einer Frau, die im Lager arbeitet. Wir sitzen im Freien, hinter den Bäumen geht der Mond auf, die Strahlen fallen in die Zwischenräume der Baumreihen, es wird kühl, die Mädchen singen zur Gitarre, wir versuchen die Bässe zu summen. Es ist schön so, man spürt Rußlands Herz, das wir lieben.[80]

Ein paar Tage später machte Willi eine Eintragung, die einen flüchtigen Eindruck von seiner großen Schüchternheit und totalen Naivität widerspiegelt – unbeeinflußt von allem, was er gesehen hatte, was seine eigene Armee in den ausgebrannten Dörfern anrichtete. Die Eintragung bezieht sich auf einen Besuch im Haus eines russischen Mädchens, Sina, die ein wenig Deutsch sprach und offensichtlich in dem deutschen Lager arbeitete; er hatte sie bereits wiederholt nebenbei erwähnt.

Am Nachmittag besuchte ich das Haus, in dem Sina wohnt; eigentlich kam ich, um nach Eiern zu fragen. Auf einem Schallplattenapparat höre ich russische Musik, Lieder. So kommen wir ins Gespräch, erzählen von den Alltäglichkeiten. Ich staune, wie groß die Wut über die Deutschen ist. Eine richtige Abneigung. Man erzählt von Moskau, die Stadt soll schön sein… Leicht findet man eigentlich den Weg zu den

Russen, wenn man sich um sie müht. Ich fühle mich wohl unter ihnen...[81]

In ihrem Bunker lasen die jungen Männer nachts Dostojewskis »Schuld und Sühne«; Willi erzählte, daß er es nun bereits zum dritten Mal lese. Die eindrucksvolle Geschichte eines Mannes, der die Grenzen der Welt, in der es keinen Gott gibt, erforscht, entsprach genau ihren eigenen berauschten Gedanken über die Bedeutung von Gut und Böse, von Freiheit und Rußland.

»Vor allem war Dostojewski zu diesem Zeitpunkt wichtig für mich«, schrieb Willi,

weil ich in den vergangenen Wochen einige russische Menschen näher kennenlernte. Durch das Zusammensein mit Alex eröffnete sich mir erst so recht dieses Land, das mir vorher fast unbekannt, zumindest unverständlich geblieben war...

Wir haben oft bei den Bauern gesessen und gesungen und ließen uns die wundervollen alten Lieder vorspielen. Man vergißt dann manchmal für kurze Zeit alles Traurige und Entsetzliche, das sich hier um uns ereignet. Herrliche Nachmittage und Abende verbrachten wir bei den Russen – während in der Ferne die Geschütze und Gewehre nur selten verstummten und wir die Kranken und Verwundeten versorgten. Zwei Welten um uns.[82]

»Es ist interessant«, fährt Willi fort,

daß die einfachsten Menschen: Bauern, Fischer und Handwerker, Dostojewski kennen und sich mit ihm beschäftigt haben – nicht nur oberflächlich, sondern mit wachem Geist. Von Deutschland könnte man Ähnliches nicht behaupten, denn die Leute, die tatsächlich einen Goethe kennen, sind nicht reich gesät. Hier indessen sind die Dichter tatsächlich volkstümlich und auch verstanden. Sehr bedauere ich es, nicht mehr Russisch zu können. Es wäre unbeschreiblich schön gewesen, mit manchen Menschen wirklich reden zu können![83]

Die Erfahrungen, die sie in Rußland machten, waren zweifellos einer der Höhepunkte in ihrem junge Leben. Sie waren einzigartig – dank Schurik –, und sie waren kurz; sie dauerten alles in allem weniger als drei Monate. Hans', Alex' und Willis überschwengliche und fast mystische Reaktion auf Rußland mag uns ein Rätsel sein, doch sie erwuchs aus der deutschen Einstellung dem slawischen Osten gegenüber.

Relativ ungeschützt von Meeren und Gebirgen in der Mitte des europäischen Kontinents gelegen, schaut das deutsche Volk seit über 800 Jahren gleichermaßen interessiert, mißtrauisch und verlangend in Richtung Osten. Über ihre eigenen unsicheren und sich ständig verändernden östlichen Grenzen hinaus haben die Deutschen schon immer die slawische Welt hoch bis zum Ural und Sibirien beobachtet, sich selbst als eine Art festes Bollwerk gegen primitive Horden und die geheimnisvolle und gefährliche Welt des Orients betrachtend.

Rußland, der Orient, der Osten – diese Begriffe scheinen fast austauschbar im deutschen Wortschatz des 19. und der ersten Hälfte des 20. Jahrhunderts gewesen zu sein. Die Gefühle gegenüber dem »Osten«, gegenüber Rußland, diesem Land der Zaren und Bauern und zwiebeltürmigen Kirchen, waren schon immer ambivalent, vielleicht vergleichbar der Art und Weise, in der die westlichen Völker die Länder der sogenannten »Dritten Welt« betrachten: Orte, an denen man billig an Rohstoffe und Nahrungsmittel herankommt, wohin man eigenen Bevölkerungsüberschuß schicken kann, die man kolonisieren kann, in denen man Abenteuer erlebt und in die man seine eigenen religiösen, wirtschaftlichen und patriotischen Missionen bringt, oder einfach ein Land zum Expandieren um des Expandierens willen.

Bereits im Mittelalter, im 13. Jahrhundert, zogen die teutonischen Ritter gen Osten und eroberten und kolonialisierten nordslawische Völker und baltische Gebiete. Später dann, im frühen 18. Jahrhundert, holten Peter der Große und die ihm folgenden Zaren deutsche »Experten« in ihr kaum entwickeltes Land; sie sahen in ihnen schwerfällige, aber verläßliche und gut ausgebildete Techniker einer fortschrittlichen Gesellschaft, die ihnen dabei helfen konnten, Rußland zu modernisieren und dieses riesige, vielsprachige und multinationale Reich zu vereinen, das sich bis weit hinter moskowitische Grenzen ballte.

Durch die Jahrhunderte hindurch wurde Rußland als eine Art Zivilisationsgrenze für Deutschland betrachtet. Wie bei allen Grenzen bedeutete dies zugleich Bedrohung und Freiheit. Damit einher ging eine gewisse Verachtung für die Einwohner Rußlands, seine Gesellschaft und seinen Staat. Als Deutschland sich im 19. Jahrhundert bemühte, für seine Anzahl von Kleinstaaten und Herzogtümern eine umfassende politische Ordnung zu finden, gewann die Strömung des Bismarckschen Nationalismus und Militarismus die Oberhand und steigerte sich zu einer Woge nationaler Arroganz und einem Gefühl der Überlegenheit in bezug auf andere Völker und Kulturen. Dadurch festigte sich auch unweigerlich die Verachtung für den slawischen Osten. Durch die Oktoberrevolution in Rußland und die daraus entstehende neue Welt des »wissenschaftlichen Sozialismus« änderte sich nach dem Ersten Weltkrieg diese Haltung, wenigstens bei einigen Deutschen, für kurze Zeit. Doch auch dieser Traum der deutschen Linken wurde durch ein Jahrzehnt der Herrschaft Stalins zerstört, das wie Säure auf dem Portrait einer russischen Utopie alle Hoffnungen zerfraß.

Der Ruf nach deutschem Lebensraum im Osten, der Glaube, daß die russischen Steppen für die Befriedigung deutscher Bedürfnisse geschaffen seien und daß die slawischen Völker als unterlegene Rassen zur Bearbeitung des Bodens zu gebrauchen seien, verschwand nie völlig aus deutschem Denken. Er erhob sich wieder stärker denn je, als Adolf Hitler und seine Anhänger 1938 anfingen, ihre Vorstellung von der Zukunft eines eurasischen Kontinents zu verbreiten.

Doch wie bei allen Ansichten hat es auch immer einen Gegenstandpunkt in Deutschland gegeben, das entgegengesetzte Ende eines fast ausschließlich schwarzweißen Spektrums von Ansichten über Rußland – die Meinung, die zum Beispiel Alex, Willi und Hans teilten und tief in ihren Herzen empfanden.

»Die russische Seele« ist ein Ausdruck, den man in der deutschen Sprache häufig findet, und er hat eine eher positive Bedeutung. Er bezieht sich auf Tiefe des Gefühls, künstlerische Sensibilität, ein weites Herz und spontane Großzügigkeit; dennoch schwingen in ihm auch Untertöne von ungezügelter Leidenschaft und orgiastischen Erfahrungen mit. Der Ausdruck meint starke Gemütsschwankungen, vom Gipfel der Begeisterung bis hin zu einem Abgrund von Nihilismus und Verzweiflung, von der zärtlichsten Geste der Freundlichkeit bis hin zur trunkenen Brutalität eines Wutanfalls: Alles in allem vereinigen sich sämtliche Aspekte menschlicher Verhaltensweisen, mit Ausnahme einer gemessenen und apollinischen Lebensweise, in diesem brodelnden Gefäß, das man »die russische Seele« nennt. All dies hat nichts mit dem Rußland Lenins, Trotzkis, Breschnews oder Sacharows zu tun, doch vielleicht ein wenig mit Solschenizyn.

Die Idee von der russischen Seele scheint in der deutschen Psyche ein tiefes Bedürfnis anzusprechen; ihre Werte sind urtümlich und symbolisieren Freiheit; sie sind gleichzeitig abstoßend und anziehend für ein so ordentliches und an der Arbeit orientiertes Volk wie die Deutschen. Im 19. Jahrhundert war »die russische Seele« ein Ausdruck der Sehnsucht in beiden Kulturen, Deutschland und Rußland, der Sehnsucht nach wahrer Freiheit und wahrer Gemeinschaft, so widersprüchlich diese beiden Phänomene auch zu sein scheinen. Anarchie und Einigkeit, Gehorsam und Freiheit werden auf fast jeder Seite literarischer und philosophischer Werke in beiden Ländern definiert und entwickelt.

Der Hunger nach nationaler Einheit und Bedeutung und das Verlangen nach einer besonderen, »geistigen« Art der Freiheit, dem Westen unbekannt, waren nicht die einzigen Wesenszüge, die die beiden autokratischsten Länder Europas gemeinsam hatten: In der nachnapoleonischen Zeit lehnten beide die Werte und Ansichten der Aufklärung ab, die vom westlichen Europa ausgingen. Beide wandten sich leidenschaftlich gegen die Französische Revolution mit ihrer Forderung nach Gleichheit und Brüderlichkeit, beide lehnten die Idee einer parlamentarisch regierten Demokratie ab, die sie als Triumph der Quantität über die Qualität betrachteten.

In der Tat betrachteten sowohl Deutschland als auch Rußland das westliche Europa als eine Art Marktplatz, auf dem Integrität und Prinzipien gegen Kompromisse und Gold getauscht wurden. Das Wort dafür, häufig benutzt, war »Korruption«. Und beide Gesellschaften wandten sich von der Idee des privaten Menschen ab, der anonym in großen Städten lebt, befreit vom moralischen Druck der Gemeinschaft in Dörfern und Kleinstädten. Sie betrachteten dies als »Entfremdung«.

Sowohl deutsche als auch russische Intellektuelle und Literaten betrachteten die wachsende Macht der industriellen Bourgeoisie als Bedrohung der Ordnung zwischen Adel, Handwerk und Bauerntum. Beide Gruppen sahen ihre jeweilige Nation als zivilisierende – wenn auch sich an der Vergangenheit orientierende – Vorhut, die die Wahrheit zurück nach Europa bringen würde, eine Wahrheit, die in den Jahrhunderten der Entdeckung und Modernisierung seit der Renaissance verlorengegangen war, die Wahrheit einer heilen und »einheitlichen« Idylle der vorindustriellen Welt von Bauern und Priestern.

Die intellektuellen Systeme beider Länder nährten einander. Die deutsche Philosophie des Idealismus, in den Werken von Hegel und Schelling verkörpert, hatte großen Einfluß auf die slawophilen Philosophen, und umgekehrt bereicherten russische Schriftsteller, besonders Dostojewski, aber auch Tolstoi, Turgenjew und Gogol, die deutschen Romantiker und ihre Jugendbewegungen.

»Hat jemals irgend jemand die menschliche Bedeutung des Nationalismus auf eine deutschere Art verstanden als der große russische Moralist?« fragte Thomas Mann mit Blick auf Dostojewski, in einem Werk, das er in der Mitte des Ersten Weltkrieges schrieb, als Deutschland und Rußland sich als Feinde gegenüberstanden. »Wenn geistige Verbundenheit die Entstehung und Rechtfertigung politischer Allianzen beeinflussen kann, dann gehören Deutschland und Rußland zusammen.«

Doch die Gefühle oder Ansichten gegenüber fremden Nationen zu kategorisieren heißt, die Komplexität der Zweiseitigkeit zu vergessen: Bis zum heutigen Tage wäre es nicht nur ungerecht, sondern auch falsch, deutsche Ansichten über Rußland in einem rein negativen oder rein positiven Licht darzustellen. Aber es steht außer Frage, daß die Mitglieder der Weißen Rose bereits vor ihrem unmittelbaren Kontakt mit Rußland romantische

Vorstellungen vom russischen Volk, der russischen Landschaft und der russischen Literatur hatten. Und nun, im Jahr 1942, als sich ihre eigene Nation mit »Mütterchen Rußland« im Krieg befand, bewirkten ihre Sehnsüchte und ihre positiven Ansichten über diesen »Feind«, daß sie ihren Widerstand gegen alles, was die Nazis vertraten, sowie gegen Technologie, Leistungsfähigkeit, Modernisierung und sogenannten Fortschritt um so entschlossener fortsetzten.

Nach dem Ende des Sommersemesters gab es nichts mehr, was Sophie in München hielt. Es war zwar eine gewisse Erleichterung für sie, nach Hause fahren zu können, doch ihr Herz blieb schwer. Fritz und ihre beiden Brüder waren an der Front, ihrer Mutter ging es gesundheitlich schlecht, und nun standen ihr auch noch zwei Monate Arbeitsdienst in einer Waffenfabrik bevor – eine neue Pflicht in dieser Gesellschaft, die aus nichts anderem mehr bestand als aus Kundgebungen und Befehlen.

Die Fahrt im Zug von München nach Ulm bescherte ihr diesmal kein Hochgefühl. Kaum in Ulm angekommen, erfuhr sie, daß ihr Vater von der Gestapo verhaftet und wegen seiner Bemerkung gegen Hitler für vier Monate ins Gefängnis gesteckt worden war. Sofort fuhr sie auf dem schnellsten Weg nach München zurück. Mit Trautes Hilfe durchkämmte sie das Zimmer von Hans und ihr eigenes, um sicherzugehen, daß keine verdächtige Spur eines Beweises ihrer Tätigkeit von der Gestapo gefunden werden könnte, jetzt, da die ganze Familie von der »Sippenhaft« bedroht war.

Die Verhaftung ihres Mannes traf Magdalena Scholl schwer. Obwohl man wahrscheinlich im Haus der Familie Scholl nicht darüber gesprochen hatte, wußten doch alle, daß viele Gefangene ihre Haft absaßen, entlassen wurden und dann vor den Gefängnistoren einen Gestapobeamten vorfanden, der mit bereits ausgefüllten und unterschriebenen Überführungspapieren auf sie wartete, um sie in ein Konzentrationslager zu bringen.

Sophie stellte einen Antrag auf Arbeitserlaß mit der Begründung, daß sie ihre kranke Mutter pflegen müsse, doch er wurde abgelehnt, und sie mußte ihren Dienst in der Fabrik antreten.

Es war eine schlimme und einsame Zeit für sie alle. Der Familie wurde erlaubt, Robert Scholl alle zwei Wochen einen Brief zu schreiben; er durfte einmal pro Monat antworten. Sophies Briefe an ihren Vater waren voll von Worten der Ermutigung und wenig verborgenem Trotz. Ihre Arbeit in der Fabrik begann im August. An manchen Abenden ging sie danach hinunter zum Gefängnis und trat so nahe wie möglich an die vergitterten Fenster heran, hinter denen sie ihren Vater vermutete.

Sie nahm auch ihre Flöte mit und spielte die Melodie des Liedes »Die Gedanken sind frei«, von einem anonymen Dichter der Revolution 1848 geschrieben, ein Teil des akzeptierten liberalen Erbes Deutschlands. Hier der erste Vers:

Die Gedanken sind frei,
wer kann sie erraten.
Sie fliegen vorbei
wie nächtliche Schatten.
Kein Mensch kann sie wissen,
kein Jäger erschießen.
Es bleibet dabei:
die Gedanken sind frei.

Sie verabscheute die Arbeit in der Fabrik. Es war nicht nur die Vorstellung, Teile für Hitlers Kriegsmaschinen herzustellen, die sie bedrückte, sondern auch, wie sie ihrer Freundin Lisa Remppis schrieb:

Diese geist- und leblose Arbeit, dieser reine Mechanismus, dieses winzige Stückchen Teilarbeit, deren Ganzes uns unbekannt ist, deren Zweck mir schrecklich ist, sie greift nicht nur körperlich an, sondern vor allem seelisch. Auch der ewige Maschinenlärm, das erschreckende Geheul der Freizeitsirene, dies entwürdigende Bild des Menschen an der Maschine, als hätten sie ihn in ihrer vollen Gewalt, tragen nicht zu einer Stärkung der Nerven bei. Wie schön dagegen ist die Arbeit eines Bauern, eines Handwerkers, ja sogar eines Straßenkehrers![84]

Ihre täglichen Gedanken wanderten oft zu Hans, Alex und den anderen in Rußland, sogar ihre Träume bezogen sich darauf. »Ich ging spazieren mit Hans und Schurik«, schrieb sie später, eines Morgens nach dem Aufwachen, in ihr Tagebuch:

Ich ging in der Mitte und hatte bei beiden eingehakt. Halb ging ich im Schritt, halb hüpfte ich und ließ mich, von den beiden in die Höhe gehalten, ein Stück schwebend mitziehen. Da fing Hans an: »Ich weiß einen ganz einfachen Beweis für die Existenz und das Wirken Gottes auch in der Gegenwart. Die Menschen müssen doch soviel Luft haben zum Atmen und mit der Zeit müßte doch der ganze Himmel verschmutzt sein von dem verbrauchten Atem der Menschen. Aber, um den Menschen diese Nahrung für ihr Blut nicht ausgehen zu lassen, haucht Gott von Zeit zu Zeit einen Mund voll seines Atems in unsere Welt, und der durchsetzt die ganze verbrauchte Luft und erneuert sie. So macht er das:« Und da hob Hans sein Gesicht in den trüben, trüben Himmel. Er holte tief Atem und stieß die ganze Luft zu seinem Mund heraus. Die Säule seines hervorströmenden Atems war strahlend blau, sie wurde groß und größer und ging weit bis in den Himmel hinein, verdrängte die schmutzigen Wolken, und da war vor und über und um uns der reinste blaueste Himmel. Das war schön.[85]

In der Fabrik begann sie für sich einen privaten Streik: Sie arbeitete langsam. Draufhin wurde sie von ihrem Vorarbeiter zurechtgewiesen, doch sie zuckte nur die Schultern und sagte ihm, sie könne nichts dazu, sie sei eben ungeschickt.

Wenn sie ihre Mitarbeiter – ausschließlich Frauen – betrachtete, stellte sie fest, daß sie relativ gut dran war. Die meisten Mädchen und Frauen waren Zwangsarbeiterinnen aus Rußland und waren in Baracken hinter Stacheldraht, direkt neben der Fabrik, untergebracht. Sie wurden wie Vieh behandelt, bekamen fast nur Wassersuppe und mußten siebzig Stunden in der Woche arbeiten (die Deutschen arbeiteten sechzig Stunden).

Allmählich freundete Sophie sich mit einigen russischen Frauen an, nicht mit vielen Worten, aber durch freundliche

Blicke, wenn sie sich gerade unbeobachtet fühlte. Sie versuchte es auch mit ein paar Sätzen, die Schurik ihr beigebracht hatte, und die spontane warme Erwiderung der Russinnen berührte sie tief. Verstohlen gab sie ihnen etwas von ihrem Proviant ab; der Kontakt zu diesen Frauen – ihr Lächeln, ihre Wärme, ihre Einfachheit und Unschuld – war eine der wenigen positiven Erfahrungen in jenen Monaten der Unsicherheit.

Die Nachricht von der Verhaftung Robert Scholls hatte auch Hans in Gschatsk erreicht, und zwar fast sofort nach seiner Ankunft. In ihren Briefen fragte die Mutter Hans und Werner, der zufällig ganz in Hans' Nähe bei einer anderen Einheit stationiert war, ob sie ihr Gnadengesuch für ihren Vater unterstützen würden. Sie hoffte, daß die Tatsache, daß die beiden Söhne Robert Scholls an der Front waren, irgendeinen Eindruck bei den Verantwortlichen machen werde.

Hans ritt zu Werners Einheit. Sofort nach der Ankunft des Briefes seiner Mutter war ihm klar gewesen, wie er sich zu verhalten hatte: Er würde kein Gnadengesuch schreiben. Werner stimmte Hans zu. Sie schrieben ihrer Mutter, daß sie sicher seien, nach dem Wunsch ihres Vaters zu handeln. Wie Hans es in seinem Tagebuch ausdrückte: »Ich kenne den falschen, aber auch den wahren Stolz.«[86] Doch die Verhaftung seines Vaters traf ihn dennoch schwer. Am 18. September 1942 schrieb er nach Hause: »Ich denke hier viel an Vater, und, wie es nur in Rußland möglich ist, steige ich oft innerhalb weniger Minuten die ganze Tonleiter meines Gemüts empor bis zum höchsten Ton der Wut, um dann wieder ebensoschnell herunterzusinken in einen erwartenden, vertrauenden, gleichmütigen Zustand.«[87]

Die deutschen Aktivitäten an der Front vor Moskau nahmen zu jener Zeit immer mehr ab, da die Soldaten sowie Waffen und Munition vom Oberkommando der Wehrmacht in Richtung Wolga abgezogen wurden. Dort bereitete man eine Offensive gegen Stalingrad vor, eine der Hauptindustriestädte Rußlands.

Im Oktober 1942 sickerte in der Einheit der jungen Studenten durch, daß sie bald nach Deutschland abgerufen würden. Schurik war an Diphtherie erkrankt und danach in Depressionen versunken. Er wollte nicht zurück nach Deutschland; er wollte in

Rußland bleiben. Doch wenn er desertierte, wie er so oft ankündigte, was sollte dann in Rußland aus ihm werden? Er konnte keinen Russen erschießen, aber ebensowenig würde er je das Gewehr gegen einen Deutschen erheben. Schurik hatte sein Lebensziel immer darin gesehen, eine Brücke zwischen den beiden Ländern und Kulturen zu bauen, ein verbindendes Element. Er sah sich selbst als Mann der Harmonie und des Friedens. Nun befand er sich in einer Zwickmühle; plötzlich gehörte er nirgendwo mehr hin; er war allein.

Es war vielleicht die zweite große Gefühlskrise seines Lebens. Er starrte abwesend auf seine schlammverkrusteten Stiefel und sagte, er werde sie nie wieder säubern, niemals werde er die Erde Rußlands abwaschen.

Der Herbst hielt Einzug in die Moskauer Ebene. Hans schrieb in einem Brief nach Hause:

> *Alex ist wieder einigermaßen gesund, aber noch nicht so weit, daß er die Baracke verlassen könnte. So muß ich immer noch allein auf Fischfang ziehen. Aber der Herbst ist schön hier. Kannst Du Dir vorstellen, wenn die endlosen Birkenwälder allmählich in alle Farben des Spätsommers vom zarten Gold bis Purpurrot hinüberwechseln. Immer, immer scheint die Sonne, der Herbstwind jagt die Wolken – und soeben hat mich ein Stabsarzt geärgert, indem er meinen unmilitärischen Haarschnitt rügte. Jawohl, Herr Stabsarzt. Ich aber sage ihm, er kann mich. Die Zeit wird kommen, da wir Rußland anders erleben, da wir uns Bärte wachsen lassen können, die bis an die Erde reichen, wenn es uns ein Vergnügen bereitet. Ich muß mich in meinen Bunker verkriechen, es ist dicke Luft draußen.*[88]

Sie waren alle offensichtlich traurig über die militärischen Fortschritte der Deutschen in Rußland, und sogar darüber, daß sie nun wieder nach Hause geschickt wurden. Aber sie konnten nichts tun, weder für Alex noch für sich selbst, außer »den Plan« zu diskutieren (wie Willi verschlüsselt in sein Tagebuch schrieb): die Fortführung der Widerstandsaktivitäten, sobald sie wieder in München waren.

Als der Tag der Abreise aus Rußland heranrückte, steigerten sich ihre Gefühle zu einem fieberhaften Höhepunkt. Willis Eintragung an jenem Tag lautet: »Der letzte Morgen, Vorbereitungen, Abschied von Sina, von den Kindern. Es fällt mir schwer.«[89] Ihre Freundschaft war durch all die gemeinsamen Erlebnisse größer und fester geworden, auch wenn gute Freunde wie Christoph Probst zu Hause geblieben waren. Dieser schrieb Hans ganz am Ende der russischen Erfahrungen, auch er sei von Rußland beeindruckt. Seine Worte drückten Gefühle aus, die weit offener und freier waren, als man von jungen deutschen Männern erwartet hätte. In einem Brief vom 18. Oktober 1942 aus Ruhpolding schrieb Christel:

Lieber Hans!
Es ist merkwürdig, daß gerade jetzt der erste Brief von Dir kam, denn gerade in der allerletzten Woche ist ein so starkes Gefühl der Sehnsucht nach Euch in mir erwacht. Es ist wahr, ich habe alles erlebt und gesehen, als sei ich mit Euch zusammen und habe die Trennung oft so schmerzlich empfunden. Immer mehr habe ich gespürt, wie sehr mein Leben dieser echten männlichen Freundschaft bedarf, des geistigen Austausches, – aber noch viel mehr dessen der Herzen. Nun habe ich heute – Sonntag früh – Deinen Brief gelesen und eine Antwort auf manches Gespräch, das ich in der Vorstellung mit Dir führte, erhalten. Deine lieben Zeilen haben mich tief erfreut bewegt, denn ich kann mir das, was Ihr in Rußland erlebt, so gut vorstellen …

Ich freue mich ungeheuer auf einen gemeinsamen Ski- und Gebirgswinter mit Dir, lieber Hans, und Alex. Auch in der Stadt werden wir unseren gemeinsamen Interessen und Pflichten nachgehen. Ich denke viel an Dich und bin im festen Vertrauen, daß Dir in Rußland nichts zustoßen kann. Ich freue mich, wenn wir bald zusammensitzen können und ich durch Euch auch ein wenig dessen teilhaftig werden kann, was Ihr in Rußland aufgenommen habt.

Sehr herzlich lassen Dich Lise und Herta grüßen.

Alles Gute wünscht Dir *Dein Christel*[90]

Die Männer an der Front hatten viel gesehen und erfahren. Sie konnten sich nun nicht länger bremsen, wie sie es so lange zu Hause getan hatten. Sie begannen, ihre Fäuste zu gebrauchen. Wenige Tage vor ihrem Aufbruch aus Gschatsk im Oktober gerieten sie mit Parteifunktionären aneinander, die die Front besichtigten und in einer Taverne am Nebentisch saßen. Glücklicherweise hatte die Sache für sie kein Nachspiel.

Später erzählte Hans seiner Schwester Inge, bei einem Halt während der Zugfahrt nach Hause habe er ein junges Mädchen mit einem Davidstern auf der Brust gesehen. Zusammen mit anderen, die ebenfalls das gelbe Abzeichen der Juden auf ihren Kleidern trugen, reparierte sie die Bahngleise. Ihr Gesicht war fahl und eingesunken, ihre Augen waren stumpf, jenseits von Schmerz und Angst. Spontan warf Hans ihr seine »eiserne Ration« zu. Sie sah ihn an, dann seine Uniform. Plötzlich warf sie das Essenpäckchen auf die Erde. Hans hob es wieder auf, wischte den Staub ab, pflückte eine Margerite und legte sie zusammen mit dem Päckchen neben sie auf den Boden. »Ich hätte Ihnen so gerne eine kleine Freude gemacht«, sagte er.[91] Dann fuhr der Zug weiter, und er mußte wieder einsteigen. Als er durch das Fenster zurückblickte, stand das Mädchen da und blickte dem Zug nach – die Margerite im Haar.

Sich Befehlen zu widersetzen wurde von nun an zu ihrem Lebensinhalt. Anstatt geduldig in einer langen Schlange in Wiasma auf die Entlausung für die Weiterfahrt nach Deutschland zu warten, gingen sie in die Stadt. Dort warfen sie ihr restliches Geld zusammen und kauften gemeinsam einen Samowar; er tat ihnen auf der langen Reise nach Hause gute Dienste: Sie hatten Tag und Nacht heißen Tee.

Sie brachten indes nicht nur Läuse und einen Samowar mit, sondern schmuggelten auch ein paar Waffen. Die drei suchten geradezu den Kampf. An der polnischen Grenze wurden sie beinahe verhaftet. Wieder hatte der Zug gehalten, und diesmal beobachteten sie, wie deutsche Wachen russische Kriegsgefangene beschimpften, schlugen und traten. Da explodierten sie. Alex, Hans und Willi sprangen aus dem Zug und fielen fluchend über die Wachen her. In diesem Moment setzte sich der Zug glücklicherweise in Bewegung, und bevor die betäubten Wachen überhaupt reagieren konnten, hatten sich die drei jungen Männer schon wieder hinaufgeschwungen.

Es war schon November, als sie in Deutschland ankamen. Sie passierten Berlin und fuhren dann direkt zu ihrer Einheit nach München. Dort wurden sie für ein paar Tage freigestellt, um vor Semesterbeginn an der Universität noch ein paar Tage nach Hause fahren zu können.

Ebenso wie Manfred Eickemeyer hatten sie genug gesehen. Sie hatten ein Universum durchreist, und es überstieg ihre Fähigkeiten, es zu beschreiben oder ihre Erlebnisse auszudrücken. Hans schrieb ein paar Tage nach seiner Rückkehr aus Rußland:

> *Fern allem politischen Denken (dem ich aber prinzipiell nicht fremd bin, sondern mehr verbunden denn je. Darüber später) bin ich Gott dafür dankbar, daß ich nach Rußland gehen mußte... Hier erst habe ich endlich gelernt, mich nicht mehr so unendlich wichtig zu nehmen, sondern die ziellose Reflexion umzustülpen und den Sinn nach außen, den Dingen zuzuwenden.*[92]

Ihre genauen Taten und Erlebnisse in Rußland sind bis zum heutigen Tag nicht genau bekannt. Doch vermutlich hatte die Gestapo sie zu dieser Zeit bereits im Visier. Willis rätselhafte Tagebucheintragung vom 7. November 1942 konnte nie ganz erklärt werden. Nachdem sie völlig erschöpft aus Berlin in München angekommen waren, schrieb er:

»Die Kriminalpolizei besichtigt uns, aber ich schlafe nachher doch weiter.«[93]

Wir wissen jedoch, daß ihre Wut, so gedämpft und unterdrückt sie in ihren Briefen und Tagebüchern auch zum Ausdruck kam, neue Dimensionen angenommen hatte. Der Kampf sollte jetzt erst richtig beginnen.

Dreizehntes Kapitel

Obwohl Sophie in den ersten Tagen im Oktober 1942 durchaus Grund zur Freude gehabt hätte, blieb sie deprimiert. Der Grund zur Freude bestand darin, daß Robert Scholl, nachdem er zwei von vier Monaten seiner Haft abgesessen hatte, plötzlich ohne Erklärung entlassen worden war; allerdings verbot man ihm die Ausübung seines Berufes. Sophie selbst hatte außerdem ihren achtwöchigen Arbeitsdienst in der Fabrik beendet, und nun kam, wie sie Fritz Hartnagel, der inzwischen an die Front bei Stalingrad versetzt worden war, schrieb, Hans auch noch aus Rußland zurück.

> *Nun sollte ich mich wohl freuen, daß er wieder bei uns ist, und ich tue es auch und male mir schon die Tage aus, die wir gemeinsam in München verbringen werden... Und doch kann ich mich nicht ungetrübt freuen. Die Unsicherheit, in der wir heute dauernd leben, die uns ein fröhliches Planen für den morgigen Tag verbietet und auf alle die nächsten Tage ihren Schatten wirft, bedrückt mich Tag und Nacht und verläßt mich eigentlich keine Minute. Wann endlich wird die Zeit kommen, wo man nicht seine Kräfte und all seine Aufmerksamkeit immer nur angespannt halten muß für Dinge, die es nicht wert sind, daß man den kleinen Finger ihretwegen krümmt. Jedes Wort wird, bevor es gesprochen wird, von allen Seiten betrachtet, ob kein Schimmer der Zweideutigkeit an ihm haftet. Das Vertrauen zu anderen Menschen muß dem Mißtrauen und der Vorsicht weichen. O es ist ermüdend und manchmal entmutigend.*[94]

Sophie rang mit einer Verzweiflung, die neben ihrer Sorge um die Familie und den Krieg auch noch persönliche Gründe haben mußte. Offensichtlich fühlte sie sich seit ihrem Studienbeginn in München stark zu Alex Schmorell hingezogen; dieser erwiderte ihre Zuneigung jedoch nicht im selben Maße. In ihrem Tagebuch aus der Zeit, als Alex, Hans und Willi in Rußland waren, bezieht sie sich oft, wenn auch indirekt, auf Alex. Doch dann, am 10. Oktober 1942, schreibt sie:

Heute morgen war ich bei Schmorells, in Schuriks Zimmer, Bücher zu suchen. In welchen Trug wünscht man sich oft hinein! Ich hatte vor Monaten noch gedacht, meine Zuneigung zu Schurik sei größer als zu manchem anderen. Aber wie verlogen war dieser Wahn von Anfang an. Bloß meine Eitelkeit wünschte es, einen Menschen zu besitzen, der in den Augen anderer etwas wert war. O es ekelt mir vor mir selbst! Wie lächerlich verzerre ich mein Bild...[95]

Die Zeit war nicht geeignet für vielversprechende Anfänge; die Atmosphäre in Deutschland war grimmiger geworden. Nun hielt auch der Winter Einzug, die Kohle zum Heizen wurde knapp, und die Luftangriffe über Süddeutschland und München nahmen zu. Die Aussicht, die Winternächte in ungeheizten, dunklen Kellern zu verbringen, während draußen die Bomben herunterzischten, ließ die Bevölkerung in stumme Verzweiflung fallen.

München erlitt seinen ersten direkten Luftangriff in der Nacht des 30. Oktobers 1942. Ein Adliger, der auf dem Lande in der Nähe Münchens lebte, beschrieb ihn in seinem Tagebuch:

...ein häßlich rotes Aufleuchten, das der herbstlichen Vollmondnacht trotzt... fern dumpfe Aufschläge, von denen man sich errechnet, daß sie, bei einer Entfernung von achtzig Kilometern, Bomben bezeichnen, die an Ort und Stelle vor nahezu drei Minuten eingeschlagen haben und daß die von ihnen Betroffenen sich seit ebenso langer Zeit in ihren Todesqualen winden. Schließlich ist der ganze Westhimmel ein einziger gigantischer Feuerschein, und man spricht in den nächsten Tagen von phantastischen Verlusten, die durch die vielen Erstikkungen bedingt sind.[96]

Anti-Hitler-Flüsterwitze machten mehr denn je die Runde. Sie waren nicht eigentlich witzig, doch sie waren gefährlich; je mehr sich der Führer und seine Getreuen angegriffen fühlten, desto härter wurden die Strafen für solche Äußerungen.

Als sich die »Weiße Rose« Anfang November zu Beginn des Wintersemesters in München wiedertraf, ging die nationale Moral bereits stark zurück. Die deutsche Offensive bei Stalingrad war gestoppt worden, und die Russen hatten eine massive Gegenoffensive gestartet.

Im Gegensatz zu dem ununterbrochenen Geplärr aus Goebbels' Propagandaapparat, daß Sieg auf Sieg folge, hatten Hans, Willi und Alex mit eigenen Augen gesehen, daß die deutschen Truppen ausgelaugt waren, daß sie weder passende Kleidung noch genug Nachschub für einen russischen Winter hatten und daß die Verbindung zwischen Front und Heimat nur chaotisch funktionierte, wenn überhaupt. Die Nachrichten aus dem Volksempfänger waren haufenweise Lügen. Durch das Hören von Feindsendern – Schweizer Radio oder BBC – wußten sie außerdem, daß anglo-amerikanische Truppen in Nordafrika gelandet waren und daß die amerikanische Industriemaschinerie, nun völlig auf den Krieg eingestellt, in der Lage war, endlos Nachschub an Munition, Treibstoff und Maschinen an die Russen und die Briten zu liefern. Die Invasion der Alliierten in Europa, glaubten sie, sei nahe.

In der Franz-Joseph-Straße wurde täglich vehement diskutiert. Hans' und Sophies Vermieterin hatte ihnen die Wohnung überlassen und war vor den immer zahlreicher werdenden Bombenangriffen aufs Land geflüchtet. Die Freunde kamen und gingen nun zu jeder Stunde, und der »Plan« war ihr hauptsächliches, wenn nicht sogar einziges Gesprächsthema, solange sie allein waren. Doch sie sprachen nie über ihre nächsten Schritte, wenn sie Besuch von einem ihrer Verwandten oder Freunde bekamen, der nicht zum inneren Kreis gehörte. Das geschah, um »Außenseitern« die Sorgen zu ersparen und sie für den Fall einer Entdeckung zu schützen. Als zum Beispiel Anneliese Graf, Willis Schwester, zum Studium nach München kam, wohnte sie für ein paar Wochen bei Sophie und Hans, bis sie ein eigenes Zimmer gefunden hatte. Die ganze Zeit über wußte sie nichts von den geheimen Operationen ihrer Gastgeber.

Gisela Schertling, eine attraktive junge Frau, die Sophie während ihres Reichsarbeitsdienstes in dem alten Schloß kennengelernt hatte, kam auch in diesem Semester an die Universität München, um Kunstgeschichte zu studieren. Hans hatte sie schon immer anziehend gefunden, aber jetzt gefiel sie ihm mehr denn je. Vielleicht half ihm ihr gelassenes und ruhiges Wesen, seine inneren Konflikte zu bewältigen. Die neue Verbindung war vermutlich ein erfrischender Kontrast zu der stürmischen Beziehung mit Traute, die nach und nach immer komplizierter geworden war. Doch das war jetzt vorbei. Die Gruppe war wahrscheinlich überrascht, akzeptierte Gisela jedoch in ihrer Mitte, allerdings nicht als Mitglied der Weißen Rose. Traute setzte ihre Arbeit fort und nahm das Risiko auf sich, die Flugblätter der Weißen Rose in Hamburg und Wien zu verteilen.

Das Doppelleben der jungen Leute begann erneut: Vorlesungen, Krankenhäuser, Aufrufe, Konzerte. Willi nahm Fechtunterricht, und er und Alex probten im Bach-Chor den »Messias« für die Weihnachtsaufführung.

Christoph Probst, der nicht an die Front abgestellt worden war, wurde jetzt mit einer medizinischen Luftwaffeneinheit nach Innsbruck versetzt. Seine Frau Herta erwartete gerade ihr drittes Kind, und er verließ München nur sehr ungern. Aber er hatte keine Wahl. Seine Abreise bedeutete für Hans und Alex, daß sie nicht länger auf seine klaren Urteile und scharfen Kritiken zurückgreifen konnten, was gerade jetzt, in dieser Zeit wachsender Gefahr, sehr wichtig gewesen wäre.

Das vorrangige Problem, das sie nun lösen mußten, war, wie sie weitermachen sollten nach einer Pause von fast vier Monaten, obwohl der Aufenthalt in Rußland für Hans, Alex und Willi durchaus eine Zeit des Nachdenkens und der Entscheidungsfindung gewesen war. Ihre Einstellung hatte sich verändert; sie wollten bewußt aus dem Münchner Studentenleben ausbrechen und etwas Größeres aufbauen, das mehr Bedeutung und größere Wirkung haben sollte. Sie wollten ihre Widerstandsaktivitäten auf andere deutsche Städte ausbreiten. Sie planten, Zellen des Widerstandes an allen wichtigen deutschen Universitäten aufzubauen; von dort aus sollte ihr Wort an das deutsche Volk gehen und es über die Realität informieren, von der es abgeschirmt war: daß der Krieg verloren war, auch wenn die Lügen weitergingen, und daß es, um der eigenen Würde und seines reinen Gewissens willen, sich jetzt gegen Hitler und das Dritte Reich erheben müsse. Für dieses neue Programm brauchten sie Geld – viel mehr als sie je vorher besessen hatten – und neue Mitglieder, die in jeder Stadt, in der sie Beziehungen hatten, unter Freunden und Bekannten werben konnten.

Hans und Alex hielten es jedoch für das Wichtigste, eine Verbindung mit der nationalen Widerstandsbewegung herzustellen. Sie wußten jetzt, daß es eine gab. Da sie ausländische Radiosender hörten, wußten sie von der Verhaftung von Harro Schulze-Boysen, Arvid Harnack und einiger Dutzend anderer in Berlin im August und September 1942. Ein paar hundert Männer und Frauen überall in Europa waren in einem plötzlichen furchtbaren Schlag gegen die wachsende Widerstandsbewegung – von der Gestapo die »Rote Kapelle« getauft – aufgeflogen. Die Prozesse wurden heimlich abgehalten; dies war ein Thema, das in der Nazi-Presse nicht erwähnt wurde. Es wurde nie in der Öffentlichkeit diskutiert: Wenn man davon wußte, war man schon verdächtig. Aber trotz des Schreckens der Verhaftungen, der Folter, der Prozesse und der bevorstehenden Hinrichtungen war die Tatsache, daß die »Rote Kapelle« überhaupt existierte, für die Weiße Rose über alle Maßen ermutigend. Einer der Anführer, Harro Schulze-Boysen, war Oberleutnant im Luftwaffenministerium, und seine Schwiegermutter, eine Gräfin, war eine enge Freundin von Reichsmarschall Göring selbst. Arvid Harnack, der aus einer Familie von anerkannten Akademikern stammte, war die andere Hauptfigur in dem Geheimzirkel in und um Berlin. Als recht hoher Beamter im Wirtschaftsministerium war er vorrangig für die Analyse amerikanischer und sowjetischer wirtschaftlicher Kriegspläne zuständig.

Die Demaskierung dieser recht prominenten Personen der Berliner Szene erzeugte Panik bei Adolf Hitler: Die Feinde waren nicht länger weit entfernte und konturenlose, abstrakte Figuren, wie Kommunisten oder Sozialdemokraten; jetzt hatte man sie direkt im eigenen Lager ausfindig gemacht, sie waren in seinen eigenen Ministerien tätig, Nachkommen aus renommierten Familien, denen er fast völlig vertraut hatte.

Die »Rote Kapelle« bestand aus einem weit verbreiteten Netzwerk von Zellen und Gruppen; sie arbeitete nicht nur in Berlin, sondern auch im besetzten Paris, Brüssel und Amsterdam und auch in der neutralen Schweiz. Ihre Mitglieder hatten ihre Arbeit in den dreißiger Jahren begonnen, und die Gruppe hatte es sogar geschafft, das Trauma des Molotow-Ribbentrop-Sicherheitspaktes zu überdauern, der zeitweise die Erzfeinde Sowjetrußland und Nazideutschland zu Freunden machte. Nach dem Überfall auf Rußland im Jahr 1941 begann die Gruppe mit geheimen Radiosendungen. Die meisten Mitglieder waren heimliche Marxisten und Linke aller Gruppierungen, bis hin zu solchen Leuten, die wir heute als Liberale bezeichnen würden. Sie verteilten Untergrundzeitungen und Flugblätter im Berliner Raum, hatten Kontakt zur Deutschen Kommunistischen Partei – oder was davon noch übrig war – und unterhielten Verbindungen zu den ausländischen Zwangsarbeitern, die in Baracken um die Stadt lebten. Sie fälschten Papiere und schmuggelten Juden und politische Flüchtlinge aus Deutschland hinaus. Ihre Hauptverbindung ins Ausland war die sowjetische Intelligenz, und ihre Schlüsselfiguren bekleideten hohe Positionen im Heer, in der Luftwaffe und der Marine. Auf diese Weise waren sie in der Lage, verläßliche Informationen über Nazi-Kriegspläne an Rußland weiterzugeben.

Schließlich wurden sie von einem Fallschirmspringer aus der Sowjetunion verraten, der von der deutschen Spionageabwehr gefaßt worden war und zur Gestapo überlief. Er brach unter der Folter zusammen, und die »Rote Kapelle« wurde völlig zerschlagen.

Dies war die erste echte Information, die Hans und Alex über organisierten Widerstand in Deutschland erhalten konnten, und mehr noch, dieser Widerstand reichte sogar bis in die höchsten Ränge des Oberkommandos der Wehrmacht hinauf.

Die Zerstörung dieses Netzes war freilich ein verheerender Schlag gegen die deutsche Widerstandsbewegung. Es hatte Jahre gedauert, sie aufzubauen, Jahre behutsamer Planung, enormer Vorsicht und ständigen Trainings für ihre Mitglieder. Sie lernten, sich zu verstecken und mit den Risiken der Arbeit zu leben, und sie lernten, wie sie sich unter der Folter und im Kreuzverhör verhalten mußten. Fast ein ganzes Jahrzehnt lang hatten die beteiligten Männer und Frauen ein Leben voller Verstellung und Betrug auf sich genommen.

Als Arvid und Mildred Harnack in den dreißiger Jahren die Vereinigten Staaten besuchten, als Arvid noch als aufsteigender Stern im Wirtschaftsministerium galt, baten ihre amerikanischen Freunde sie, nicht ins Dritte Reich zurückzukehren. Doch sie wollten nicht auf sie hören; viele glaubten, daß Arvids Erfolg ihnen zu Kopf gestiegen sei und daß sie selbst Nazis geworden seien. Erst als ihre Hinrichtung bekannt wurde, verstanden die Freunde im Ausland endlich ihr Verhalten.

Doch für die Handvoll junger Münchner Studenten, auf sich gestellt und ohne Kontakte, war die Nachricht über diese Ereignisse wie ein Windstoß, der ihnen Auftrieb gab. Es *gab* Widerstand in hohen Positionen der Wehrmacht, ja in der Regierung selbst. Sie waren fest entschlossen, irgendwie Kontakt mit diesen Leuten aufzunehmen.

Diese Verbindung kam schließlich durch Alex zustande: Seine Kunstfreundin Lilo Ramdohr war eng mit Falk Harnack, Arvids jüngerem Bruder, befreundet. Hans und Alex baten sie, mit ihm in seiner militärischen Einheit Kontakt aufzunehmen und ein Treffen zu arrangieren. Sie willigte ein. Das erste Problem war nun Hans' und Alex' Reise nach Chemnitz, einer Stadt nahe der Grenze zur Tschechoslowakei, wo Harnack stationiert war. Sie hatten weder einen Paß noch eine Reisegenehmigung. Zu jener Zeit nahmen die Kontrollen in der Reichsbahn ständig zu: Die Militärpolizei, die Kriminalpolizei und die Gestapo kontrollierten regelmäßig die Züge und überprüften die Papiere aller Reisenden – besonders in solchen Zügen, die an den Grenzen zu fremden Ländern entlangfuhren. Wenn sie aufgegriffen würden, würde man sie als Deserteure verurteilen.

Trotzdem entschlossen sie sich zu fahren, und aus der Sicht von Hans und Alex stellte sich das Treffen in Chemnitz auch als großartiger Erfolg heraus. Harnack fühlte sich als Bindeglied unter allen noch bestehenden Widerstandsgruppen, nun, da sein Bruder tot war, und er begrüßte die Aktion der Weißen Rose.

Nachdem er die Flugblätter der Weißen Rose, die die beiden jungen Männer ihm mitgebracht hatten, recht streng kritisiert hatte, erklärte er Hans und Alex, daß der deutsche Widerstand als eine Art vereinigte Front aufgebaut – beziehungsweise wieder aufgebaut – werden sollte. Er sollte das Militär auf der rechten bis zu den Kommunisten auf der linken Seite repräsentieren.

Die jungen Männer stimmten diesem Prinzip zu. Sie überschütteten ihn mit Fragen: Gab es tatsächlich einen militärischen Widerstand? Wie stark war er? Was planten seine Mitglieder? Harnack war sehr vorsichtig; er verriet weder Namen noch Orte, aber er erzählte ihnen, daß es eine militärische Gruppe gebe, die einen Putsch plane. Sie planten, Hitler zu töten und die Regierung zu stürzen.

Hans und Alex waren überwältigt. Soviel sie davon auch gesprochen und es erhofft hatten, nie hatten sie ernsthaft geglaubt, daß so etwas wirklich stattfinden könnte. Nun wollten sie ein Teil der Bewegung werden, sich selbst persönlich dort vorstellen. Sie wollten nach Berlin fahren. Harnack versprach, sich zu bemühen, etwas zu arrangieren, und in Kontakt mit ihnen zu bleiben.

In dem besonderen Gefühl, zu etwas Größerem zu gehören, kehrten Hans und Alex mit neuem Vertrauen und dem Bewußtsein neuer Verantwortung nach München zurück. Jetzt würden sie ihr eigenes studentisch-akademisches Teilnetzwerk im deutschen Widerstand aufbauen und an allen Universitäten Zellen bilden, die Flugblätter der Weißen Rose verteilen oder, wenn sie wollten, ihre eigenen schreiben konnten.

Eine der ersten Stationen auf ihrem neuen Weg war Stuttgart. Hans und Alex besuchten dort Eugen Grimminger, einen Geschäftskollegen Robert Scholls, der so freundlich gewesen war, als Steuerberater dessen Büro zu übernehmen, während dieser im Gefängnis war. Grimminger war ein überzeugter, aber auch vorsichtiger Nazi-Gegner. Er ersehnte voller Ungeduld das Ende des Krieges und die Niederlage der Nazis. Seine Frau Jenny war »Volljüdin« und somit in ständiger Gefahr, verhaftet und in ein Konzentrationslager gebracht zu werden.

Sie konnten es nicht riskieren, daß ihre Unterhaltung mit Grimminger abgehört wurde. Daher konnten sie sich in keinem geschlossenen Raum treffen, weder in seinem Haus noch in einem Café oder Restaurant. Statt dessen machten sie einen langen Spaziergang durch die Stadt bis zu einem Frachtladeplatz außerhalb der Stadt, in einem Vorort.

Hans erzählte Grimminger von ihren Plänen, sprach nebenbei von einem bevorstehenden Putsch und schlug offenbar vor – oder deutete es wenigstens an –, daß Grimminger in der neuen Regierung nach dem Sturz Hitlers von wesentlicher Bedeutung werden könne, daß er vielleicht sogar für eine zentrale politische Stellung ausgewählt werden würde. Hans wußte zu dieser Zeit schon, daß Grimminger Kontakte zu Industriellen im Südwesten Deutschlands unterhielt, die über eine neue Nachkriegsregierung nachdachten.

Die drei Männer gingen heftig argumentierend hinter einer verlassenen Laderampe auf und ab. Schließlich – sie waren bereits auf dem Weg zurück in die Stadt – bat Hans Grimminger um eine finanzielle Unterstützung. Grimminger zögerte und wurde zurückhaltend. Er erbat Zeit, um darüber nachdenken zu können.

Das tat er dann auch, und einige Wochen später traf er die unvorsichtigste Entscheidung seines Lebens. Er schickte Hans einen Scheck über 500 Reichsmark, ein ziemlich hoher Betrag. Doch dieser Scheck konnte zurückverfolgt werden – was die Gestapo später auch tat.

Inzwischen fuhr Traute Lafrenz nach Hause, nach Hamburg. Bei sich hatte sie einen Stapel Flugblätter der Weißen Rose, die sie ihren alten Freunden Heinz Kucharski und Greta Rothe zeigen wollte. Ebenso wie die Münchner Gruppe trafen sich diese jungen Leute und ihre Freunde regelmäßig, um über Kunst und die unglückliche Lage der Dinge zu diskutieren. Im Gegensatz zur Weißen Rose waren sie außerdem begeistere Anhänger des amerikanischen Swing und Jazz.

Diese Art von Musik besaß unter gewissen Gruppen von Jugendlichen eine geheime, geradezu kulthafte Bedeutung im Nazi-Deutschland. Weil sie offiziell verpönt und als ein

»rassisch minderwertiges Produkt« der afro-amerikanischen Schwarzen verboten war, übte sie eine magnetische Anziehungskraft aus. Ihre freien Rhythmen und ihr sprunghafter und improvisierter Takt begeisterten viele junge Leute und veranlaßte sie, Platten aufzutreiben und sie zusammen anzuhören. Auf diese Weise bildeten sich quasi Keimzellen der Verschwörung. Der Kontrast zwischen der Musik von Benny Goodman, Glenn Miller und Louis Armstrong und dem monotonen Takt deutscher Militärmärsche war so enorm, daß der bloße Gedanke, daß jemand diese fremde Art von Musik mögen könne, eine subversive Stellungnahme war.

Goebbels hatte einmal einen Film in Berlin freigegeben, der amerikanische Schwarze auf völlig entspannte und ungehemmte Weise beim Tanzen zeigte. Der Zweck dieser ungewöhnlichen Freigabe war, der deutschen Öffentlichkeit zu zeigen, wie niedrig und »barbarisch« das Verhalten und die Bewegungen der schwarzen Rasse seien. Die Vorführungen dieses Films waren fast ständig ausverkauft; einige junge Leute sahen ihn sogar zehn bis fünfzehn Mal. Sie kamen lächelnd wieder heraus und fühlten sich belebt; es war eine Erfahrung, die sie nie wieder vergessen würden. Goebbels nahm den Film daraufhin bald vom Markt, obwohl er auch weiterhin zu seinem eigenen Vergnügen auf einer Privatleinwand amerikanische Filme ansah, besonders Musicals aus Hollywood.

Traute Lafrenz' Freunde lasen die Flugblätter mit Interesse und versprachen, über ihre Verteilung nachzudenken. Doch zunächst, sagten sie, müßten sie darüber mit den anderen aus ihrer Gruppe sprechen. Einige erklärten sich schließlich bereit dazu, die Flugblätter in Hamburg zu verbreiten; später sollten sie als der »Hamburger Zweig der Weißen Rose« bekannt werden.

Obwohl er nicht direkt zur Weißen Rose gehörte, erklärte sich Jürgen Wittenstein, der Medizinstudent, der zusammen mit Hans, Willi und Alex an der Front in Rußland gewesen war, bereit, nach Berlin zu fahren und dort mit Helmut Hartert Kontakt aufzunehmen, einem anderen gemeinsamen Bekannten, der dort studierte. Wie sich herausstellte, war Helmut Hartert weit vorsichtiger als Hans Scholl: Er war zwar bereit, die Münchner

Gruppe zu unterstützen und eine »Zelle« in Berlin aufzubauen, aber er wollte seine eigenen Flugblätter schreiben. Er war mit dem anti-militaristischen Ton der Weißen Rose nicht einverstanden. Er erklärte Wittenstein, daß man die eigenen Soldaten nicht fallenlassen könne. Aber er war bereit, Flugblätter, die den Sturz der Nazis propagierten, zu verfassen. Er erhielt eine Vervielfältigungsmaschine und machte sich an die Arbeit.

Anfang Dezember besuchten Hans und Alex Kurt Huber in seinem Haus im Münchner Vorort Gräfelfing. Die Zeit war reif, Huber über die Autoren der Flugblätter der Weißen Rose die Wahrheit zu sagen. Der Professor war zunächst überrascht. Er bezweifelte den Nutzen der Flugblätter, da seiner Meinung nach drastischere Handlungen vonnöten waren. In dem kleinen, warmen Zimmer, in dem seine Tochter Birgit ihre Hausaufgaben machte, dem einzigen beheizten Raum im Haus, sagte er zu den jungen Männern: »Wenn kein Blut fließt, *wird es nichts bringen!*«[97] Er fuhr fort, die Wehrmacht sei die einzige Institution, die die Nazis vernichten könne. Hans antwortete ihm, daß die Weiße Rose Kontakt zu Leuten in Berlin unterhalte, die Verbindung zum Militär hätten. Huber war erstaunt. Er hatte wohl von Widerstandsgruppen in der Wehrmacht gewußt, jedoch keine weiteren Einzelheiten. Hans erzählte von Putschplänen. Da wurde der Professor aufgeregt, das waren tatsächlich gute Nachrichten, und jetzt, ja, jetzt würde er natürlich die Weiße Rose unterstützen.

Der Kreis wurde größer. Ein weiterer Mann, der von Hans Scholl für die Vorhaben der Weißen Rose gewonnen wurde, war Josef Soehngen, Besitzer einer Buchhandlung am Maximiliansplatz, direkt im Herzen der Stadt. Für Eingeweihte war seine Buchhandlung ein Geheimtip, wenn man Bücher von Franz Kafka, Thomas Mann oder von den vielen anderen verbotenen Schriftstellern kaufen wollte. Sie war außerdem ein Ort, an dem sich *einwandfreie* – also verläßliche – Kunden trafen, um Neuigkeiten, Gerüchte und Gedanken auszutauschen.

Die meisten Mitglieder der Weißen Rose gingen regelmäßig in diese Buchhandlung; Hans jedoch bekam engeren Kontakt zu dem Besitzer als die anderen, der als exzentrischer Junggeselle galt. Soehngen lebte allein in einer Wohnung über dem Laden, und manchmal tauchte Hans mitten in der Nacht bei ihm auf, erschöpft und blaß, fiel in einen Sessel, bat um ein Glas Wein und versank in tiefes Schweigen.

Soehngen hatte Verbindung zu einem Kunsthistoriker, Giovanni Stepanov, der in Capri lebte und Kontakt zum italienischen antifaschistischen Untergrund hatte. Soehngen erklärte sich auf Hans' Bitten einverstanden, beim nächsten Mal, an dem Stepanov in München auf einer Vortragsreise sein würde, ein Treffen zu arrangieren. Es bestand die Chance einer intereuropäischen Widerstandsbewegung. Diese Aussicht war berauschend.

Aber es sollte nicht sein: Der Kunsthistoriker kam zwar nach München, jedoch während der Weihnachtsferien, in denen Hans zu Hause in Ulm war. Stepanov wollte im Februar 1943 wieder nach Deutschland kommen, doch er hatte Probleme mit seinem Visum und mußte die Reise verschieben. Als er schließlich kam, war es bereits zu spät: Hans Scholl war tot.

Mit verzweifelter Energie vergrößerte sich die Gruppe weiter und dehnte ihre Aktivitäten aus. Sophie wurde die Kasse übertragen; sie verteilte das Geld, wo es gebraucht wurde, und versuchte, eine Reserve zurückzubehalten. Selbst wenn sie an den Wochenenden oder in den Ferien nach Hause fuhr, arbeitete sie dort mit dem Gymnasiasten Hans Hirzel und seinen Klassenkameraden Franz Müller und Heinrich Guter zusammen weiter. Gemeinsam vervielfältigten sie Flugblätter und brachten sie zur Post. Die Arbeit wurde hinter der Orgel der Martin-Luther-Kirche, in der Hirzels Vater Pfarrer war, erledigt; er wußte nichts von alledem.

Willi Graf gelang es jedoch nicht, seine ehemaligen Freunde beim »Neuen Deutschland« – Fritz Leist, Adalbert Grindl und Hermann Krings – zu überreden, mitzumachen. Sie studierten alle zusammen in München, und Willi verbrachte einen guten Teil seiner Zeit mit ihnen. Sie beteten zusammen, diskutierten über theologische Probleme und arbeiteten an einer neuen Liturgie. Aber Willis Freunde waren überzeugt, daß der Zweck nicht die Mittel heilige und daß der Gebrauch von Gewalt den Agierenden auf die Stufe eines Kriminellen stelle. Hitler würde vernichtet werden, das meinten sie, und zwar von der Macht des Krieges, den er selbst angezettelt hatte. Sie selbst wollten in diesen Prozeß aber nicht eingreifen.

Willis Enttäuschung und Selbstzweifel wurden noch schlimmer, als er über die Weihnachtsferien heim nach Saarbrücken fuhr, mit der Absicht, Freunde im Saar- und Rheinland für die Weiße Rose zu gewinnen. Bei einem Treffen einer der katholischen Jugendgruppen, denen er Jahre zuvor angehört hatte, sprach er mit vielen seiner Kameraden, die jetzt Offiziere bei der Wehrmacht waren. Der Grundkonsens unter ihnen war, daß der Krieg gewonnen werden müsse; erst dann könne man versuchen, die Nazis loszuwerden.

Diese Einstellung entmutigte Willi. Trotzdem gelang es ihm, einen wertvollen Kontakt bei diesem Treffen herzustellen. Heinz Bollinger, Assistent eines Philosophieprofessors an der Universität Freiburg, unterhielt sich eine Weile mit Willi. Sie spürten sofort, daß sie anders waren als die anderen und daß sie beide ähnliche Gedanken hatten. Ein paar Tage später besuchte Willi ihn. Bollinger informierte ihn über anti-nationalsozialistische Professoren in Freiburg und erzählte ihm, daß er und sein Kollege Helmut Bauer dort einen kleinen Kreis des Widerstandes aufbauten.

Der junge Akademiker stellte Willi auch seinem Bruder Willi Bollinger vor, der als Sanitäter im Saarbrücker Militärhospital stationiert war. Willi Bollinger erklärte sich bereit, Flugblätter in dem Gebiet zu verteilen, und zeigte Willi Graf das kleine Depot von Maschinengewehren und -pistolen, die er gesammelt hatte.

Nur wegen der Bollingers war die Reise nicht zu einem völligen Mißerfolg geworden. Willi kehrte etwas entmutigt nach München zurück. Er war jedoch entschlossen, weitere Versuche, Anhänger zu gewinnen, im Rheinland zu unternehmen, und hatte vor, so bald wie möglich eine Verfielfältigungsmaschine zu Willi Bollinger nach Saarbrücken zu schicken.

Innerhalb von zwei Monaten, von November 1942 bis Anfang Januar 1943, hatte sich die Organisation der Weißen Rose von einer isolierten, edelmütigen Aktion idealistischer und romantischer Studenten zu einem sich ausweitenden Netzwerk des Widerstandes entwickelt, das sich über den Südwesten Deutschlands bis hin zum Saarland erstreckte und das zögernde, aber vielversprechende Schritte in Richtung Norden, nach Hamburg, und, noch wichtiger, nach Berlin machte.

Vierzehntes Kapitel

Die Mitglieder der Gruppe trafen sich im Januar 1943 in München wieder, nachdem sie mit ihren Familien Weihnachten gefeiert hatten. Jetzt war die Zeit gekommen, ein neues Flugblatt, das fünfte, zu schreiben. Wie in München, hatten sie nun auch in anderen Städten Kontakte geknüpft und Geld gesammelt. Nun war »der Plan« einsatzfähig. Ein neues Jahr hatte begonnen, ein Jahr voller Hoffnungen für die Weiße Rose: Sie glaubten, die Invasion der Alliierten stehe bevor, und ihre neue Strategie war pragmatisch und hatte an Bedeutung gewonnen.

Das neue Flugblatt war, ebenso wie alle vorigen, in getrennten Ausführungen von Hans und Alex geschrieben worden. Doch diesmal gingen sie zu Kurt Huber und baten ihn um seine Meinung und um stilistische Verbesserungen. Sie gingen zu ihm nach Hause; manchmal kam er auch nach seinen Vorlesungen in die Wohnung von Hans und Sophie.

Diese neue Zusammenarbeit war nicht leicht. Huber las beide Entwürfe. Er fand Alex' Entwurf unannehmbar in Stil und Inhalt. Obwohl Alex kein Kommunist war, meinte Huber, daß ihn seine Liebe zu Rußland der Sowjetunion gegenüber weniger kritisch sein ließ, als es angebracht war. Aber auch Hans' Version akzeptierte Huber nur widerwillig, erst nach einigen Korrekturen ließ er sie durchgehen. Seiner Ansicht nach hatten sich die jungen Männer seit ihrer Rückkehr aus Rußland verändert. Er fand, daß sie härter geworden waren, dabei ein wenig nach links tendierend. Was sie als »Pragmatismus« bezeichneten, empfand er als Verlust des Idealismus von Individualisten. Von seinem konservativen Standpunkt aus gesehen, muß vieles von dem, was im fünften und vorletzten Flugblatt der Weißen Rose stand, für Kurt Huber untragbar erschienen sein. Die Tatsache, daß er sich überhaupt einverstanden erklärte, ihnen zu helfen, spiegelt Professor Hubers Verzweiflung und seinen Wunsch zurückzuschlagen. Auch er hatte jetzt die unsichtbare Linie überschritten.

Zum ersten Mal erschien der Name »Die Weiße Rose« nicht

auf dem Flugblatt. Die Autoren präsentierten ihr Werk jetzt als »Flugblätter der Widerstandsbewegung in Deutschland«, ein recht eindrucksvoller Titel. Huber stimmte auch damit nicht überein. Er hatte die Weiße Rose immer als Symbol persönlicher Reinheit und individuellen Mutes bewundert. Der neue Name drückte eine Art bürokratischer Struktur aus, die er nicht mochte. Aber er wurde von Hans und Alex überstimmt.

Die Überschrift des Flugblattes lautete: »Aufruf an alle Deutsche!« Es begann mit der Warnung: »Der Krieg geht seinem sicheren Ende entgegen... Hitler kann den Krieg nicht gewinnen, nur noch verlängern!«[98]

In einem recht kurzen Abschnitt wurde das deutsche Volk ermahnt, mit den Nazis zu brechen. Dann diskutierte das Flugblatt, was für eine Welt die »Bewegung« nach dem Krieg im Auge habe.

Der imperialistische Machtgedanke muß, von welcher Seite er auch immer kommen möge, für alle Zeit unschädlich gemacht werden. Ein einseitiger preußischer Militarismus darf nie mehr zur Macht gelangen. Nur in großzügiger Zusammenarbeit der europäischen Völker kann der Boden geschaffen werden, auf welchem ein neuer Aufbau möglich sein wird. Jede zentralistische Gewalt, wie sie der preußische Staat in Deutschland und Europa auszuüben versucht hat, muß im Keime erstickt werden. Das kommende Deutschland kann nur föderalistisch sein... Die Arbeiterschaft muß durch einen vernünftigen Sozialismus aus ihrem Zustand niedrigster Sklaverei befreit werden.[99]

Das Flugblatt sprach sich im weiteren für die bürgerlichen Grundrechte – Freiheit der Rede, der Religion, Schutz des Individuums vor Übergriffen des Staates – aus und schloß wie immer mit der Aufforderung, die Information weiterzugeben.

Es gab diesmal keine Zitate von Schiller, Goethe oder Laotse, und es wurde kein Versuch gemacht, sich bewußt an ein »kultiviertes« Publikum zu wenden. Das Flugblatt war kurz und ziemlich präzise gehalten, und es entwarf eine politische Basis für die Zukunft.

Fast jede Zeile des politischen Manifests in den letzten Abschnitten widersprach vermutlich der Meinung Kurt Hubers. Er war ein überzeugter Bewunderer des preußischen Staates und Militärs, trotz seiner süddeutschen Abstammung. Die Kluft zwischen Preußen und vielen der früheren Grafschaften und Fürstentümer Deutschlands war enorm. Sie beinhaltete nicht nur politischen Groll auf seiten Süddeutschlands, das nicht vergaß, daß Preußen im Jahr 1871 die Kontrolle über das neue deutsche Reich ergriffen hatte und seitdem ausübte. Es war auch eine Frage des Stils, der sozialen Gewohnheiten, der Werte und Einstellungen – der schier unüberbrückbare Gegensatz zwischen dem »kalten Norden« und dem »warmen Süden«, den es in vielen Ländern zu geben scheint.

Im Süden – in Bayern, Baden und Schwaben – symbolisierte Preußen spartanische Strenge, stampfenden Takt von Militärstiefeln und eine hauptsächlich vom Imperativ geprägte Sprache, eine Mischung aus Anschnauzen und Gewehrschuß. Die Süddeutschen hatten ihren Schmerz und ihre Klagen seit über siebzig Jahren genährt. Sie waren von einem gefühllosen Volk vereinnahmt worden, dessen strenge Werte und dessen unverhüllte Arroganz sie vor Wut kochen ließ.

Dieses Gefühl kam auch in den Flugblättern der Weißen Rose zum Ausdruck: Preußen wurde für den Aufstieg Adolf Hitlers und für den Krieg, zu dem er sich entschlossen hatte, verantwortlich gemacht.

Kurt Huber, der die deutschen Idealisten – Kant, Hegel und Fichte, die ihre Philosophie inmitten des preußischen Milieus entwickelt und ausgearbeitet hatten – tief verehrte, konnte und wollte die stark vereinfachte Geschichtsinterpretation, die er immer wieder in den Diskussionsgruppen, die er besuchte, zu hören bekam, nicht akzeptieren. Er war der Meinung, daß Preußen weit mehr zur Entwicklung Deutschlands beigetragen hatte als den Knall einer Peitsche; Preußen war für den Aufstieg Hitlers nicht verantwortlich, der schließlich in Österreich geboren war – im lässigen, warmherzigen »Süden« – und der seine Massenbewegung nicht etwa im Norden, in Preußen, sondern in der so unbekümmerten und liebenswerten Stadt München begonnen hatte. In den heftigen Diskussionen, die Huber mit den Studenten führte, mag er sich auch gegen den Ausdruck »vernünftiger Sozialismus« ausgesprochen haben, aber in keinem Fall vermochte er mit seinen Vorschlägen auf Inhalt und Stil der Flugblätter wirklich Einfluß zu nehmen.

Das Flugblatt wurde also geschrieben, überarbeitet und getippt. Nun begann die Arbeit des Druckens. Die Gestapo schätzte später, daß zwischen acht- und zehntausend Kopien des »Aufrufs an alle Deutsche« verteilt worden waren, die zwanzigfache Menge der ersten vier Flugblätter. Alex kaufte eine weitere Schreibmaschine und einen größeren Vervielfältigungsapparat. Sophie und Traute gingen in Geschäfte überall in der Stadt, um das spezielle Papier dafür zusammenzukaufen, ebenso Briefumschläge und Briefmarken. In jedem Laden und in jeder Poststelle warteten sie geduldig in der Schlange, bis sie an die Reihe kamen, immer bewußt, daß die Angestellten auf jedes verdächtige Verhalten und alle außergewöhnlichen Wünsche achteten.

Obwohl die neue Druckmaschine größer als die alte war, mußte sie doch immer noch von Hand bedient werden. Jedes Flugblatt mußte einzeln durch die Walzen gedreht werden, Nacht für Nacht. Schablonen mußten ausgewechselt werden, Zylinder gingen kaputt; wieder wurde die Anspannung der jungen Leute unerträglich. Um wach zu bleiben und auch während des Tages zu funktionieren, nahmen sie Aufputschmittel aus den Militärkliniken, in denen die Medizinstudenten arbeiteten.

Die Bombenangriffe stellten eine zusätzliche Gefahr dar; sie fürchteten nicht nur um ihr Leben, sondern auch die durchaus reale Möglichkeit, daß das Atelier getroffen wurde und daß die gesamte Ausrüstung und alle Papiere offen auf der Straße liegen und alles ans Licht bringen könnten.

Hans entwickelte einen Plan für diese Bedrohung: Wenn die Bomben je auf Schwabing fallen sollten, würde er Josef Soehngen anrufen und nach einem bestimmten Buch fragen. Antwortete der Buchhändler dann ja, er habe das Buch, bedeutete das, daß die Luft bei ihm rein war. Dann würden Hans und Alex die Vervielfältigungsmaschine in einen Koffer packen, ihn durch die verdunkelten Straßen tragen und in Soehngens Keller lagern. Die Entdeckung einer Kopiermaschine in einer Buchhandlung wäre nicht so verdächtig wie in einem Architektenstudio.

Irgendwie, Tag für Tag, Nacht für Nacht, trotz Verspätungen, schwacher Nerven und Pannen, wurden die Flugblätter fertig gedruckt und zur Verteilung vorbereitet.

Die Münchner Gestapo-Hauptverwaltung war im Wittelsbacher Palais untergebracht, einer der vielen Residenzen in Bayern, die die königliche Dynastie hatte bauen lassen. Es handelte sich um ein massives Gebäude aus rotem Backstein im Stil der Mitte des 19. Jahrhunderts wie die meisten anderen bayrischen Staatsgebäude in München. Das Gebäude existiert nicht mehr. Es wurde von Bomben zerstört und nicht wieder aufgebaut. Doch seine Geschichte wird in München immer gegenwärtig sein. Die Erfahrungen von Männern und Frauen in diesem Gebäude spiegeln den ironischen und tragischen Pendelschwung der bayrischen Vergangenheit wider.

In den unkomplizierten Tagen im Europa der Mitte des 19. Jahrhunderts hatte der Palast zum Beispiel königliche Prinzen und ihre Kurtisanen, wie Lola Montez, beherbergt. Kurz nach dem Ersten Weltkrieg war er dann der Sitz der Eisner Republik gewesen, die so schnell von reaktionären rechten Kräften zerstört wurde. Jetzt, im Jahre 1943, diente er bereits seit den ersten Tagen des Dritten Reiches als Ausgangspunkt für Gestapo-Aktivitäten in Bayern; in seinen Kellern wurde gefoltert, und seine Archive waren voll von den Denunziationen eifriger neidischer Nachbarn und Berichten von Gestapo-Spitzeln.

Der Gestapobeamte Robert Mohr tat seit dem Ende des Ersten Weltkrieges in München Polizeidienst. Eines Morgens im Januar 1943 wurde er dringend vom Chef seiner Abteilung, Oberregierungsrat Schäfer, herbeizitiert. Schäfer war extrem nervös, als Mohr eintrat. Er gab ihm ein Blatt Papier. Es war das Flugblatt »Aufruf an alle Deutsche!«. Mohr las es und wartete. Schäfer ordnete an, alle anderen laufenden Projekte zur Seite zu stellen und sich ausschließlich auf das Ausfindigmachen der Autoren dieses Flugblattes zu konzentrieren. Hunderte von diesen

Blättern waren in der Stadt aufgetaucht, vielleicht sogar mehr. Die fest angestellten und freiwilligen Helfer der Gestapo hatten sie in Kinos, auf Parkbänken, in Eingangshallen von Appartementhäusern und in Telefonzellen eingesammelt und hergebracht. Schäfer fügte drohend hinzu, daß die Flugblätter größte Beunruhigung an den höchsten Stellen der Partei und des Staates hervorgerufen hätten. Obwohl keine Namen fielen, meinte er zweifellos Heinrich Himmler, Chef der SS und aller Sicherheitskräfte, die Gestapo eingeschlossen, und vermutlich sogar Adolf Hitler selbst.

Mit einer Stimme, die vor Entrüstung zitterte, teilte Schäfer seinem Untergebenen mit, daß die Münchner Gestapo damit beauftragt worden sei, die Urheber zu finden und »dieser Affäre ein Ende zu machen«.

Mohr begann unverzüglich mit seinen Untersuchungen, und er entdeckte schnell, daß die Flugblätter in Stuttgart, Wien, Ulm, Frankfurt und Augsburg auftauchten. Sie waren als Drucksachen mit der Post verschickte worden, und keiner der Briefe war in der Stadt abgestempelt worden, wo er angekommen war. Jene, die an Personen in Stuttgart adressiert waren, waren in Wien abgestempelt worden; jene aus Frankfurt waren in Salzburg aufgegeben worden.

Dies war ein einzigartiger Vorfall, wie es in der ganzen Zeit der Nazi-Herrschaft bisher noch keinen gegeben hatte. Die Gestapo sah sich plötzlich mit einem massiven Bombardement subversiver Literatur konfrontiert, von jenseits des linken Flügels kommend. Man wußte zwar, daß diese Flugblätter im Reich erzeugt worden waren, jedoch nicht genau, wo. Die Spuren schienen planlos überall im Land zu verlaufen. Stand eine kleine Gruppe dahinter, oder war dies, mit zunehmendem Verfall der Moral zu Hause und an der Front, die erste Bekundung einer landesweiten Widerstandsorganisation? Konnten diese Flugblätter eine Kettenreaktion hervorrufen, die die Nazis nicht würden aufhalten können? Wie stark war dieser Widerstand?

Die Fahndung der Gestapo begann.

Um die Angst und Aufregung der Machthaber weiter zu schüren und den Eindruck eines weitverbreiteten Netzwerkes zu erwecken, hatte die Münchner Gruppe einen gewagten Plan entwickelt. Sie packten die Flugblätter in Koffer und Rucksäcke, brachten sie mit dem Zug in andere Städte und schickten sie von dort aus weiter. Wenn sie – jeweils einzeln – den Zug in München bestiegen, legten sie die Koffer in irgendeinem Abteil in die Ablage und suchten sich woanders einen Platz, möglichst weit von den Flugblättern entfernt. Die Züge waren überfüllt, und oft gab es in den Abteilen keinen einzigen Platz mehr; man mußte stehen oder sich in den langen engen Gängen auf die ausklappbaren Bänke quetschen. Da die Bomben der Alliierten bereits viele Gleise zerstört hatten, fuhren die Züge außerdem oft nicht pünktlich ab, denn die Reparaturen brauchten eine gewisse Zeit.

Diese Reisen der jungen Leute waren sehr gefährlich. Nicht nur die Züge, sondern auch die Straßenbahnen wurden mittlerweile von der Gestapo kontrolliert, und manchmal wurden sogar Fußgänger auf der Straße angehalten. Jeder Bürger mußte ständig seinen Ausweis bei sich tragen, besonders aber auf Reisen. Außerdem benötigte man für jede größere Fahrt eine Reisegenehmigung. Die Studenten waren sich wohl bewußt, daß jede Fahrt ihre letzte sein konnte. Die Polizei fahndete nicht nur nach »subversiven Personen«, Deserteuren und Flüchtlingen, sondern auch nach Leuten, die am Schmuggel von Lebensmitteln beteiligt waren, eine Praxis, die immer größere Ausmaße annahm, seit der Hunger der Nation immer schlimmer wurde.

Die Züge, die die Gruppe benutzte, kamen meist gegen Mitternacht an ihrem Zielbahnhof an. Die Studenten holten dann ihren Koffer aus dem Abteil, wo sie ihn deponiert hatten, und verschwanden in der Dunkelheit der häufig völlig zerbombten Bahnhofsgegenden. Sie versuchten, so normal wie möglich auszusehen, während sie durch die kalten, verdunkelten Straßen gingen und nach Briefkästen an unauffälligen Orten Ausschau hielten. Wenn sie die Briefe eingworfen hatten, kehrten sie mit ihrem leeren Koffer nach München zurück.

Für den Fall, daß sie angehalten und über Sinn und Ziel ihrer Reise befragt würden, hatten sie plausible Erklärungen parat. Gelegentlich gelang es ihnen sogar, gefälschte Reisepapiere zu bekommen.

Jeder einzelne der Studenten machte solche Fahrten, jeder nahm das Risiko auf sich. Alex reiste mit einem Koffer mit 1400 Flugblättern nach Wien und Linz; 400 schickte er von Wien aus nach Frankfurt, unterbrach die Reise kurz in Linz für weitere 200 und warf schließlich auf dem Heimweg den Rest in Salzburg ein, ungeheuer erleichtert, daß der Koffer endlich leer war.

Der wahrscheinlich unangenehmste Aspekt dieser Reisen war, daß die Teilnehmer allein fuhren, nicht paarweise. Allein zu reisen bedeutete, weniger Aufmerksamkeit zu erregen; außerdem hielt es die Kosten in Grenzen. Zweifellos waren diese Fahrten für sie die schrecklichsten Momente ihrer Tätigkeit. Doch mit der Zeit lernten sie, sich zu verstellen, kühl und distanziert auszusehen und mit unergründlichem Gesicht vor sich hin zu blikken. Sie reagierten schließlich ohne Zittern auf die Sicherheitskontrollen.

Sophie unternahm ihre Kurierfahrten in das Gebiet um Ulm, Augsburg und Stuttgart, von wo aus sie ungefähr 800 Flugblätter verschickte. In ihrem Elternhaus konnte sie der Versuchung nicht widerstehen, ihrem Vater eins der Flugblätter zu zeigen, das sie in München »gefunden« habe. Wie sie es gehofft hatte, drückte er seine Bewunderung für dieses Zeichen des Widerstandes aus. Doch plötzlich wandte er sich um, aufgeregt: »Sophie, ihr habt doch hoffentlich nichts damit zu tun!« Sie antwortete voller Entrüstung: »Wie kannst du so etwas überhaupt vermuten? Bei uns in München brodelt es an allen Ecken. Aber bei solchen Dingen machen wir nicht mit.«[100]

Zu Susanne Hirzel, ihrer alten Freundin aus den Tagen im Fröbelseminar, sagte sie jedoch: »Wenn hier Hitler mir entgegenkäme und ich eine Pistole hätte, würde ich ihn erschießen. Wenn es die Männer nicht machen, muß es eben eine Frau tun... Man muß etwas machen, um selbst keine Schuld zu haben.«[101]

Während sie in Ulm war, gab Sophie außerdem Hans Hirzel ein paar Exemplare des neuen Flugblattes, das sie dann in der Kirche seines Vaters vervielfältigten. Hirzel, Franz Müller und Heinrich Guter suchten Namen und Adressen aus Telefonbüchern, tippten die Briefumschläge und schickten sie ab.

Einmal half Sophie auch Hans' neue Freundin, Gisela Schertling, einen Packen Briefumschläge in München aufzugeben. Sophie trug sie in ihrem Rucksack. Sie bat ihre Freundin, die Klappe des Briefkastens aufzuhalten, damit sie die Umschläge schnell hineinwerfen konnte. Gisela Schertling tat, was sie wollte, fragte jedoch nicht, warum Sophie sich so geheimnisvoll verhalte; vielleicht zog sie es vor, nichts zu wissen.

Die weitaus gefährlichste Reise aber unternahm Willi Graf. Ohne Urlaubs- und Reisegenehmigung fuhr er in Uniform in Richtung Rheinland. Bei sich in seinem Koffer hatte er nicht nur Flugblätter, sondern auch eine Vervielfältigungsmaschine.

Er war fest entschlossen, Unterstützung von seinen ehemaligen Kameraden aus seinem alten katholischen Jugendgruppenkreis zu gewinnen, ohne Rücksicht auf deren vorherige Ablehnung. Obwohl er sich an die Vorsichtsmaßnahmen hielt, sich von seinem hochwertigen Gepäck zu trennen, schaffte er es nur knapp, durch die strengen Kontrollen zu schlüpfen.

Am 21. Januar 1943 sprach er in Köln mit Freunden, aber er hatte kein Glück. Er fuhr noch am selben Tag ins nahe Bonn weiter, wo er einst studiert hatte. Und auch hier wurde er nicht gerade wärmstens empfangen, oder zumindest wurden seine Vorschläge nicht aufgenommen. Auf der Weiterfahrt, immer noch mit seinem schweren Koffer beladen, kam er nach Saarbrücken und besuchte dort Willi Bollinger in dem Militärhospital, in dem dieser arbeitete.

Es muß eine große Erleichterung für Willi Graf gewesen sein, als Bollinger die Vervielfältigungsmaschine an sich nahm und dazu einige der Flugblätter, um sie zu kopieren. Willi blieb über Nacht bei ihm, vermied jedoch jeden Kontakt mit seiner Familie. Bevor er am nächsten Tag aufbrach, gab ihm Bollinger gefälschte Papiere für den Rest seiner Reise und Blanko-Reiseformulare, die bereits gestempelt und unterschrieben waren. Die Weiße Rose konnte sie für zukünftige Fahrten benutzen. Willis nächster Halt war Freiburg, dann ging's weiter nach Ulm, wo er zwei oder drei Leuten, denen er vertrauen konnte und von denen er wußte, daß sie ihn unterstützen würden, einige Flugblätter gab.

Es war eine lange Reise; sie bestand aus vielen Zugverbindungen und vielen Möglichkeiten, kontrolliert zu werden. Sein Koffer war eine Zeitbombe gewesen, und sein enormer Einsatz hatte immerhin einige – aber nur einige – positive Resultate hervorgerufen.

Willis Gefühle und Gedanken darüber sind nicht bekannt. Aus seinem Tagebuch wissen wir, daß er an dem Tag, an dem er wieder in München ankam, zum Appell ging, sich eine »dumme« Nazi-Rede anhörte und am Abend in ein »sehr beglückendes« Cello-Konzert ging.

Fünfzehntes Kapitel

Am 13. Januar 1943 erhoben sich zum ersten und letzten Mal im Dritten Reich die Universitätsstudenten zum Protest. Es war ein spontaner Wutausbruch, und er passierte in München; er war kurzlebig – aber er geschah.

An jenem Tag wurden die Studenten und Lehrenden zum Hauptauditorium des Deutschen Museums bestellt, einem beeindruckenden Zentrum der Wissenschaft und Technik, das auf einer Insel der Isar liegt. Das Museum war als Ort ausgewählt worden, um den 450. Geburtstag der Gründung der Universität München zu feiern. Kein einziger Hörsaal der Universität war groß genug, um so viele Professoren und Studenten und dazu noch die Prominenten der Regierung, der Partei und des Militärs fassen zu können.

Die meisten Studenten wurden nach ihrer Ankunft auf die Emporen geschickt, besonders die Studentinnen, da das Parkett für die Männer in Uniform reserviert worden war: Soldaten-Studenten, Veteranen, die auf Krücken und an Stöcken kamen, und wichtige Offiziere der SS und der Armee. Offensichtlich war auch dem Lehrkörper in seinen Roben erlaubt worden, im großen Saal unten Platz zu nehmen. Unter ihnen war Kurt Huber.

Auf der Bühne, die mit einer Fahne geschmückt war, um die besondere und wichtige Gelegenheit hervorzuheben, saßen örtliche, regionale und nationale Führer des Nationalsozialistischen Studentenbundes – wie immer in Uniform. Alle Ausgänge waren von der SS besetzt worden.

Da die studentischen Mitglieder der Weißen Rose in einem ihrer Flugblätter zum Boykott aller nationalsozialistischen Versammlungen und Kundgebungen aufgerufen hatten, auch wenn sie Pflicht waren, waren sie selbst nicht anwesend. Ihre Freunde Gisela Schertling, Anneliese Graf (Willis Schwester) und Katharina Schüddekopf, Kurt Hubers Doktorandin, waren jedoch da und saßen in der ersten Reihe auf der Empore. Der neue Gauleiter Bayerns hieß Paul Giesler; er hatte Gauleiter Wagner ersetzt, da dieser einen Schlaganfall erlitten hatte und einige Monate später gestorben war. Giesler sollte die programmatische Rede halten. Noch brutaler und primitiver als Wagner, hielt er sich selbst für einen »Mann des Volkes«. Er verachtete Intellektuelle und die gesamte Universität – für einen Nazi eine nicht ungewöhnliche Einstellung.

Giesler hatte sich vorgenommen, bei dieser Gelegenheit die öffentliche Stimmung für die Kriegsanstrengungen zu heben. Es war bekannt, daß Adolf Hitler recht ungehalten über die Münchner Bürger war, da sie seinen Erwartungen nicht entsprachen. Sie waren mürrisch und ganz und gar nicht begeistert davon, ihre Söhne und Väter an die bereits zusammenbrechende russische Front zu schicken. Der Führer war durchaus der Meinung, daß sie all die Bomben, die bisher auf die Stadt gefallen waren, verdient hätten.

Giesler begann seine Ansprache: Die Universität sei ein integrierter Teil der nationalsozialistischen Gesellschaft, und die Studenten würden binnen kurzer Zeit auf der »Kommandobrücke« des deutschen Lebens stehen. Deshalb sei es unbedingt notwendig, daß die höheren Bildungsanstalten keine abgeschlossenen Enklaven pubertären, intellektuellen Denkens blieben. »Verbildeter Intellekt« und »falsche Klugheit«, sagte er, seien unakzeptabel und verstellten den Blick für das »echte Leben«.

Er wurde immer aufgeregter und begann, der Tradition der deutschen politischen Rede gemäß, zu schreien. »Echtes Leben« brüllte er, »vermittelt uns einzig und allein Adolf Hitler mit seiner hellen, freudigen, das Leben bejahenden Lehre!«[102]

Doch dieser Aussage folgte kein begeisterter Applaus. Er fuhr nun damit fort, jene Studenten hervorzuheben und zu loben, die an der Front gewesen waren oder bald dorthin mußten, und jene, die in Rüstungsfabriken arbeiteten. Dann kam die Attacke: Viele studierten »ohne Talent« und ohne ernsthafte Zielsetzung an der Universität. Sie nähmen anderen Studierenden den Platz im Hörsaal und die möblierten Zimmer weg. Und weiter: Die Universitäten seien keine Rettungsstationen für »höhere Töchter«, die sich den Pflichten des Krieges entziehen wollten.

Der Aufruhr im Saal wurde während dieser Rede ständig größer. Inzwischen hörte man Fußscharren und Buhrufe. Sie wurden immer lauter und häufiger. Das ganze Auditorium war voller Unruhe. Die jungen Frauen auf der Empore waren außer sich; einige lehnten sich vor und brachten ihren wütenden Protest dem Gauleiter gegenüber zum Ausdruck. Doch ihr Mißfallen spornte Giesler nur noch mehr an. Er schrie zu den Mädchen hinauf: »Der natürliche Platz der Frau ist nicht in der Universität, sondern in der Familie an der Seite ihres Mannes!«[103] Die Mädchen sollten lieber ihre Pflichten als Mütter erfüllen, anstatt zu studieren.

Das Publikum wurde immer lauter; Bewegung entstand, und von überall her ertönten wütende Zurufe. An diesem Punkt ging Giesler zu weit. Er brüllte über den Lärm hinweg, daß die Mädchen dem Führer lieber jedes Jahr ein Kind schenken sollten. Und dann fügte er mit einem breiten Grinsen hinzu: »Und den Studentinnen, die nicht hübsch genug sind, sich einen Mann einzufangen, stelle ich gerne einen meiner Adjutanten zur Verfügung. Und ich verspreche euch, *das* wäre ein freudiges Erlebnis!«[104]

Da brach die Hölle los. Protest stampfende Füße, Rufe, Tumult überall. Giesler versuchte weiterzusprechen, wurde jedoch niedergeschrien. Ungefähr zwanzig junge Frauen drängten wütend von den Emporen herunter. Sie wurden auf der Stelle von braunhemdigen Studenten und der SS verhaftet. Die anderen Frauen wurden von den SS-Wachen hinausgedrängt. Junge Männer sprangen hinzu, um ihnen zu helfen, und eine Schlägerei brach aus, während andere Studenten versuchten, die verhafteten Frauen zu befreien.

Einer der NS-Studentenführer wurde von den Studenten ergriffen. Sie riefen, bis zur Freilassung der Mädchen würden sie ihn als Geisel festhalten. Die Schlägereien gingen auf beiden Ebenen weiter sowie im Vorraum des Auditoriums. Inzwischen waren Kommandoeinheiten gerufen worden, die jetzt eintrafen. Die Studenten rannten mit den befreiten Mädchen aus dem Museum, bildeten kleine Gruppen und begannen, in einer Prozession entlang der Isar auf die Universität zu zu marschieren. Sie hakten sich unter und sangen.

Leute blieben stehen und starrten sie an; es war ein unglaublicher Anblick. Ein Gefühl von Sorglosigkeit lag in der Luft, von brüderlichem guten Willen und Wärme, ein Gefühl, das viele nie zuvor im Leben erfahren hatten.

Als sie die Ludwigstraße erreichten, mußten sie sich zerstreuen, bevor die Polizei ihre Gruppen auflöste. Die Demonstration konnte nicht andauern.

Aber diesen Moment vergaß so schnell keiner der Studenten: Es war *das* Gespräch von München. In der Mensa und den Hörsälen und Fluren der Universität sprachen die Studenten davon, und sie gebrauchten ein Wort, das sie nie zuvor benutzt hatten: »Sieg«.

Der Eindruck dieser »Begegnung« im Museum war so stark, daß Paul Giesler sich genötigt fühlte, Ende Januar eine weitere Veranstaltung mit den Studenten abzuhalten. Er entschuldigte sich zunächst widerstrebend für seine Bemerkungen über Frauen, fuhr dann jedoch fort, die Studenten zu warnen: Er werde die Universität schließen und alle Männer an die Front, alle Frauen in die Fabrik schicken, wenn »dieser Ungehorsam« andauere.

Als sie die Neuigkeit des »Aufstandes« im Deutschen Museum von ihren Freunden vernahmen, waren Willi, Sophie, Hans und Alex überglücklich. Sie sahen eine direkte Verbindung zwischen ihren Flugblättern und diesem Ereignis. Der Inhalt der Flugblätter rief tatsächlich Unruhe hervor: Der Plan funktionierte also!

Sie beschlossen, noch härter zu arbeiten. In aller Eile druckten sie noch schnell weitere 1300 Exemplare des »Aufrufs an alle Deutsche!« und verteilten sie in München. Sie waren außer sich vor Aufregung und Spannung.

Zu dieser Zeit kam auch Christoph Probst zurück. Seine Frau erwartete jeden Tag ihr drittes Kind. Er beobachtete seine Freunde und war besorgt; er warnte sie, vorsichtiger zu sein. Die Realität hatte sich nicht verändert, egal, wie euphorisch sie die Zukunft im Moment sahen. Der Terror war immer noch allgegenwärtig. Er fühlte, daß sie in ernster Gefahr waren.

Aber sie hörten nicht auf ihn. Willi notierte voller Zuversicht in seinem Tagebuch: »Der Stein kommt ins Rollen.«[105]

Sechzehntes Kapitel

Obwohl die Kapitulation eigentlich schon drei Tage vorher stattgefunden hatte, traf die Radiomeldung des 3. Februar 1943 Deutschland wie ein Blitzschlag. Dieses Mal begann die »Sondermeldung«, die regelmäßig das Programm unterbrach, nicht mit triumphierenden Fanfaren, sondern mit geheimnisvollen dumpfen Trommelschlägen. Es folgte eine lange Stille. Dann begannen erneut die Trommelschläge. Darauf wurde der traurige zweite Satz von Beethovens Fünfter Sinfonie gespielt. Schließlich begann eine Grabesstimme zu sprechen: »Die Schlacht bei Stalingrad ist vorbei. Wahrlich mit ihrem letzten Atemzug und für den Eid auf ihre Fahne wurde die Sechste Armee unter der Führung Generalfeldmarschalls Paulus geschlagen... Sie starben, damit Deutschland lebt.«

Trotz wochenlanger Gerüchte, daß die deutsche Armee bei Stalingrad umzingelt sei, und trotz des Schweigens aus dem Propagandaministerium über den Stand der Ereignisse an der südöstlichen Front stand die Nation unter Schock. Es war eine der größten Niederlagen in der deutschen Geschichte und der erste große Rückschlag für die Wehrmacht im Zweiten Weltkrieg. Nach Jahren des Hörens von erregten Stimmen, die neue Invasionen und überwältigende Siege in aller Welt verkündeten, war diese Radiomeldung ein verheerender Schlag. Viele Deutsche, die alt genug sind, sich an den Krieg zu erinnern, und die wagen, das auch zu tun, erinnern sich noch heute genau, wo sie waren und was sie gerade taten, als die Neuigkeit aus dem Radio kam.

Die Schlacht von Stalingrad hatte Monate vorher begonnen, im September 1942. Die Sechste Armee, 300000 Mann von allen Teilen der Ostfront zusammengezogen, hatten die Stadt an der Wolga angegriffen. Die Presse- und Radiomeldungen zu Hause sprachen von einer »Schlüsselschlacht«, um den Bolschewismus zu zerstören, doch nach dieser anfänglichen Meldung gab es wider Erwarten keine Blitzmeldungen über einen schnellen Sieg. Mitte November startete die Rote Armee unter Aufgebot jeden Mannes und jeder Waffe, die sie nach acht Monaten verheerender Niederlagen noch zur Verfügung hatte, einen enormen Gegenangriff und umzingelte die 300 000 Deutschen.

Als die Lage immer aussichtsloser wurde, bat General Paulus um die Erlaubnis, aus der Umzingelung auszubrechen. Hitler lehnte ab. Er befahl der Sechsten Armee, standhaft zu bleiben und bis zum letzten Mann zu kämpfen. Im Januar 1943, in einem eiskalten russischen Winter, begann die sowjetische Armee ihren letzten Schlag. Am 31. Januar war alles vorbei.

Bei den aufwendigen feierlichen Gottesdiensten für die Toten von Stalingrad – fast 200 000 Deutsche waren in der Schlacht getötet worden – sprach niemand über die 90 000 Gefangenen, die von den Russen in die Lager nach Sibirien gebracht worden waren. Ausgezehrt, krank, ausgelaugt und halb erfroren wurden sie immer tiefer in den russischen Schnee getrieben; sie fielen und starben im Gehen. Goebbels sagte zu Ehren der Toten alle Theateraufführungen, Filme und Konzerte ab. Die 90 000 Kriegsgefangenen aus dieser Schlacht wurden gewissermaßen »mit den Toten begraben«: Für die Nazi-Führung gab es ein solches Wort wie »Kapitulation« nicht, und jene, die sich ergeben hatten, wurden aus der Geschichtsschreibung gestrichen. Die meisten der 90 000 kamen nie wieder zurück.

Bayrische Gestapo-Berichte aus jener Zeit stellten fest, daß die Moral den niedrigsten Stand seit Kriegsbeginn erreicht hatte. Die Leute waren böse auf Hitler, sie fühlten sich manipuliert und mißbraucht; sie glaubten, daß Stalingrad der Wendepunkt des Krieges sei und daß Deutschland letztlich den Krieg verlieren werde. München und andere süddeutsche Städte erfuhren jetzt einen beträchtlichen Strom von Flüchtlingen aus den Industriestädten im Norden, die bis auf den Grund zerbombt waren. Ein Gefühl der Erschöpfung, der Verwirrung, der Trauer und Angst hing in der Luft, und die Menschen wurden immer hungriger.

Für Kurt Huber war Stalingrad eine Tragödie; er fühlte sich, als habe er das Leid, den Tod und den Verrat selbst erlebt. Er war zutiefst erschüttert; dies war ein Moment von historischer Dimension für die deutsche Nation. Ein paar Tage später traf er eine wichtige Entscheidung: Er würde selbst ein Flugblatt schreiben.

Er blieb die ganze Nacht auf und schrieb sich all die Trauer und Wut, die er in seinem Innersten seit zehn Jahren verborgen hatte, von der Seele. Am frühen Morgen kam Clara Huber in sein Arbeitszimmer. Sie fand ihn an der Schreibmaschine sitzend und las, was er geschrieben hatte. Sie war tief erschrocken und flehte ihn an, den Aufsatz zu vernichten. Er sagte ihr, sie solle sich nicht einmischen, je weniger sie wisse, desto besser. Sie sah ein, daß es keinen Weg gab, ihn zu überzeugen.

Das sechste – und letzte – Flugblatt der Weißen Rose drückte keine Beziehung zur »Widerstandsbewegung« oder zur Weißen Rose aus. Es war einfach an die »Kommilitoninnen, Kommilitonen!« adressiert und sollte den Geist der Jugend, der Studenten an der Universität und der Soldaten, die bei Stalingrad gefallen waren, widerspiegeln. Das Flugblatt begann:

> *Erschüttert steht unser Volk vor dem Untergang der Männer von Stalingrad. Dreihundertdreißigtausend deutsche Männer hat die geniale Strategie des Weltkriegsgefreiten sinn- und verantwortungslos in Tod und Verderben gehetzt. Führer, wir danken dir!…*
>
> *In einem Staat rücksichtsloser Knebelung jeder freien Meinungsäußerung sind wir aufgewachsen. HJ, SA und SS haben uns in den fruchtbarsten Bildungsjahren unseres Lebens zu uniformieren, zu revolutionieren, zu narkotisieren versucht.*[106]

Huber fuhr fort, sich auf den Studentenaufruhr beziehend:

> *Gauleiter greifen mit geilen Späßen den Studentinnen an die Ehre. Deutsche Studentinnen haben an der Münchner Hochschule auf die Besudelung ihrer Ehre eine würdige Antwort gegeben, deutsche Studenten haben sich für ihre Kameradinnen eingesetzt und standgehalten…*
>
> *Das ist ein Anfang zur Erkämpfung unserer freien Selbstbestimmung…*
>
> *Es gibt für uns nur eine Parole: Kampf gegen die Partei!*

Heraus aus den Parteigliederungen, in denen man uns politisch mundtot halten will! Heraus aus den Hörsälen der SS-Unter- und Oberführer und Parteikriecher!...

Freiheit und Ehre! Zehn lange Jahre haben Hitler und seine Genossen die beiden herrlichen deutschen Worte bis zum Ekel ausgequetscht, abgedroschen, verdreht, wie es nur Dilettanten vermögen, die die höchsten Werte einer Nation vor die Säue werfen...

Der deutsche Name bleibt für immer geschändet, wenn nicht die deutsche Jugend endlich aufsteht, rächt und sühnt zugleich, ihre Peiniger zerschmettert und ein neues geistiges Europa aufrichtet. Studentinnen, Studenten! Auf uns sieht das deutsche Volk!... Beresina und Stalingrad flammen im Osten auf, die Toten von Stalingrad beschwören uns![107]

Dieser Essay Hubers wurde schließlich fast unverändert gedruckt, außer einer entscheidenden Zeile. Der Streit zwischen Huber und Hans Scholl über diese Zeile sollte den endgültigen Bruch in ihrer Beziehung bedeuten.

Seit dem Jahreswechsel überschlugen sich die Ereignisse; im Februar schienen sie schließlich außer Kontrolle zu geraten. Nachdem sie in der Nacht des 3. Februar 1943 die Nachricht von Stalingrad gehört hatten, gingen Hans, Alex und Willi in die verdunkelten Straßen und malten die Worte »Freiheit« und »Nieder mit Hitler« auf die Wände von Mietshäusern, Staatsgebäuden und der Universität. An einigen Stellen fügten sie ein weißes Hakenkreuz hinzu, rot durchgestrichen. Dabei hielten sie abwechselnd mit geladener Waffe Wache.

Sie wurden nicht gefaßt, und die Reaktion in der Stadt am nächsten Tag belohnte ihre Arbeit. Vor der Universität versammelten sich die Leute und beobachteten schweigend, wie russische Arbeiterinnen unter Aufsicht versuchten, die Buchstaben von den Wänden zu schrubben. Die Buchstaben waren groß und schwarz; man konnte sie unmöglich übersehen. Traute Lafrenz beobachtete zufällig, wie Hans Scholl den Eingang passierte. Er ging wie immer langen Schrittes, etwas vorgebeugt. Trotz des

Menschenauflaufs schaute er sich nicht um; nur ein kleines, fast übermütiges Lächeln lag auf seinem Gesicht. Als er in die Universität hineinging, vorbei an den Putzfrauen, die mit Besen und Bürsten eifrig schrubbten, verstärkte sich dieses Lächeln. Als dann ein aufgeregter Student auf ihn zugelaufen kam und rief: »Hast du es schon gesehen?«, da lachte Hans laut heraus und sagte: »Nein, was denn?«

Ungefähr zu dieser Zeit kam Falk Harnack in die Stadt, ein wichtiges Ereignis für die Weiße Rose. Der »zentrale Kern« der Widerstandsbewegung in Berlin nahm sie also ernst. Harnack traf Alex und Hans zunächst allein; am folgenden Tag kam dann die ganze Gruppe mit Ausnahme von Christoph in der Franz-Joseph-Straße zusammen. Anwesend waren Sophie, Willi, Hans, Alex und Kurt Huber. Bei dieser Gelegenheit gab Kurt Huber Hans vermutlich seinen Entwurf zum sechsten Flugblatt.

Harnack merkte, daß die Gruppe sehr aufgeregt war. Sie waren beinahe wie im Fieber, ihre Augen glänzten vor Erschöpfung, und dazu kam, daß sie gleichzeitig voller Überschwang waren. Sie glaubten, ihre Arbeit trage dazu bei, eine revolutionäre Stimmung in München zu schaffen. Vielleicht waren ihre Aktionen nicht ganz so wirkungsvoll, wie sie glaubten, aber trotzdem lagen sie mit ihrer Einschätzung der Stimmung in München nicht so ganz falsch. Berichte der Gestapo aus jenen Tagen enthielten Gerüchte, daß die Menschen auf den Gruß »Heil Hitler« mit einem Schlag ins Gesicht reagierten. »Es ist auch nicht ratsam, das Parteiabzeichen am Revers zu tragen«, meldeten die Berichte weiter.

Als die Gruppe sich in Hans' ungeheiztem Zimmer zusammengesetzt hatte, berichtete Harnack über den gegenwärtigen Stand des Widerstandes. Ein Putsch sei jeden Moment möglich, und die Invasion der Alliierten sei nahe. Die deutsche Widerstandsbewegung sei an der Arbeit mit der Weißen Rose sehr interessiert, aber erst müsse die Gruppe sich mit dem Prinzip der Koalition zwischen Rechts und Links in einer Bewegung einverstanden erklären. Er lud Hans und Alex für den 25. Februar 1943 zu sich nach Berlin ein. Ihr Treffpunkt sollte die Kaiser-Wilhelm-Gedächtnis-Kirche sein.

Dann wandte sich Harnack anderen Plänen nach dem Putsch zu, der die Gruppe zustimmen sollte: Alle aktiven Nazi-Führer mußten gefangengenommen und streng bestraft werden, alle Parteimitglieder sollten ihr Wahlrecht verlieren, und nur drei politischen Parteien sollte erlaubt werden, im neuen Parlament vertreten zu sein: Marxisten, Liberale und christliche Parteien.

Die Kluft zwischen ihnen wurde offensichtlich, als sie begannen, über Außenpolitik zu sprechen. Huber erklärte, er sei nicht bereit, mit den Sowjets zusammenzuarbeiten; er könne nur den westlichen Individualismus und die westliche Demokratie akzeptieren. Alex widersprach: Er halte es für kurzsichtig, sich völlig auf den Westen zu verlassen. Obwohl er persönlich kein Kommunist sei, glaube er, daß sich die Sowjetunion nach dem Kriege zu einer der stärksten politischen Mächte entwickeln werde.

Schließlich mußte Falk Harnack gehen. Das Treffen mit Hans und Alex, oder wenigstens mit Hans, in Berlin war beschlossen. Aber die Stimmung war verdorben. Kurt Huber war wütend. Nachdem Harnack gegangen war, sagte der Professor, daß er sich weigere, mit ihm in Zukunft zusammenzuarbeiten. Die anderen widersprachen ihm und bekräftigten ihre Meinung, daß einer von ihnen nach Berlin fahren solle.

Nun wurde Hubers Flugblatt durchgesprochen. Die Gruppe beschloß, es zu drucken – mit Ausnahme einer Zeile. Huber hatte geschrieben, daß die Studenten »unsere glorreiche Wehrmacht unterstützen« sollten. Für Hans und Alex war dieser Gedanke nicht annehmbar. Huber wollte diese Zeile aber unbedingt im Text haben; er weigerte sich, von seinem Standpunkt abzuweichen. Hans erregte sich und stellte klar, daß die Armee eine Säule des Nazi-Regimes sei und daß an ihr nichts Glorreiches sei. Inzwischen schrien sie sich an: Hans und Alex versuchten Huber zu überzeugen, daß Widerstand nur von einfachen Soldaten ausgehen könne, nicht aber von der Institution des Militärs.

Da verlangte Huber seinen Entwurf zurück. Entweder würde der Artikel vollständig gedruckt oder gar nicht. Die anderen lehnten dies ab und sagten, daß sie seine Bemerkungen sehr wichtig fänden und daß sie sie in der Universität verbreiten wollten.

Anscheinend bestand er nicht weiter darauf, seinen Aufsatz zurückzunehmen, aber Hubers kurze und gefährliche Zusammenarbeit mit der Weißen Rose war vorüber. Ärgerlich, verletzt und tief enttäuscht von den Studenten, die er mittlerweile als seine Schützlinge betrachtete, stürmte der Professor aus dem Zimmer.

Er sah Hans Scholl nie wieder.

Siebzehntes Kapitel

Noch zweimal zogen sie los, in den Nächten des 8. und 15. Februar, um die Wände der Stadt zu bemalen und Freiheit von der Nazi-Tyrannei zu fordern. Sie gingen sogar so weit, die Worte »Nieder mit Hitler« an die geheiligte Feldherrnhalle zu malen, die große florentinische Loggia am Ende der Ludwigstraße. Dieses Bauwerk zur Erinnerung an die bayrischen Generäle, die Napoleon bei seinem Eindringen in Rußland unterstützt hatten, war der Schauplatz des Hitler-Putsches von 1923 gewesen. Er hatte zu jener Zeit versucht, die bayrische Regierung zu stürzen, es war ihm jedoch nicht gelungen. Nach seiner Machtübernahme 1933 ließ er für den Einsatz seiner Stürmertruppen eine Erinnerungsplakette an der Seite der massiven Loggia anbringen. Er wurde an jedem Erinnerungstag für den vereitelten Versuch der Machtübernahme zum Wallfahrtsort für die Nazi-Führung.

Jetzt standen Männer in SS-Uniformen Tag und Nacht vor der Erinnerungsplakette Wache, mit einer zusätzlichen SS-Wache gegenüber auf der anderen Seite der Straße. Jeder Bürger, der an dem denkwürdigen Gebäude vorbeiging, hatte seinen Arm zum deutschen Gruß zu erheben; tat er das nicht, wurde er angehalten und von der SS verhört. Viele Münchner machten nun lieber einen Umweg, um dieses Zusammentreffen zu vermeiden. Aber in einer jener Nächte im Februar 1943 bemalten Hans, Alex und Willi, nur ein paar Meter von den SS-Ehrenwachen entfernt, die Wände der Feldherrnhalle mit Farbe. »Freiheit«, »Nieder mit Hitler!« waren die Worte, die München am Morgen begrüßten. Es war unglaublich: Das Heiligste des Heiligen, der Tempel des Dritten Reiches war entwürdigt worden!

Zu dieser Zeit kam Christoph nach München, um seine Freunde zu besuchen. Mit sehr bestimmten Worten sagte er ihnen, daß diese nächtlichen Unternehmungen gefährlich und verrückt seien. Christoph war vermutlich ebenso angespannt wie die anderen: Seine Frau hatte gerade eine Tochter geboren und lag mit Kindbettfieber im Krankenhaus. Aber hinzu kam noch die tiefe Sorge um seine Freunde. Er stritt heftig mit Hans und Alex und warnte sie: Die Nazis waren noch nicht entmachtet und wurden um so gefährlicher und skrupelloser, je mehr sie um ihre Position fürchten mußten. Der Terror wurde immer größer; in verschiedenen Städten waren sogar einzelne Personen hingerichtet worden, nur weil sie laut gesagt hatten, daß der Krieg nicht gut verlaufe.

Aber Christoph stimmte einer Bitte seiner Freunde zu: ein Flugblatt zu schreiben, in dem ein Waffenstillstand und Verhandlungen mit den Alliierten gefordert werden sollten und das hauptsächlich für die Verteilung an der Front bestimmt war. Er schickte später einen handgeschriebenen Entwurf an Hans. Er sprach darin von einem »ehrwürdigen Ende des Krieges« und besaß sogar die Kühnheit, zu fordern, daß nach dem Krieg eine neue internationale Ordnung entstehen sollte, vielleicht mit Unterstützung Franklin D. Roosevelts, des amerikanischen Präsidenten.

Dieser Entwurf, nie gedruckt, nie verteilt, kostete Christoph das Leben.

Obwohl die Gruppe es augenscheinlich ablehnte, sich zurückzuziehen und weniger Risiken auf sich zu nehmen, hatten auch die anderen das wachsende Gefühl, daß sie sich in unmittelbarer Gefahr befanden, gefaßt zu werden.

Hans' Persönlichkeit schien eine Wandlung zu durchleben. Er ging an Freunden vorbei, ohne sie wahrzunehmen; er schien in einer anderen Welt zu leben, unberührt von den Bedingungen um sich herum. Sein Verhalten war angespannt, nicht mehr selbstsicher und locker. Einmal erzählte er Gisela Schertling, er werde beobachtet. Später erinnerte sich Josef Soehngen, der Besitzer der Buchhandlung, daß Hans den Eindruck auf ihn machte, geheime Kontakte innerhalb der Gestapo zu haben. Vielleicht wußte er, daß sie ihm auf der Spur waren.

Tatsächlich war die Gestapo in München seit Januar fieberhaft auf der Suche nach den Autoren der Flugblätter. Als die Anti-Nazi-Parolen an den Wänden erschienen, brachten die Sicherheitsbeamten dies mit den Studentenunruhen nach der Rede des Gauleiters Giesler in Verbindung, nicht mit den Flugblättern. Sie konzentrierten ihre Aufmerksamkeit jetzt auf die Universität und versprachen dem Universitätspersonal eine Belohnung, falls jemand etwas über die »Schmiererei« wisse und aussage. Die Gestapo hatte schon seit seinen Tagen in der Jugendbewegung des Untergrunds und seiner Verhaftung im Jahr 1937 ein Auge auf Hans. Sie wußten außerdem sicherlich über Robert Scholls Gedanken und die Gefängnisstrafe, die er abgeleistet hatte, Bescheid.

Es gibt noch andere Hinweise, daß sich das Netz der Gestapo bereits immer enger um die Mitglieder der Weißen Rose zusammenzog. Im November 1942 hatte Hans Hirzel, der Ulmer Gymnasiast, der Hans Scholl glühend verehrte, versucht, neue Mitarbeiter für die Flugblattkampagne der Weißen Rose zu gewinnen. Er sprach mit einem Schulkameraden und nannte unter anderem auch Hans Scholls Namen. Der Schüler stellte sich jedoch als Gestapo-Informant heraus. Als Hirzel dies herausfand, gelang es ihm, den jungen Spitzel davon zu überzeugen, daß er ein Wirrkopf sei und wohl ein wenig verrückt gewesen sei, als er ihm die Geschichte über Flugblätter und Verschwörung erzählt habe. Der Informant schien ihm zu glauben; auf jeden Fall unternahm die Ulmer Gestapo nichts. Hans Scholl wurde in München vor drohenden Schwierigkeiten gewarnt, aber es geschah nichts. Einige Zeit später versuchte Hirzel wieder, einen Schüler für die Untergrundaktivitäten zu gewinnen. Wieder wurde er der Gestapo gemeldet. Am 17. Februar 1943 wurde Hans Hirzel zum Ulmer Gestapo-Hauptquartier bestellt und verhört. Doch man ließ ihn gehen. Nun mußte er Hans Scholl sofort vor möglichen Schwierigkeiten warnen. Er ging zum Haus der Scholls und forderte Inge auf, schnell ihren Bruder in München zu benachrichtigen und ihren Code für Gefahr, »Machtstaat und Utopie«, zu benutzen, den Titel eines Buches des bekannten deutschen Historikers Gerhard Ritter.

Inge rief sofort ihren zukünftigen Verlobten, Otl Aicher, an, der auf Militärurlaub war und zur Zeit bei Carl Muth in München wohnte. Sie bat ihn, Hans die Nachricht zu übermitteln.

Nachdem er Hans an jenem Abend erreicht hatte, kam Otl

Aicher wie vereinbart am nächsten Tag, dem 18. Februar 1943, um 11 Uhr morgens zu Hans' und Sophies Wohnung in der Franz-Joseph-Straße. Aber niemand machte auf. Er ging und kam um 11.30 Uhr zurück. Diesmal ging die Tür auf. Otl Aicher wurde von der Gestapo begrüßt.

Achtzehntes Kapitel

In Berlin war an jenem Donnerstag, dem 18. Februar 1943, der Sportpalast überfüllt mit einem begeisterten Publikum von Parteianhängern. Propagandaminister Joseph Goebbels hatte diesen Auftritt seit Januar geplant. Sorgfältige Analysen von öffentlichen Meinungsumfragen waren vorausgegangen, und die radikalsten Tendenzen in Partei und Bevölkerung waren angeregt worden. Jetzt waren die sorgfältig ausgewählten Repräsentanten der deutschen Volksgemeinschaft versammelt, um ihren Führer zu begrüßen.

Aber Hitler selbst lebte abgekapselt von der Welt in der Isolation der Wolfsschanze, seinem geheimen Hauptquartier tief im ostpreußischen Wald. Er grübelte dort schon seit Stalingrad, einer Schlacht, von der er versprochen hatte, sie werde der Wendepunkt des Krieges zum Sieg. Zu Hause im Reich erlitten indes die Familien jener, die in Rußland geblieben waren, Bombenangriffe, die immer schlimmer wurden. Unschuldige und Schuldige wurden gleichermaßen in zehntausenden von Angriffen von grünen Phosphorflammen verzehrt.

Goebbels wollte jetzt eine besondere Maßnahme ergreifen, um das Vertrauen der Bevölkerung in den Führer zu erneuern. Dadurch würde er sich mit einem Schlag in Hitlers Augen unersetzlich machen. Heute fand die größte Demonstration in Goebbels ganzer Karriere statt. Er würde sie leiten, als müsse er Wagners »Götterdämmerung« dirigieren und die Schande der Niederlage durch die slawischen »Untermenschen« in Deutschlands übermenschlichen letzten Widerstand umwandeln, die Verklärung des Dritten Reiches.

Das Publikum bestand aus 15 000 Menschen. Über der Tribüne des Sprechers, direkt über Goebbels' Kopf, hing eine riesige Fahne mit der Aufschrift »Totaler Krieg – Kürzester Krieg«. Mikrophone waren aufgestellt worden, um die Worte dieser historischen Begebenheit über den Volksempfänger in jedes deutsche Heim zu senden. Auch die Wochenschau-Kameras liefen und fuhren die Reihen der Gesichter entlang. Um die Bühne gruppiert saßen Kriegsverletzte der Ostfront und Rot-Kreuz-Schwestern in ihren weißen Kitteln. In den ersten Reihen saßen Regierungsmitglieder, hohe Parteiführer und die Generäle der Wehrmacht. Hinter ihnen saß eine Auswahl aus dem deutschen Volk selbst, zusammengesucht in ganz Deutschland: Kaufleute, Büroangestellte, Künstler, Ingenieure, Staatsdiener, einfache Soldaten, Lehrer – sie alle waren ausgewählt worden, um einstimmig auf die Fragen, die Goebbels stellen würde, zu antworten.

Goebbels begann. Seine Rede bestand im wesentlichen aus zehn Fragen; sie sollten Begeisterung wecken und das Publikum auf den höchsten Punkt der Gefühle bringen. Er wollte eine emotionale Energie freisetzen, die so mitreißend sein sollte, daß die Menschen sich selbst vergessen würden.

»Ich frage euch«, schrie Goebbels in das Schweigen, »glaubt ihr mit dem Führer und uns anderen an den totalen Endsieg des deutschen Volkes? Seid ihr entschlossen, dem Führer durch dick und dünn im Kampf um den Sieg zu folgen und selbst die schwersten persönlichen Bürden auf euch zu nehmen?«

Das Publikum antwortete mit einem einzigen Schrei der Zustimmung: »Ja!«

»Ich frage euch, seid ihr und das deutsche Volk entschlossen, wenn der Führer es befiehlt, zehn, zwölf oder wenn nötig vierzehn und sechzehn Stunden am Tag zu arbeiten und euer Letztes für den Sieg zu geben?«

Die Menge schrie noch lauter als zuvor: »Ja!«

Würde das deutsche Volk die Mobilmachung aller Frauen akzeptieren? Die Todesstrafe für Drückeberger und Profitjäger? Spontane Demonstrationen der Zustimmung brachen aus; Flaggen und Banner wehten, »Sieg-Heil!«- Rufe und »Führer, befiehl – wir folgen dir!« ertönten.

Goebbels war es gelungen, die Menge auf einen Gipfel der Begeisterung zu treiben, den er nie zuvor für möglich gehalten hatte. Jetzt war die Zeit für die allerletzte Frage gekommen: »Ich frage euch«, schrie er, »*wollt ihr den totalen Krieg*? Wenn nötig totaler und radikaler, als wir es uns heute vorstellen können?« Die Menge sprang auf und schrie begeistert ihr Einverständnis hinaus, ihre Hände und Arme mit solcher Leidenschaft ausgestreckt, daß es schien, als wollten sie aus den Schultern springen. »Seid ihr einverstanden«, rief Goebbels in das Gebrüll, »daß jeder, der sich in irgendeiner Weise gegen diesen Krieg stellt, dies mit dem Kopf bezahlen muß?«

»Ich habe euch gefragt«, sagte er mit bohrendem Blick und erstickter Stimme, »und ihr habt mir geantwortet. Ihr seid ein Teil des deutschen Volkes, und durch euren Mund ist der Wille des deutschen Volkes manifestiert worden. Jetzt, Volk, steh auf, und Sturm, brich los!«

Zwei Tage zuvor, am 16. Februar, hatte Sophie ihren letzten Brief an Fritz Hartnagel geschrieben. Als sie ihn schrieb, wußte sie schon, daß ihr Freund in Sicherheit war. Er war verwundet und mit einem der letzten Flugzeuge aus Stalingrad evakuiert worden. Sie schrieb wie immer und berichtete ihm von ihrem Leben, ihren Gefühlen und den Ereignissen zu Hause.

Noch einen kurzen Gruß, bevor ich wieder in meine Vorlesungen laufe. Ich hatte es Dir ja, glaube ich, schon geschrieben, daß ich zehn Tage daheim war, um dort zu helfen. Diese Tage, obwohl ich nicht viel zu meiner eigenen Beschäftigung komme, tun mir immer wohl, und wenn es nur deshalb wäre, weil mein Vater sich so freut, wenn ich komme, und sich wundert, wenn ich wieder gehe, und weil Mutter um so tausend Kleinigkeiten besorgt ist. Diese Liebe, die so umsonst ist, ist für mich etwas Wunderbares. Ich empfinde sie als etwas vom Schönsten, was mir beschieden ist.

Die 150 km, die zwischen Ulm und München liegen, verändern mich dann so rasch, daß ich selbst erstaunt bin. Ich werde von einem harmlosen ausgelassenen Kind zu einem auf sich gestellten Menschen. Doch dieses Alleinsein tut mir gut, wenn ich mich auch manchmal nicht so wohl darin befinde, weil ich doch von Menschen recht verwöhnt bin. Aber geborgen fühle ich mich erst dort, wo ich merke, daß eine selbstlose Liebe da ist. Und die ist doch verhältnismäßig selten.[108]

Der 18. Februar war ein warmer Vorfrühlingstag in München. Kurz nach zehn Uhr verließen Hans und Sophie an jenem Morgen ihre Wohnung in Schwabing und gingen zur Universität. Hans trug einen großen Koffer.

Kurz vor elf Uhr erreichten sie die Universität; die Vorlesungen liefen noch. Der Lichthof, ein großer Innenhof in der Universität mit einer Glaskuppel, war völlig leer. Plötzlich kamen ihnen Traute Lafrenz und Willi Graf auf der Marmortreppe entgegen. Sie hatten ihre Vorlesung früher verlassen, um zur Klinik in einem anderen Stadtteil zu gelangen, wo sie beide an einem Kurs teilnahmen. Sie sahen Sophie und Hans an, betrachteten dann den Koffer und erwarteten wohl eine Erklärung. Sie erhielten jedoch keine. Die vier verabredeten sich für den Abend. In der Straßenbahn sagte Traute zu Willi, sie habe so ein »unheimliches Gefühl«. Willi zuckte nur mit den Schultern, aber sie wußte, daß er ebenfalls besorgt war. Während der Vorlesung in der Klinik schien er nervös zu sein und nickte nicht einmal ein, wie es wegen der ständigen Übermüdung sonst häufig geschah.

Nachdem ihre Freunde den Lichthof verlassen hatten, öffneten Hans und Sophie den Koffer. Sie entnahmen ihm Packen von Kurt Hubers Flugblatt und verteilten sie vor den Türen der Hörsäle, auf Fenstersimsen und Mauervorsprüngen im Hauptflur. Sie legten ungefähr 700 bis 1800 von ihnen aus – die Schätzungen gehen in diesem Punkt auseinander. Als überall Flugblätter auslagen, hatten die Vorlesungen noch nicht geendet, und sie entschlossen sich, das Gebäude zu verlassen.

Sie warfen noch einen Blick in den Koffer; es waren noch Flugblätter übrig. Da liefen sie die Treppen wieder hinauf in das obere Stockwerk unter das Gewölbedach, und dort, von der Balustrade, warfen sie die restlichen Flugblätter in den Lichthof hinunter.

In diesem Moment geschahen zwei Dinge: Ein Hausdiener mittleren Alters, namens Jakob Schmid, tauchte plötzlich unter ihnen auf und rief: »Sie sind verhaftet!« Im selben Moment öffneten sich die Türen der Hörsäle, und die Studenten strömten heraus. Das laute Gebell von Jakob Schmids Stimme hallte durch den hohen gewölbten Raum. Hans und Sophie rannten die Treppen hinunter und mischten sich unter die anderen Studenten, weil sie hofften, sich in der Menge zu verlieren. Aber Schmid war beharrlich und fest entschlossen, sie festzuhalten; er war ein überzeugtes und loyales Mitglied der SA und der Partei, und dies war seine Chance.

Jakob Schmid holte den jungen Mann und die junge Frau ein. Er rief erneut: »Sie sind verhaftet!« Da hielten sie an und blieben ruhig stehen; alles an ihnen schien anzuhalten, müde zu werden, auszulaufen. Die vor Schreck erstarrten Studenten beobachteten, wie Hans und Sophie ohne Protest in das Büro von Rektor Wüst geführt wurden.

Inzwischen schrillte eine Alarmsirene durch das Gebäude, und alle Ausgänge der Universität waren geschlossen worden. Studenten und Fakultätsangehörige liefen angstvoll in dem großen Vorraum umher; einige lasen die Flugblätter, andere sahen nervös beiseite. Auch Kurt Huber war unter ihnen.

Robert Mohrs Gestapo-Einheit wurde vom Wittelsbacher Palais gerufen. Endlich schien es einen Durchbruch in der Flugblattangelegenheit zu geben. Als Mohr in der Universität ankam, machten der junge Mann und die junge Frau, die man dort festhielt, jedoch einen ausgesprochen entspannten Eindruck. Er bezweifelte, daß dies die Schuldigen waren. Zunächst befahl Mohr seinen Gestapo-Agenten, im Vorraum alle Flugblätter einzusammeln. Dann fragte er die beiden Verdächtigen nach ihren Papieren. Sie gaben sie ihm ohne das kleinste Zeichen von Nervosität. Die Papiere waren in Ordnung.

Mohr betrachtete die ruhig und gelassen dastehenden Geschwister. Sie sahen einander nicht sehr ähnlich, außer, daß beide dunkles Haar und dunkle Augen hatten. Er registrierte, daß sie saubere und ordentliche Studenten waren, offensichtlich aus einer gutbürgerlichen Familie stammend. Er konnte sich nicht vorstellen, daß sie subversive Aktionen unternommen haben sollten. Dem Hausmeister war offensichtlich ein Fehler unterlaufen. Er fragte sie, warum sie einen leeren Koffer bei sich trügen. Sie antworteten gelöst, daß sie auf dem Heimweg nach Ulm seien und beschlossen hätten, einen Tag früher zu fahren.

Aber warum mit einem leeren Koffer? Sie wollten frische Kleidung und Wäsche mit zurück nach München nehmen.

Mohr war sich nicht sicher, was er tun sollte. Er war im großen und ganzen von der Unschuld dieser beiden jungen Menschen überzeugt. Doch dann änderte sich die Situation plötzlich. Mohrs Männer hatten inzwischen alle Flugblätter von den Studenten im Innenhof und die noch herumliegenden in den Korridoren eingesammelt. Sie brachten sie in das Büro des Rektors und packten sie in den Koffer. Sie paßten genau hinein. Da gab Mohr die Anweisung, Hans und Sophie zum Gestapo-Hauptquartier zu bringen. In diesem Moment zog Hans ein Stück Papier aus seiner Tasche, riß es in Stücke und versuchte, es sich in den Mund zu stecken. Sie fielen über ihn her und retteten die Stücke, eins nach dem anderen. Es war der Entwurf eines Flugblattes, das Christoph Probst ein paar Tage zuvor über Frieden geschrieben hatte.

Hans blieb trotz allem ruhig. Er erklärte, dies sei ein Stück Papier, das ihm von einem Studenten gegeben worden sei, den er nicht einmal kenne. Er habe es nicht gelesen, seinen Inhalt kenne er nicht, aber er fühle, daß es ihn auf irgendeine Weise verdächtig machen würde.

Hans und Sophie wurden Handschellen angelegt, und man führte sie durch die Menge zu einem Wagen vor dem Eingang der Universität. Sie sahen weder nach rechts noch nach links. In der Menge waren auch Studenten, die ihre Freunde waren. Sie wollten sie nicht in Gefahr bringen.

Draußen in der Menschenmenge vor der Universität stand Alexander Schmorell. Er beobachtete, wie Hans und Sophie von der Gestapo verhaftet wurden. Eine Weile zuvor war ein Fluchtplan von der Gruppe ausgearbeitet worden, und Alex versuchte nun, ihn in die Tat umzusetzen. Er ging sofort in Willi Grafs Zimmer. Niemand war dort, aber er hinterließ eine geheime Nachricht, die Willi warnen sollte. Er hoffte inständig, sein Freund würde sie rechtzeitig finden und ihn am nächsten Tag am Starnberger Bahnhof treffen, einem kleinen Bahnhof neben dem Münchner Hauptbahnhof, von dem aus Züge in Richtung Süden in die Alpenregionen fuhren.

Irgendwie mußte er den Tag verbringen. Fieberhaft überlegte er, wo er sich in München verstecken könnte. Er rief seine Eltern an. Seine Mutter ging ans Telefon. Sie sagte schnell: »Alex! Die Polizei ist hier!« Er hängte auf. In seiner Verwirrung und Angst kam ihm plötzlich der Gedanke an seine Freundin Lilo Ramdohr. Ihr konnte er vertrauen, und noch wichtiger, sie hatte keine direkte Verbindung zur Weißen Rose. Er würde zu ihr gehen und die Nacht in ihrer Wohnung verbringen.

Willi Graf verbrachte den ganzen Tag an der Universitätsklinik. Er hatte von den Verhaftungen nichts mitbekommen. Abends ging er nach Hause mit dem Plan, Hans und Sophie am Abend zu treffen. Um 18.30 Uhr betrat er seine Wohnung in der Mandlstraße. Die Gestapo wartete schon auf ihn. Willi und seine Schwester Anneliese wurden ebenfalls zum Wittelsbacher Palais gebracht.

Robert Mohr wählte Sophie Scholl für das persönliche Verhör aus und übergab Hans einem anderen Agenten, Anton Mahler. Er war von dieser jungen, so unschuldig aussehenden Frau tief beeindruckt, die inmitten von Gestapo-Beamten, in einem Gebäude mit vergitterten Türen und Fenstern, kaum eingeschüchtert zu sein schien. Noch immer war Mohr von Hans' und Sophies Schuld nicht überzeugt; er kämpfte immer noch mit sich, ob er sie nicht ihren Koffer nehmen und nach Ulm fahren lassen sollte.

Die Befragung von Bruder und Schwester dauerte siebzehn Stunden – in getrennten Zimmern. Die Gestapo erfuhr jedoch nichts von ihnen. Zuerst leugneten die Studenten jegliche Beteiligung und wiederholten wieder und wieder, daß sie niemanden kannten, der in eine solche Sache verwickelt sei. Sie wichen von ihrer Position nicht ab. Doch dann wurde der Bericht der zweiten Wohnungsdurchsuchung in der Franz-Joseph-Straße hereingebracht, und das Kartenhaus ihrer Argumentation stürzte zusammen. Die Gestapo hatte eine ganze Menge Acht-Pfennig-Briefmarken gefunden, die man für Drucksachen brauchte. Und, was noch verheerender war, sie hatten einen Brief an Hans in Christophs Handschrift gefunden: Sie paßte zu der Handschrift auf dem Zettel, den Hans versucht hatte zu zerstören. Christoph, der in Innsbruck war und nichts von den schrecklichen

Dingen wußte, die in der Zwischenzeit passiert waren, befand sich nun in größter Gefahr.

Ohne Gelegenheit, sich gegenseitig zu besprechen, und nach der Befragung, die den ganzen Donnerstag und die Nacht zum Freitag andauerte, gestanden Hans und Sophie schließlich. Beide sagten, gemäß dem letzten Plan der Gruppe, daß sie, und zwar nur sie, für die Aktionen der Weißen Rose verantwortlich seien. Sie wichen nicht ein einziges Mal von dieser Aussage ab.

Als sie nach der Nonstop-Befragung endlich in ihre Zellen geführt worden waren, brachen sie auf den Pritschen zusammen. Ihnen wurden »Ehrenzellen« gegeben, mit vergitterten Fenstern, einer Toilette und sogar weißen Laken auf dem Bett. Doch die Deckenbeleuchtung brannte Tag und Nacht, und dies war ein Zeichen dafür, daß sie Todeskandidaten waren. Jeder teilte die Zelle mit einem anderen Insassen, dessen Hauptaufgabe es war, jeden Selbstmordversuch zu verhindern.

Sophies Zellengenossin war eine politische Gefangene, eine Frau namens Else Gebel, die am Tag Sekretariatsarbeit im Gestapo-Hauptquartier verrichtete und nachts eingeschlossen wurde. Else bewunderte Sophies gelassene Ruhe. Sie konnte kaum glauben, daß dieses unschuldige Mädchen überhaupt etwas mit »Verschwörung« und »Hochverrat« zu tun haben sollte. Bevor Sophie an jenem Freitag todmüde auf ihr Bett fiel, erzählte sie Else Gebel kurz, daß sie im Kreuzverhör nicht nachgegeben habe. Sie war nicht zusammengebrochen, hatte keine anderen Namen preisgegeben. Nur ihr Bruder und sie waren in die Angelegenheit verwickelt – und damit konnte sie im Moment recht zufrieden sein.

Etwa zur selben Zeit an diesem Freitag tauchte die Gestapo an der Bergmann-Schule auf, wo die Medizinstudenten stationiert waren. Alex war beim Appell nicht dagewesen. Man zog sofort die Konsequenzen daraus: Ein Plakat mit seinem Bild, seiner Beschreibung und mit einem Schild darüber »Verbrecher gesucht – 1000 Reichsmark Belohnung« wurde gedruckt und überall in Süddeutschland verteilt.

Alex war es ohne Schwierigkeiten gelungen, bei Lilo Zuflucht zu finden. Sie nahm ihn über Nacht auf, wie er vermutet hatte.

Seit Monaten war sie für ihn eine große Stütze gewesen. Sie hatte für ihn den Kontakt zu Falk Harnack hergestellt, sie hatte einige seiner Flugblätter und anderes Material für ihn aufbewahrt und sogar Geld für die Weiße Rose gespendet. Aber sie hatte sich trotzdem von der Gruppe ferngehalten. Ihre Beziehung zu Alex war privater Natur. Wenn der Druck zu groß geworden war, hatte er immer zu Lilo und seiner Kunst fliehen können.

Nun kam sie ihm wieder zu Hilfe. Sie besorgte einen jugoslawischen Paß und ließ das Foto darauf durch seines ersetzen. Zusammen mit einem vertrauenswürdigen Nachbarn, der Drucker war, fälschte sie Reisepapiere. Alex' vorläufiger Plan war es, in die Schweiz zu fliehen. Erst würde er zeitweilig in einem russischen Kriegsgefangenenlager in der Nähe Innsbrucks untertauchen. Später, wenn sich die Lage entspannt haben würde, wollte er die Alpen über die Bergpässe durchqueren, die er gut kannte, und so die Schweizer Grenze erreichen.

Am Freitag, dem 19. Februar, gingen Alex und Lilo zum Starnberger Bahnhof, um Willi Graf zu treffen. Lilo wartete draußen, während Alex in der Bahnhofshalle nach Willi Ausschau hielt. Nach kurzer Zeit kam er wieder heraus – allein. Sie verließen diesen Ort sofort; ihre Spannung stieg wieder. Alex erzählte Lilo, daß Willi nicht dagewesen sei und daß der Bahnhof voll von Gestapo und Polizei sei. Die Ausweise und Fahrkarten wurden überprüft.

Wie an jedem Freitag sprach Christoph Probst auch an diesem Tag an der Kasse seiner Einheit vor, um seinen Wochenlohn zu erhalten. Er war auf dem Weg zu seiner Frau, die immer noch, Wochen nach der Geburt ihrer Tochter, im Krankenhaus lag. Doch statt daß er seine Lohntüte bekam, wurde ihm mitgeteilt, daß er sich sofort bei seinem Vorgesetzten melden solle. Als er dessen Büro betrat, schloß irgend jemand die Tür hinter ihm ab. Zwei Gestapo-Beamte standen mit seinem Koffer im Raum. Sie befahlen ihm, seine Luftwaffenuniform auszuziehen und mit Zivilkleidung zu vertauschen. Dann wurden ihm Handschellen angelegt, man stieß ihn zur Tür hinaus und in ein Auto, das in Richtung München davonraste.

Das alles passierte so schnell und unerwartet, daß er es vermutlich zunächst gar nicht begreifen konnte. Doch eines war ihm, als Soldaten, sicher klargeworden: In Zivilkleidung stand er nicht mehr unter dem Schutz des Militärs. Er war den Händen der Gestapo übergeben worden.

In ihrer Zelle wurde Sophie Scholl von Else Gebel unterrichtet, daß noch jemand aus ihrer Gruppe verhaftet worden sei. Sophie wußte bereits, daß man Willi Graf gefaßt und in eine Zelle über der ihrigen gesperrt hatte. Durch Else hatte sie ihm eine Zigarette mit dem darauf gekritzelten Wort »Freiheit« zugeschmuggelt. Jetzt glaubte sie, man habe Alex gefaßt. Sie wurde nervös und verzweifelt. Else versprach, den Namen des neuen Gefangenen herauszubekommen.

Als sie später von ihrer Arbeit zurückkam, sagte Else zu Sophie: »Es ist Christoph Probst.«

Da brach Sophie zusammen – zum ersten und letzten Mal.

Christel: Vater dreier kleiner Kinder, dessen Frau krank war und dessen ganze Welt sich um seine junge wachsende Familie in dem ruhigen Dorf drehte! Sie alle hatten doch versucht, ihn aus aller Gefahr herauszuhalten! Er hatte fast nichts getan, was man als Verrat bezeichnen könnte.

Doch langsam wurde sie wieder ruhiger. Sie war sicher, daß er eine relativ milde Strafe bekommen würde. Er hatte nichts getan. Und selbst wenn er nun im Gefängnis saß, so würde er doch freikommen, sobald die Alliierten einmarschierten – eine Sache von höchstens acht Wochen. Ihre Ruhe und innere Gelassenheit schienen zurückzukehren.

Freitag abend ging Lilo zurück zum Starnberger Bahnhof, um die Lage zu erkunden. Zu Hause wechselte Alex inzwischen die Kleidung, um nicht dieselbe zu tragen, die auf dem Fahndungsplakat beschrieben war. Lilo kam niedergeschlagen zurück: Es gab keine Möglichkeit wegzukommen, die Polizeikontrollen waren noch immer da. Alex beschloß, am Samstag morgen ohne Rücksicht auf Kontrollen den Zug nach Innsbruck zu nehmen. Er mußte unbedingt weg aus München.

Den ganzen Samstag gingen im Wittelsbacher Palais die Befragungen weiter. Robert Mohr versuchte Sophie zu überreden, ihre Sünden zu gestehen und sich dem Nationalsozialismus zu verschreiben. »Ich versuchte mit letzter Beredsamkeit«, schrieb er später, »sie zu einer Erklärung zu bringen, daß sie ideologisch nicht mit ihrem Bruder konform war, sich vielmehr auf ihren Bruder verlassen habe, daß das richtig sei, was sie getan hatten, ohne sich eigene Gedanken über die Tragweite ihrer Handlungsweise zu machen. Sophie Scholl erkannte sofort, wo ich hinaus wollte, und lehnte entschieden ab, sich zu einer solchen oder ähnlichen Erklärung bereit zu erklären. Dies wäre in der Tat die einzige Möglichkeit gewesen, ihr Leben zu retten.« [109]

Sie bekräftigte, daß sie nicht von ihrem Bruder verführt worden sei und daß sie sich auf jeden Fall der Konsequenzen ihrer Handlungen bewußt gewesen sei. Mohr versuchte, ihr die nationalsozialistische »Weltanschauung« zu erklären, ihr aufzuzeigen, was Adolf Hitler alles erreicht hatte. Sie antwortete: »Sie täuschen sich, ich würde alles genau noch einmal so machen, denn nicht ich, sondern Sie haben die falsche Weltanschauung.« [110]

An diesem Punkt beendete Mohr die Befragung und schickte sie in ihre Zelle zurück. Zu ihrer Überraschung hatte Else Gebel dort ein kleines Festmahl für sie vorbereitet: Tee, ein paar Würstchen, Brot, Butter, Plätzchen und Zigaretten; das alles war ihr von Gefangenen und Wachen zugesteckt worden. Sie feierten diesen Augenblick, das Essen, das Gefühl der Sorge und Solidarität, das aus jeder Zelle und jedem Zimmer zu strömen schien. Sophie konnte sich entspannen und sogar lächeln. Sie arrangierte, daß etwas von dem Essen auch hinauf zu Hans geschmuggelt wurde.

Alex gelang es tatsächlich, am Samstag morgen nach Innsbruck zu fahren. Als er dort angekommen war, rief er eine ukrainische Frau in München an, die mit der russischen Führung des sowjetischen Kriegsgefangenenlagers Kontakt hatte. Die Frau erklärte sich einverstanden, die Reise nach Innsbruck zu machen und ihn dort zu treffen. Der Druck, unter dem Alex stand, löste sich ein wenig, denn wenn er heimlich in das Lager gelangen konnte, hatte er noch eine gute Chance, nicht verhaftet zu werden.

Er wartete am Innsbrucker Bahnhof auf den Zug aus München. Er kam auch, aber die Frau stieg nicht aus. Da stand er nun, allein, verzweifelt, und versuchte, eine neue Fluchtroute auszuarbeiten.

Am Sonntag morgen wurde Sophie aus ihrer Zelle geholt, um die offizielle Anklage gegen sie durch den Volksgerichtshof Berlin entgegenzunehmen. Beide Scholls sowie Christoph Probst wurden des Hochverrats angeklagt. Sie kehrte in ihre Zelle zurück, las das Dokument sorgfältig durch, und dann begannen ihre Hände langsam zu zittern.

Sie ging zu ihrem vergitterten Fenster, es war ein für die Jahreszeit ungewöhnlich warmer Tag, voll von den Düften und Klängen des Frühlings. Draußen gingen die Leute in ihren Sonntagskleidern spazieren und genossen das schöne Wetter. Die Sonne schien in die Zelle. »So ein herrlicher, sonniger Tag«, sagte sie sanft, »und ich muß gehen...« [111]

Doch dann nahm sie sich wieder zusammen, haderte mit sich und sprach zu sich selbst: »Aber wie viele müssen heutzutage auf den Schlachtfeldern sterben, wie viele junge, hoffnungsvolle Männer... was liegt an meinem Tod, wenn durch unser Handeln Tausende von Menschen aufgerüttelt und geweckt werden? Unter der Studentenschaft gibt es bestimmt eine Revolte.« [112]

Dann wandte sie sich an Else Gebel und erzählte von ihrer Mutter und ihrer tiefen Sorge um sie. Wie würde die Mutter es verkraften, zwei Kinder auf einmal zu verlieren, und ein drittes kämpfte in Rußland? Es würde für sie unerträglich werden. Auch ihr Vater würde leiden, aber er würde es wenigstens verstehen können. Dann war die Krise vorbei, und ihre Hand hörte auf zu zittern. Sie hatte akzeptiert, was kommen würde.

Von Innsbruck aus gelang es Alex, nach Mittenwald zu fahren, einer ihm von Bergwanderungen und Skitouren her bekannten Stadt. Vor einiger Zeit hatte er mit einem russischen Kutscher Freundschaft geschlossen, der auf Schloß Elmau arbeitete, einem Schloß, das außerhalb der Stadt lag und zu einer Kurklinik umgebaut worden war. Er hatte Glück; der Kutscher erklärte sich einverstanden, ihn zu verstecken, obwohl die Fahndungsplakate mit Alex' Bild nun bereits in jedem Schaufenster und jeder Poststelle, selbst in den kleinsten Dörfern hingen. Er wurde von zwei Ortspolizisten angehalten, die seine Papiere sehen wollten. Sie lasen den slawischen Namen im Paß, betrachteten Alex einen Moment – und ließen ihn gehen.

Das Glück war zweimal auf seiner Seite gewesen. Jetzt, wo er untertauchen und den Gang durch die Berge genau planen konnte, hatte er eine reelle Chance, der Gestapo zu entkommen.

Der vom Gericht bestellte Pflichtverteidiger besuchte Hans und Sophie in ihren Zellen nur widerwillig. Sein Besuch war kurz, er tat nur seine Pflicht. Das Verfahren wurde auf Montag, den 22. Februar, im Münchner Justizpalast angesetzt. Es würde kein einfaches politisches Verfahren werden: Es stand unter der Gerichtsbarkeit des Volksgerichtshofes Berlin. Dieser Name und der des vorstehenden Richters, Roland Freisler, reichten aus, um Schrecken in den Herzen auch der nicht-engagierten Bürger zu wecken. Der Name Freisler in einem Gerichtssaal bedeutete Beschimpfung, Erniedrigung und Tod. Später, nach dem mißglückten Attentat hoher Militärs auf Hitler im Juli 1944, war es ebenfalls Freisler im Volksgerichtshof, der die Generäle, Obersten und hohen Regierungsbeamten, die an der Planung beteiligt gewesen waren, demütigte und beschimpfte. Viele von ihnen wurden anschließend hingerichtet, ebenso wie die Mitglieder der Roten Kapelle zwei Jahre zuvor, durch Erhängen an Fleischhaken. Heimlich gedrehte Filme von Freislers wahnsinnigen Schreiereien während der Verhandlungen den Angeklagten gegenüber wurden des Nachts dem Führer gezeigt.

Was auch immer Sophie über den Volksgerichtshof wußte, sie schaffte es, ruhig zu bleiben und dem Anwalt zu sagen, sie sei ebenso für die sogenannten Verbrechen verantwortlich wie ihr Bruder, und sie erwarte dieselbe Strafe wie er. Sie erkundigte sich, ob Hans das Recht auf Tod durch Erschießen habe, da er doch in der Armee und an der Front gewesen sei und deshalb diese »Ehre« verdiene.

Der Anwalt war von dieser so ruhig gestellten Frage sehr betroffen; er vermied eine Antwort. Ihre nächste Frage erstaunte ihn noch mehr: Sie wollte wissen, ob sie gehängt oder geköpft werden würde. Schockiert von ihrer Unverblümtheit, zog er sich so schnell wie möglich zurück. Es ging dem Ende zu. Robert Mohr kam zu Hans, Sophie und Christoph in die Zellen und schlug vor, die Gefangenen sollten Briefe an ihre Eltern schreiben.

Ihre Briefe waren kurz; sie dankten ihren Eltern für die Liebe und Wärme, die sie ihren Kindern das ganze Leben hindurch geschenkt hatten. Und sie baten um Vergebung für den Schmerz und die Verzweiflung, die sie verursachten. Sie erklärten, daß sie nicht anders hätten handeln können, und sie seien sicher, ihre Eltern würden sie verstehen. Die Zukunft werde ihre Handlungen rechtfertigen.

Christel schrieb an seine Mutter:

Meine liebste Muttl!
Laß Dich nicht erschrecken durch das, was Du seit meiner »dienstlichen Verhinderung« des Sonntagsurlaubes vielleicht vernommen hast oder nun durch mich erfährst. Anstatt mir am Samstag meinen Urlaubsschein auszuhändigen, hat man mich nämlich festgenommen und nach München gebracht. Durch ein unwahrscheinliches Mißgeschick bin ich nun in eine schwierige Lage geraten. Ich beschönige aber nichts, wenn ich Dir sage, daß es mir gut geht und daß ich ganz ruhig bin. Die Behandlung ist gut, und das Leben in der Zelle erscheint mir so erträglich, daß ich vor einer längeren Haftzeit keine Angst habe. Das einzige, was mich bedrückt, ist, daß Ihr mehr unter meinem Zustand leidet als ich, und daß Ihr Euch allzu große Sorgen macht. So schwer die äußere Trennung von dem geliebten Frauchen und den Herzenskindern ist, so fühle ich mich gerade jetzt innerlich stärker als je mit ihnen verbunden. Ich schöpfe viel Kraft aus dieser innigen Verbundenheit,

und Eure Liebe ist mir nun noch viel teurer als sonst. Es tut mir unsagbar leid, daß ich Euch, meine Liebsten, Sorgen machen muß. Was mich sonst noch für Gedanken und Gefühle zutiefst bewegen, erzähle ich Dir später einmal. Vor allem muß ich immerfort an meine Herzenskinder und meine Vaterschaft denken. Das Ganze ist so schicksalhaft, daß ich Euch innigst bitten muß, mir keine Verantwortungslosigkeit vorzuwerfen. Du weißt ja, daß ich am liebsten nur für Euch, für Mutter, Schwester, Frau und Kinder leben würde. Ich bin Dir unendlich dankbar für alles Liebe, was Du für mich tust. Doppelt dankbar bin ich, wenn ich weiß, daß Du genauso ruhig bist wie ich, Dich nicht in Sorge verzehrst, nie Vertrauen und Hoffnung verlierst, wenn Schweres kommt. Du bist ja mein einziges, bestes, inniggeliebtes Mütterchen; es wäre mir zu schlimm, wenn ich wüßte, daß durch mich Bitternis in Deine Tage käme. Das Schicksal wird uns Menschen eben geschickt, *und uns bleibt nichts, als es hinzunehmen, ohne uns dagegen aufzulehnen. Mutter, meine Gefühle sind so innig, dankbar und stark, keine Worte können das ausdrücken. Ich empfinde die Unzerstörbarkeit der Liebe so stark wie noch nie. Weniger denn je weiß ich heute, was die Zukunft bringt, aber auch weniger denn je frage ich danach. Für mich habe ich keine Angst, nur für Euch bin ich besorgt, für die Frau und die kleinen Kinder. Hoffentlich darf ich ihnen immer helfen, wenn es not tut. Wenn mir aber die Möglichkeit zeitweilig genommen sein sollte, so darf ich auch nicht verzweifeln und hoffe, daß es ihnen durch Eure Liebe und Obhut genauso gut geht, als wenn ich da wäre. Selbst wenn mir etwas zustoßen würde, wäre ich froh, daß diese kleinen unschuldigen Geschöpfe leben, denn ich kann mir nicht vorstellen, daß es ihnen schlecht gehen könnte. Wie sich alles entwickelt, weiß ich heute noch nicht. Ich weiß nur, daß nichts so schwer ist, daß man es nicht ertragen könnte.*

Ich fühle mich gar nicht getrennt von Dir, weiß Dich immer in meiner Nähe und bin so froh, daß ich eine so einzig liebe Mutter habe. Ich umarme Dich und bleibe immer, immer

Dein Sohn Christel[113]

Sophie schrieb auch an Inge und bat sie, letzte Grüße an Carl Muth auszurichten und ihm ihre tiefe und unauslöschliche Bewunderung auszudrücken. Der letzte Brief, den sie schrieb, ging an Fritz Hartnagel irgendwo in Rußland.

Die Gestapo sandte die Briefe nie ab. Aber durch eine der merkwürdigen und unberechenbaren Launen in einem totalitären Staat blieben Christophs Briefe an seine Mutter und seine Schwester Angelika unversehrt, zumindest lange genug, um von den Empfängern in Anwesenheit der Gestapo-Beamten nach Christophs Tod gelesen werden zu können. Der Familie wurde nicht gestattet, die Briefe mitzunehmen. Aber Christophs Mutter würde nie die Worte vergessen: »Ich danke Dir, daß Du mir das Leben gegeben hast. Wenn ich es recht bedenke, so war es ein einziger Weg zu Gott. Sei nicht traurig, daß ich das letzte Stück nun überspringe. Bald bin ich noch viel näher bei Euch als sonst. Ich werde Euch dereinst einen herrlichen Empfang bereiten…«[114] Er schrieb an Angelika: »Ich sterbe ohne Haßgefühle…«[115]

Das Licht in ihren Zellen brannte die ganze Nacht.

Neunzehntes Kapitel

Am Freitag, einen Tag nach der Verhaftung, erhielt die Familie Scholl die schreckliche Nachricht. Sie wurden von drei Freunden angerufen, Traute Lafrenz, Otl Aicher und Jürgen Wittenstein. Keine Frage, die Lage war katastrophal. Zufällig hatte Werner, das jüngste Kind, gerade Urlaub von der Front und war bei den Eltern zu Hause. Die Familie erfuhr, daß übers Wochenende keine Besucher in das Gestapo-Hauptquartier gelassen wurden. So mußten sie Samstag und Sonntag zu Hause in Ulm abwarten. Sie beschlossen, am frühen Montag morgen nach München zu fahren.

Um 7 Uhr morgens am Montag, den 22. Februar, wurden die drei Insassen aus ihren Zellen geholt. Else Gebel konnte kaum an sich halten, als sie sich von Sophie verabschiedete, die jedoch ganz ruhig blieb. Später kam Else in die verlassene Zelle zurück, um ihre Sachen zusammenzupacken. Ein Stück Papier lag auf Sophies ordentlich gemachtem Bett: Es war die offizielle Anklage. Auf die Rückseite hatte Sophie ein Wort geschrieben: »Freiheit!«

An den bloßen Wänden von Hans' Zelle fand man einige mit Bleistift gekritzelte Worte: »Allen Gewalten zum Trutz sich erhalten« – das Lieblingszitat seines Vaters von Goethe.

Gegen 9 Uhr brachten Gestapo-Beamte die drei Gefangenen zum Justizpalast, einem großen, einschüchternden Gebäude, das einige Häuserblocks vom Münchner Hauptbahnhof entfernt lag.

Daß eine Verhandlung so kurz nach der Verhaftung und dem Verhör stattfand, war wahrhaftig außergewöhnlich. Doch dieses Ereignis war keine harmlose Affäre. Himmler selbst hatte in Berlin die Entscheidung getroffen, wie man nun vorzugehen hatte. Das Hauptziel bestand jetzt darin, alle Studenten zu warnen, die Finger vom Widerstand zu lassen. Verschiedene Möglichkeiten, wie man dies auf eindringliche Weise erreichen könnte, waren in Betracht gezogen worden. Der Münchner

Gauleiter wollte die drei Studenten öffentlich auf dem Marienplatz, dem zentralen Platz Münchens, hängen lassen. Jemand anderes hatte die Idee, sie vor der Universität zu hängen. Himmler lehnte jedoch beide Vorschläge ab mit der Begründung, daß öffentliche Hinrichtungen nur provozierend seien und zu weiteren Demonstrationen führen könnten. Hinrichtungen sollten stattfinden, aber heimlich und schnell.

Die Verhandlung vor dem Volksgerichtshof sollte zwar alle Regeln des Gesetzes befolgen, doch über ihren Ausgang bestand kein Zweifel. Der Gerichtssaal war voll von ausgewählten, geladenen Gästen, fast alle in brauner oder schwarzer Uniform. Familienmitglieder der Angeklagten waren nicht anwesend, denn sie waren offiziell nicht von den Verhaftungen oder der Verhandlung informiert worden.

Der vorsitzende Richter, Roland Freisler, betrat den Gerichtssaal in einer glänzenden scharlachroten Robe. Die anderen Richter und Anwälte nahmen an einem langen Tisch auf beiden Seiten von Freisler Platz. Sie repräsentierten das Bayrische Justizministerium, die SS und die SA. Hinter ihnen hing ein Portrait von Adolf Hitler.

Roland Freisler ist als eine der schillerndsten Figuren des gesamten Machtgefüges in die unerfreuliche Geschichte des Dritten Reiches eingegangen. Sein Fall ist ungewöhnlich, und es ist schwer zu sagen, ob seine ideologischen Schachzüge opportunistischer Natur waren oder ob sie zumindest teilweise durch wilde Überzeugungsschwankungen motiviert waren, wie sie häufig bei fanatisch Gläubigen vorkommen. Als junger Mann war Freisler während des Ersten Weltkrieges Kriegsgefangener in Rußland gewesen. Dort hatte er fließend Russisch gelernt und war allmählich ein überzeugter Bolschewist geworden. Als der Krieg zu Ende war, kehrte er nach Deutschland zurück und tauchte im Jahre 1925 plötzlich als überzeugter Nationalsozialist wieder auf. Gleichzeitig blieb er jedoch ein großer Bewunderer stalinistischer Schreckenstechniken und studierte Andrej Vischinskys Taktiken als Staatsanwalt bei den Moskauer Säuberungsprozessen in den dreißiger Jahren. Hitler nannte Freisler »unseren Vischinsky«, aber da lag er falsch. Freisler gelang es niemals, die angeklagten Verdächtigen – Generäle, Studenten, Professoren und Richter – in die Knie zu zwingen; sie gaben nie ihre »Schuld« zu, sie baten nie darum, wieder in die Volksgemeinschaft aufgenommen zu werden. Im Nazi-Deutschland ging der Hinrichtung keine »Rehabilitation« voraus. Mit Vischinskys Maß gemessen, war Freislers Taktik ein brutaler Mißerfolg.

An jenem Montag morgen saßen die drei angeklagten Studenten auf einer Seite des Saales, jeder von zwei Wachen flankiert. Ihre Gesichter waren bleich und eingefallen, und sie sahen abgekämpft aus, saßen jedoch aufrecht auf ihren Stühlen.

Um 10 Uhr wurde die Verhandlung eröffnet. Hans und Sophie Scholl sowie Christoph Probst wurden offiziell der Hilfe und Unterstützung des Feindes und damit des Hochverrats angeklagt. Die Staatsanwaltschaft verlangte den Tod.

Es ist kaum vorstellbar, mit was für einer Flut von Anklagen, Flüchen, Attacken und Beschuldigungen Freisler sie nun überschüttete. Er schien völlig die Kontrolle über sich verloren zu haben; das war sein Stil, seit er als Hitlers Todesrichter so berüchtigt geworden war. Er schien seinem Wahnsinn freien Lauf zu lassen, mal stärker, mal schwächer. Im Gerichtssaal herrschte Totenstille, und die Augen der Anwesenden waren schreckerfüllt. Dieser verrückte Mann in seiner strahlenden Robe konnte tun, was er wollte – sie alle wußten das.

Er kreischte, brüllte und gestikulierte wild mit den Armen. Die Staatsanwälte und Verteidiger waren gezwungen, stumm zu bleiben. Nun wurde das Beweismaterial hereingebracht: die Flugblätter, die Vervielfältigungsmaschine, die Farbe und die Stifte, mit denen Hans und Willi die Wände bemalt hatten. Draußen warteten drei Zeugen der Anklage darauf, aufgerufen zu werden: die Gestapo-Beamten Mohr und Mahler sowie der Held des Tages, der Hausmeister Jakob Schmid, der für seine Tat bereits 3000 Reichsmark erhalten hatte und im Universitätsdienst befördert worden war.

Aber die Zeugen wurden gar nicht aufgerufen. Es gab keinen Grund dazu, denn die drei Angeklagten hatten längst gestanden. Freisler fuhr einfach mit seinen Tiraden fort. Mehrmals unterbrach ihn dabei eine junge Stimme und widersprach ihm: Es war Sophie Scholl. »Einer muß ja doch mal schließlich damit anfangen«, rief sie aus. »Was wir sagten und schrieben, denken ja so viele, nur wagen sie es nicht auszusprechen!«[116] Dies rief nur noch mehr Schreie von dem Podest vorn im Gerichtssaal hervor.

Schließlich näherte sich der Prozeß seinem Ende. Jeder Gefangene wurde, wie es das Prozeßprotokoll verlangte, zu einer letzten Stellungnahme aufgefordert. Sophie und Hans zogen es vor, nichts zu sagen. Christoph Probst jedoch stand auf und trat an die Abgrenzung. Er versuchte darzulegen, daß das, was er getan hatte, im Interesse seines Vaterlandes geschehen sei. Sein einziger Wunsch sei es gewesen, das Blutvergießen zu beenden und Deutschland die Schmach weiterer Stalingrads zu ersparen. Da schrien die Zuschauer ihn wütend an. Von allen Seiten prasselten Beschimpfungen und Beschuldigungen auf ihn herab. Freisler machte eine Bemerkung über Christophs Vorschlag, sich an Präsident Roosevelt zu wenden. Allein die Erwähnung dieses Namens rief ein erneutes Spektakel hervor. Christoph stand ruhig da und blickte geradeaus, bis sich der Tumult gelegt hatte.

Dann bat er um Gnade, um seiner kranken Frau und ihrer drei kleinen Kinder willen.

Diese Worte wurden mit eisigem Schweigen beantwortet. Plötzlich begann Hans zu sprechen. Er sagte, Christoph habe praktisch nichts mit der Flugblattaktion zu tun, und er solle doch mit Nachsicht behandelt werden.

Freisler keifte ihn an: »Wenn Sie für sich selbst nichts vorzubringen haben, schweigen Sie gefälligst!«[117]

Nun wurde es Zeit, über das Urteil zu entscheiden. Plötzlich entstand Unruhe am Eingang des Saales, und man hörte laute Stimmen und Rufe.

Robert und Magdalena Scholl waren mit Werner gekommen. Sie hatten den Frühzug von Ulm nach München genommen und waren am Bahnhof von einem verzweifelten Jürgen Wittenstein erwartet worden, der ihnen berichtete, daß die Verhandlung bereits in vollem Gange sei. Frau Scholl sah ihm ins Gesicht und fragte: »Werden sie sterben müssen?« Jürgen nickte, den Tränen nahe. »Wenn ich nur eine Chance hätte«, sagte er, »ich würde sie herausholen. Dann würde ich das Gericht in die Luft jagen und sie über die Grenze bringen!« [118] Dann eilten sie die lange Straße hinunter, die zum Justizpalast führte.

Robert Scholl erkämpfte sich den Weg durch die Wachen an der Tür und strebte den Gang entlang; die anderen Familienmitglieder folgten ihm. Irgendwie gelang es ihm, zu dem Verteidiger seiner Kinder vorzudringen. Er flüsterte energisch in das Ohr des Anwaltes: »Gehen Sie bitte zu dem Präsidenten und sagen Sie ihm, hier sei der Vater und wolle seine Kinder verteidigen!« [119]

Der Anwalt war verblüfft, befolgte aber Herrn Scholls Bitte. Der Gerichtssaal brodelte vor Neugier und Verwirrung. Freisler selbst schien verstört, er wartete auf eine Erklärung. Der Verteidiger trat an sein Podium und flüsterte Scholls Botschaft in Freislers Ohr.

Der Richter machte eine dramatische, ausholende Geste der Ablehnung, und auf Robert Scholl zeigend befahl er den Wachen, ihn aus dem Gerichtssaal zu entfernen. Wachen umzingelten die Familie und trieben sie hinaus. Frau Scholl erlitt einen Schwächeanfall, konnte sich aber wieder erholen. Robert Scholl brüllte: »Es gibt noch eine andere Gerechtigkeit!«, und als sich die Türen gerade schlossen, fügte er hinzu: »Sie werden in die Geschichte eingehen!« [120]

Die Familie Scholl – Herr, Frau und Werner Scholl – wurde allein im offenen Korridor vor dem Gerichtssaal stehengelassen.

Bald danach strömten die Beobachter des Prozesses aus dem Saal. Freisler und seine Kollegen hatten sich zur Urteilsberatung zurückgezogen. Die Scholls saßen wartend auf einer Bank. Alle anderen taten, als seien sie unsichtbar, außer einem jungen Jurastudenten: Leo Samberger. Er hatte Flugblätter der Weißen Rose mit der Post erhalten; es war ihm gelungen, in den Gerichtssaal zu kommen, und er hatte die Verhandlung mit wachsendem Entsetzen verfolgt. Er ging zu der Familie, stellte sich vor und schlug vor, sofort ein Gnadengesuch einzureichen, was ihre einzige Chance war.

Dann ging die Menge wieder hinein, um das Urteil zu hören.

Die Scholls warteten. Ein paar Minuten später wurden die Türen geöffnet. Die Familie las es in allen Gesichtern: Ihre Kinder waren zum Tode verurteilt worden.

Hans hatte nichts zu seiner Verteidigung gesagt. Aber als Freisler die Todesstrafe verkündete, rief er aus: »Heute hängt ihr uns, und morgen werdet ihr es sein!« [121] Man legte ihm Handschellen an, und zusammen mit Sophie und Christoph wurde er aus dem Gerichtssaal geführt. In dem Gedränge gelang es Werner Scholl, der in Uniform war, sich durchzudrängen. Er drückte Hans' und Sophies Hand, und seine Augen füllten sich mit Tränen. Hans berührte ihn kurz und sagte rasch: »Bleib stark, keine Zugeständnisse.« [122]

Die Verurteilten wurden zu einem Wagen geführt und ins Gefängnis Stadelheim gefahren, in dem die meisten Hinrichtungen der Münchner Umgebung stattfanden. Alles ging so schnell, sie konnten es kaum begreifen.

Zusammen mit Leo Samberger liefen die Scholls zum Staatsanwalt und brachten ein Gnadengesuch für ihre Kinder und für Christoph vor. Dort fanden sie heraus, wohin man die Gefangenen gebracht hatte, und fuhren so schnell wie möglich nach Stadelheim. Dies war gar nicht so einfach, denn München war eine unbekannte Stadt für sie.

Irgendwie gelang es Robert Scholl dort, Eintritt ins Gefängnis zu erhalten, zusammen mit seiner Frau und Werner. Dies war vermutlich die erste und letzte Ausnahme, die je in Stadelheim gemacht worden ist; den Verurteilten waren Besuche sonst nicht erlaubt. Inzwischen hatte auch die Nachricht die Runde im Gefängnis gemacht, wie tapfer sich die jungen Studenten in den Händen der Gestapo und während des unrühmlichen Prozesses verhalten hatten. Die Gefängnisbeamten bewunderten sie. Die Angestellten in dieser Haftanstalt waren weder Mitglieder der SS noch der Gestapo. Sie betrachteten sich als »normale Staatsbeamte«, die ihre unerfreuliche Pflicht erfüllten, egal, welches Regime sich gerade an der Macht befand.

Zieht man in Betracht, was das Personal in Stadelheim während der vergangenen Jahre gesehen und getan hatte, ist es fast ein Wunder, daß das Schicksal der Mitglieder der Weißen Rose sie überhaupt anrühren konnte. Die Wachen durchbrachen sogar ihre Vorschriften: Sie führten Hans in den Warteraum, damit er seine Familie dort treffen konnte. Man hatte ihm bereits die gestreifte Uniform eines Verurteilten angezogen; sein Gesicht war hager und schmal. Er schüttelte über die Abgrenzung hinweg jedem die Hand und versicherte seinen Eltern, daß er keine Haßgefühle habe. »All das« liege hinter ihm. Sein Vater umarmte ihn und sagte wieder, er werde in die Geschichte eingehen, und es gebe eine höhere Gerechtigkeit.

Als Hans gehen mußte, bestellte er all seinen Freunden Grüße. Als er einen Namen nannte, füllten sich seine Augen mit Tränen. Er drehte sich um, versuchte, sich zu fassen. Dann ließ er sich abführen.

Nun wurde Sophie hereingebracht. Sie trug noch immer ihre eigene Kleidung – Jacke, Bluse und Rock. Sie lächelte die Besucher an. Sie schien schmaler geworden zu sein, aber ihre Haut war frisch und klar. Sie nahm die Süßigkeiten von ihrer Mutter entgegen. Hans hatte sie abgelehnt. Sie sagte, ja, sie sei hungrig, denn sie habe noch nichts zu Mittag gegessen. »Sophie, Sophie«, sagte Frau Scholl weinend, »nun wirst du also gar nie mehr zur Tür hereinkommen.« »Ach, die paar Jährchen, Mutter«, antwortete ihre Tochter lächelnd.

»Gelt, Sophie«, sagte die Mutter leise, »Jesus.«

»Ja, aber *du* auch«, antwortete Sophie.[123] Dann wurde sie abgeführt. Robert Mohr fand sie weinend in ihrer Zelle.

Christoph Probst war zu einem gläubigen Katholiken geworden. Er war nie getauft worden, aber jetzt, in seiner Todeszelle, bat er um einen Priester. Als der Pater kam, sprachen sie eine Weile und beteten zusammen, dann knieten sie vor einem kleinen Tisch nieder, der als Behelfsaltar diente. Christoph Probst erhielt gleichzeitig seine erste Heilige Kommunion und die Letzte Ölung.

Hans und Sophie beteten mit dem protestantischen Pfarrer und lasen mit ihm einige ihrer Lieblingspsalmen in ihren Zellen. Auch sie empfingen beide das Abendmahl.

Dann wurden die Türen ihrer Zellen geöffnet. Sie wurden in Handschellen gelegt und hinausgeführt. In einem Flur neben der

Tür, die in den Hof führte, fanden die drei sich nebeneinander stehend wieder, ohne Wache zwischen ihnen. Wieder wurden die Regeln gebrochen: »Hier, raucht noch eine Zigarette zusammen«, murmelte jemand. Sie standen und rauchten schweigend. Dann sagte Christoph: »Ich wußte gar nicht, daß das Sterben so leicht sein kann!«[124]

Die Tür zum Hof öffnete sich. Am Ende des Weges lag ein kleines Gebäude mit der Guillotine. Sophie war die erste. Sie ging aufrecht über den Hof, begleitet von den Wachen. Sie betrat das Gebäude. Es war fünf Uhr am Nachmittag, drei Stunden nach Beendigung der Verhandlung. Es gab einen schweren Schlag. Dann war es zu Ende.

Als Hans an der Reihe war, ging er schnell über den Hof, bevor er jedoch über die Türschwelle schritt, drehte er sich um und rief, so daß seine Stimme alle vergitterten Fenster rundherum erreichte: »Es lebe die Freiheit!«[125]

Zwanzigstes Kapitel

Das Wetter blieb den ganzen Februar hindurch mild in München; es trug die ersten Anzeichen von Frühling. Doch in den Alpenregionen im Süden zogen schwere Stürme auf.

Alex hatte keine Wahl mehr. Jemand in Mittenwald hatte ihn erkannt und der Polizei gemeldet. Er mußte sofort aufbrechen. Er machte sich auf den Weg in die Berge hinauf auf einem Pfad, der unter seinen Füßen wegrutschte. Er hatte weder Stiefel noch angemessene Kleidung, und sein Proviant ging bald aus. Vor ihm lag eine riesige weiße Wand. Er wanderte einige Stunden so weiter, dann sah er ein, daß es keinen Zweck hatte. Er hatte keine Kräfte mehr, niemanden, an den er sich wenden konnte. Er kehrte um, er sah keinen anderen Weg. Er würde nach München zurückkehren.

Die Scholls waren am Montag abend nach Ulm zurückgefahren in dem Glauben, ihre Kinder seien noch am Leben. Sie besprachen den Berufungsprozeß, von dem sie hofften, er werde die Hinrichtung ein paar Monate verzögern. Am Dienstag wurde die Nachricht über die Hinrichtungen auf Plakaten in der Stadt, an der Universität und durch besondere Meldungen in der Münchner Presse veröffentlicht. Die Bürger wurden darüber informiert, daß drei Studenten verurteilt und noch am selben Tag wegen Hochverrats hingerichtet worden seien. Sie wurden als Einzelgänger, Außenseiter und Unruhestifter charakterisiert. Sie hätten den »Geist des deutschen Volkes auf schamlose Art« verraten.

Mittwoch, der 24. Februar, war der Jahrestag der Gründung der Nationalsozialistischen Partei. Um diese Gelegenheit zu feiern, aber gewiß auch mit dem Gedanken an die Weiße Rose, schickte der Führer selbst eine Rede nach München, der »Hauptstadt der Bewegung«. Loyale Parteimitglieder wurden aufgefordert, trotz der Angriffe standhaft zu bleiben und die deutsche Entschlußkraft durch rücksichtslose Vernichtung von

Saboteuren zu stärken. »Die Partei muß Terror mit zehnfachem Terror begegnen«, lautete Hitlers Botschaft. »Sie muß die Verbrecher auslöschen – wer immer sie auch sind, wo immer sie sich auch verbergen.« Gelegentlich versteckten sich die Verbrecher sogar unter den privilegierten Studenten der Mittelklasse, deren Mehrheit normalerweise unpolitisch sei. Um aber sicherzugehen, daß sie das auch blieben, müßten Exempel statuiert werden.[126]

Am 27. Februar forderte Propagandaminister Goebbels, daß feindlich gesinnte Universitätsstudenten dem freien Gebrauch körperlicher Bestrafung unterworfen werden sollten. Vorbei war das Hochgefühl von Solidarität und Freiheit unter den Studenten. Es schien, als habe der Aufstand nie stattgefunden. Im Auditorium Maximum, in dem Kurt Huber so viele seiner Vorlesungen abgehalten hatte, fand eine Sonderversammlung zur Demonstration der Loyalität Staat und Führer gegenüber statt. Hunderte von Studenten nahmen daran teil, um ihrer »Empörung« den Verrätern gegenüber, die in ihrer Mitte gelebt hatten, Ausdruck zu verleihen. Sie standen auf und spendeten dem Mann, der die Universität vor Schande und Revolution bewahrt hatte, donnernde Ovationen, dem Pedell Jakob Schmid. Er erhob sich, verbeugte sich und breitete seine Arme aus, um so den tumultartigen Applaus zu empfangen.

Doch nicht alle Studenten reagierten auf diese Weise. Schon wenige Tage nach der Hinrichtung von Hans, Sophie und Christoph erschienen neue Inschriften an den Wänden der Universität: »Scholl lebt! Ihr könnt den Körper, aber niemals den Geist zerstören!« Und an Hitlers Geburtstag, dem 20. April, einen Tag, nachdem die übrigen Mitglieder der Weißen Rose verurteilt worden waren, fand man das Porträt Adolf Hitlers an der Universität mit dem Schriftzug: »Deutschlands Feind Nummer Eins«. Diese Worte wurden selbstverständlich sofort entfernt, tauchten jedoch am nächsten Tag wieder auf, diesmal in Ölfarbe.

Dies waren zwar nur vereinzelte Taten fast Entmutigter, dennoch geschahen sie. Lisa Grote, Studentin in jener Zeit, berichtete später, es seien um die zwanzig Flugblätter in ihren Briefkasten in Schwabing geworfen worden. Sie habe sie dann auf Spaziergängen durch die Stadt verteilt. Als die Scholls jedoch getötet worden waren, sei ihrer aller Mut gebrochen gewesen. Sie habe noch viele andere junge Freunde verloren, die ebenso anständig und unschuldig wie diese Geschwister gewesen seien. Doch es habe nie wieder so weh getan – wegen des Schuldgefühls, daß man nicht laut schreiend durch die Straßen gelaufen sei.

Für die übriggebliebenen Mitglieder und Freunde der Weißen Rose – jene, die schon wie Willi Graf im Gefängnis waren, und jene, die noch nicht gefaßt worden waren – hatte eine schreckliche Zeit des Wartens begonnen. Einer nach dem anderen wurde von der Gestapo aus seiner Wohnung geholt und verhört, manchmal stundenlang, oft für Tage und Wochen; die Verhaftungswelle zog ihre Kreise von München aus bis zu Städten in ganz Süddeutschland. Traute Lafrenz, Gisela Schertling und Katharina Schüddekopf waren unter den ersten, die verhaftet wurden. Dann kamen die Ulmer Gymnasiasten Hans Hirzel und seine Schwester Susanne, ebenso wie deren Freunde Franz Müller und Heinrich Guter. In Stuttgart wurde Eugen Grimminger verhaftet und in Freiburg Willis Kontaktmann Heinz Bollinger.

Die Verhaftungen nahmen kein Ende, und die Zellen im Wittelsbacher Palais füllten sich allmählich bis zur letzten.

Am Abend der Münchner Rede des Führers, am 24. Februar, zwei Tage nach den Hinrichtungen und fast eine Woche nach den ersten Verhaftungen, startete die Royal Air Force einen schweren Bombenangriff auf die Innenstadt Münchens.

Eine junge Frau namens Marie-Luise saß zusammengekauert mit anderen Frauen in einem Bunker in der Nähe ihres Mietshauses. Die Bomben schienen fast direkt auf Schwabing zu fallen, das Gebiet, wo sie wohnte. Sie war hochschwanger, und wie viele der anderen Frauen im Bunker hatte sie große Angst. Plötzlich öffnete sich die Bunkertür, und Alexander Schmorell kam herein. Er war erschöpft und atemlos, konnte sich kaum auf den Beinen halten. Er rief: »Marie-Luise!« Er war einmal mit ihr befreundet gewesen, und sie war der einzige Mensch in München, der nicht auf irgendeine Weise mit seinen Aktivitäten in

Verbindung stand. Der Angriff hatte in dem Moment begonnen, als er auf dem Hauptbahnhof angekommen war. Da war er zu Marie-Luises Wohnung am Habsburgerplatz gelaufen.

Die junge Frau rief: »Schurik!« Ihre Nachbarn starrten ihn voller Angst an, als ob er ein Gespenst sei. »Marie-Luise«, sagte er mit schwacher Stimme, »bitte komm für einen Moment mit hinaus, ich muß mit dir reden.« [127] Er stand noch immer in dem kleinen Vorraum des Bunkers.

Sie rührte sich nicht, saß wie angewurzelt auf ihrem Platz; ihre Augen waren angsterfüllt. Sie antwortete ihm nicht. Statt dessen wandte sie sich ihren Nachbarinnen zu und flüsterte irgend etwas. Alex sank auf eine Bank und wartete. Die Frauen flüsterten immer erregter miteinander. Sie sagten zu Marie-Luise, es gebe nur einen Weg, um sich selbst zu schützen: den Blockwart zu rufen und ihm Alex auszuliefern. Er saß noch immer wartend da, vielleicht fing er sogar zwischen dem Pfeifen der fallenden Bomben Bruchstücke ihres verzweifelten Flüsterns auf. Doch er konnte sich nicht bewegen. Seit sieben Tagen und Nächten war er nun wie ein gehetztes Tier um seine Freiheit und sein Leben gelaufen. Er hatte alles gegeben; nun konnte er nicht mehr.

Als die Entwarnung erfolgte, riefen die Frauen den Luftschutzwart, der Alex erklärte, er sei festgenommen. Er widersetzte sich nicht. Wenige Minuten später stand ein Wagen der Gestapo vor seinem Haus. Es ist nicht bekannt, ob jemand die Belohnung von 1000 Reichsmark erhalten hat.

Am nächsten Tag, am Donnerstag, dem 25. Februar, wartete Falk Harnack in Berlin an der Kaiser-Wilhelm-Gedächtniskirche auf Hans Scholl. Es sollte der Anfang einer neuen Phase des nationalen Widerstandes sein; eine Verbindung von Studenten und Offizieren, Regierungsbeamten und Theologen der Bekennenden Kirche sollte hergestellt werden, von denen die meisten, mehr als ein Jahr später, in das Attentat auf Adolf Hitler am 20. Juli 1944 verwickelt sein würden.

Das Treffen fand nie statt. Harnack kehrte am 27. Februar 1943 zu seiner Einheit nach Chemnitz zurück. Dort fand er einen Brief von Lilo Ramdohr vor. In ihm stand schlicht: »Unsere Freunde an der Front sind gefallen.« [128] Da wußte er, daß es nun nur noch eine Frage von Tagen sein würde, bevor die Gestapo auch ihn holte.

Im Morgengrauen auf das Klopfen an der Tür zu warten – diese Vorstellung wurde zum Symbol der Angst all jener im Dritten Reich, die nicht zur Volksgemeinschaft gehörten: Juden und all die Dissidenten, die die Grenze zum Widerstand überschritten hatten. Zu warten, jeden Tag und jede Nacht, und sicher zu sein, daß es kein Entrinnen gab, ohne Hoffnung auf Gnade.

Auch der Sozialdemokrat Eugen Nerdinger aus Augsburg gehörte einem Geheimbund an. Er versuchte, diese Situation in einem Gedicht auszudrücken. Es wurde kürzlich in einer Sammlung von Erinnerungen unbekannter Widerstandskämpfer veröffentlicht.

Wachen in der Morgenfrühe

Du sitzt im Bett, hörst in die Nacht.
Wieviele solcher Nächte hast du gewartet,
hast ins Ungewisse hinein gefragt:
Werden sie heute kommen, mich zu holen?
Wie sie Morgen für Morgen die geholt haben,
die deine Freunde waren.
Der Morgen graut, du siehst dein Zimmer,
du siehst das Licht vor den Gardinen,
weißt, deine Mutter nebenan ist wach
wie du und frägt wie du,
werden sie heut kommen, mich zu holen?
Das Haus ist still, kein Laut des Lebens,
unruhig bist nur du und sie.
Werden sie heut kommen, mich zu holen?
Still ist die Straße, die Lampe bleich,
von fern die Uhren schlagen.
Werden sie heut kommen, mich zu holen?
Die Nachbarn schlafen.
Die werden sich nicht rühren,
wenn sie kommen und dich holen.
Die Stille schreit, wird unerträglich.
Wann endlich holt ihr mich und sie?

Ein Auto hält, Schritte im Hof,
es pocht, Lärm auf den Stufen.
Nun sind sie da.[129]

Auch für Kurt Huber muß diese Wartezeit quälend gewesen sein. Er hatte kaum Hoffnung, daß sein Name während der Verhöre der Gestapo unter seinen Studenten verschwiegen werden könnte. Er war im Lichthof gewesen, als Hans und Sophie gefaßt wurden. Er muß die Flugblätter, die sie verteilt hatten, als Abzüge seines eigenen Entwurfes erkannt haben. Er hatte die Nachricht von ihrer Anklage, Gerichtsverhandlung und Hinrichtung verfolgt. Er hatte Papiere und Dokumente verbrannt, Bücher verschwinden lassen. Er wußte von der Welle der Verhaftungen, wußte, daß Leute, ohne es zu wollen, Namen nannten. Er war blaß und still, konnte nicht mehr schlafen. Seine Frau war Hamstern gegangen. Sie versuchte auf dem Land, ihre wenigen Besitztümer gegen Nahrungsmittel zu tauschen. Ihr kleiner Sohn war bei ihr.

Huber wohnte also mit seiner Tochter Birgit allein im Haus, ein stiller Geist, der versuchte, irgendwie die Nächte und die Dämmerung zu überstehen.

Es war Freitag, der 26. Februar, gegen 5 Uhr morgens, als die Türklingel schellte. Birgit lief die Treppe hinunter, um zu öffnen. Drei Männer in Zivilkleidung standen draußen und fragten höflich, ob ihr Vater zu Hause sei. Sie bejahte und sagte, er schlafe. Sie meinten, das sei unwichtig, drängten sie zur Seite und gingen ins Haus. Eine Woge der Angst überfiel das zwölfjährige Mädchen. Sie rannte an den Männern vorbei, sprang die Treppe hinauf, riß die Tür des Elternschlafzimmers auf und schrie: »Papi, Papi, die Polizei ist hier!«

Kurt Huber saß aufrecht im Bett, seine Augen vor Schreck weit aufgerissen. Nun waren sie doch noch gekommen.

Einundzwanzigstes Kapitel

Einige Tage nachdem die Familie Scholl nach München gefahren war, um Hans und Sophie auf dem Friedhof neben dem Stadelheimer Gefängnis zu begraben, wurden sie alle – mit Ausnahme von Werner, der wieder einberufen wurde – in Sippenhaft genommen. Dieser Begriff hatte, wie so viele andere, seinen Weg in den Wortschatz des Dritten Reiches gefunden. Seine schockierende Bedeutung wurde ein wenig dadurch neutralisiert, daß er auf bürokratischen Formularen gedruckt war und Teil des juristischen Strafsystems wurde. Für die Herrschenden, und daher auch für die Gesellschaft, die sie kontrollierten, war es ein »normales Vorgehen«, die Eltern, die Ehegatten, Verwandten oder Kinder »politischer Straftäter« festzunehmen in der Annahme, daß Schuld mit Blutsverwandtschaft zu tun hat. Solange es unterzeichnete, abgestempelte und gesiegelte Formulare gab, schien die Sippenhaft ein durchaus normaler Begriff zu sein.

Wieder stand in Ulm die Gestapo vor der Tür, und diesmal mußten alle, die noch da waren, mitkommen. Sie wurden endlos verhört; ein Beamter aus München sprach geheimnisvoll von Konzentrationslagern. Frau Scholl und Inge wurden in Einzelhaft genommen. Inge erkrankte an Diphtherie, und auch der Gesundheitszustand von Frau Scholl verschlechterte sich von Tag zu Tag. Endlich, Ende Juli 1943, wurden die Frauen entlassen.

Im August fand eine Verhandlung statt, an der die ganze Familie beteiligt war, und die Frauen konnten dort endlich Robert Scholl wiedersehen, zum ersten Mal seit Monaten. Sie alle hatten sich schon damit abgefunden, wieder ins Gefängnis gehen zu müssen. Zu ihrer Überraschung erhielt Robert Scholl zwar eine zweijährige Haftstrafe, die Frauen ließ der Richter jedoch frei.

Im Falle Willi Grafs bedeutete Sippenhaft die Verhaftung seiner Schwester Anneliese. Sie kam in eine Zelle mit Angelika, der Schwester von Christoph Probst.

Nach den anfänglichen Kreuzverhören im Wittelsbacher Palais, die rund um die Uhr dauerten, wurde Willi Graf in ein anderes Münchner Gefängnis gebracht, Neudeck. Bei einem seiner Rundgänge im Hof ergab sich für ihn die Gelegenheit, kurz mit Franz Müller zu sprechen, dem Ulmer Gymnasiasten, der Sophie Scholl und Hans Hirzel beim Drucken und Verbreiten der Flugblätter geholfen hatte.

Später fanden sie sich im selben Zellenblock wieder. Es wurde bald deutlich, daß, egal was sie ihm angetan hatten, Willis Mut nicht gebrochen war. Mit wenigen gemurmelten Worten besprachen die beiden jungen Männer einen Ausbruch. Als sie hintereinander am Wasserhahn standen, waren sie sogar schon so weit, zu planen, wie am besten die Wachen zu überwältigen seien. Doch dann wurde Willi plötzlich in ein anderes Gefängnis verlegt.

Nach der Verhaftung ihres Sohnes wurden auch die Schmorells festgenommen. Als Alex in jenem Keller in Schwabing verraten worden war, hatte er noch nicht gewußt, daß Hans Scholl schon tot war. Die Gruppe hatte lange Zeit zuvor beschlossen, daß, wenn einer von ihnen gefaßt würde, er volle Verantwortung für alle Taten der Weißen Rose übernehmen sollte. Eigentlich hätte Alex dies nun nicht mehr zu tun brauchen, doch da er die wahre Situation nicht kannte, tat er es. Er leugnete nichts und lehnte es ab, jemand anderen mit hineinzuziehen. Die Gestapo verhörte ihn Tag und Nacht; grelles Licht schien direkt in seine Augen, während drei Stimmen ihm in unregelmäßigen und unvorhersehbaren Abständen Fragen stellten.

Nach seiner Verhaftung sah Falk Harnack Alex, der, flankiert von Wachen, den Flur im Wittelsbacher Palais entlangschritt. Alex' Augen waren brennende Höhlen, und sein Gesicht glühte. Als sie aneinander vorbeigingen, grüßten sie sich stumm.

Wahrscheinlich als besonders sadistische Form der Strafe für einen sensiblen, kränkelnden Professor wurde Kurt Huber für einige Zeit mit Verbrechern und nicht mit politischen Häftlingen in eine Zelle gelegt. Man entzog ihm seinen Status eines Universitätsprofessors und Staatsbeamten, und sein Doktortitel wurde ihm aberkannt. Dies war nicht nur eine äußerst erniedrigende Demütigung für einen Mann, dessen Leben fast ausschließlich akademische Ziele verfolgte, sondern bedeutete auch, daß Clara

Huber und ihre Kinder alle Rechte auf eine Pension verloren und mittellos zurückblieben. Es gibt auch einige Hinweise – Beobachtungen anderer Insassen, die Huber nach Verhören sahen –, daß er körperlich mißhandelt wurde, vielleicht sogar schwer.

Ohne Rücksicht auf seinen Zustand begann der Professor zwischen den Sitzungen mit der Gestapo fieberhaft in seiner Zelle zu arbeiten. Er schrieb an Artikeln über Volksmusik und, was am wesentlichsten war, an seinem Buch über Leibniz. Die Flucht in intellektuelles Schaffen war vermutlich der einzige Weg für ihn, das alles zu ertragen. Außerdem dachte und hoffte er, daß diese Schriften irgendwie eine finanzielle Hilfe für seine Familie sein könnten. Er wußte nicht – und aus unbekanntem Grund durfte es ihm auch niemand erzählen –, daß sich Clara Huber ebenfalls in Sippenhaft befand, zusammen mit seiner Schwester.

Frau Huber war von ihrem »Hamstergang« auf dem Land zurückgekehrt und erfuhr zu Hause von ihrer verstörten Tochter, daß ihr Mann abgeholt worden war. Verzweifelt lief sie durch die Stadt, um Anwälte, Rat, Unterstützung zu finden. Doch es gab keine Hilfe für sie.

Freunde und Nachbarn gingen auf die andere Straßenseite, um ihr nicht zu begegnen. Ladeninhaber, die sie seit Jahren kannte, ignorierten ihre Anwesenheit. Sie ging zur Universität und sprach einen Professor an, der Huber recht nahe gestanden hatte. Er zischte sie an, als sei sie eine Aussätzige: »Mein Gott, lassen Sie mich in Ruhe! Niemand darf Sie mit mir sehen!«

Im Gegensatz zu ihrem Ehemann war Clara Huber vorbereitet, als die Gestapo kam. Sie wußte, daß sie verhaftet werden würde. Sie hatte am Tag nach der Festnahme ihres Mannes versucht, Nahrungsmittel und Toilettenartikel ins Gefängnis zu bringen. Die Wachen gewährten ihr keinen Einlaß, aber sie belauschte ihre Unterhaltung: Einer von ihnen sagte, daß sie auch bald abgeholt werden würde.

Daraufhin ging sie nach Hause, erledigte Näh- und Stopfarbeiten und suchte warme Kleidung zusammen. Sie kamen schon kurze Zeit später und sperrten sie in dieselbe Zelle wie Kurts Schwester, gegenüber der Reihe, in der die von Angelika Probst und Anneliese Graf lag. Auch sie lernte Else Gebel kennen. Clara Huber wurde sieben Stunden lang verhört, aber sie wußte wirklich nur sehr wenig. Glücklicherweise waren die diensthabenden Männer »ziemlich dumm«, und es war nicht schwer, ihren Fragen auszuweichen. Sie wurde angehalten, ihrem Mann Briefe zu schreiben, als ob sie in Freiheit sei, und daß »alles in Ordnung« sei.

Birgit Huber wurde von der Gestapo angewiesen, niemandem zu erzählen, daß ihre Eltern im Gefängnis waren; sie sollte auf Fragen nach ihrem Verbleib nur sagen, daß sie zusammen eine kurze Reise machten. Das zwölfjährige Mädchen wurde überwacht und auf Schritt und Tritt verfolgt.

Ein einziges Mal, in einem plötzlichen und unerklärlichen Anfall von Mitleid, wurde ihr erlaubt, ihren Vater zu besuchen. Man stellte ihr jedoch zwei Bedingungen: Sie durfte ihm nicht erzählen, daß ihre Mutter ebenfalls inhaftiert war, und ihr wurde »nicht erlaubt zu weinen«. Sie versprach, diese Anordnungen zu befolgen. Es war für beide ein kurzes Zwischenspiel kontrollierter Qual. Als sie danach die Treppen hinaufstieg, stand er unten und sah zu ihr hinauf. Sie drehte sich um. Seine Augen ruhten auf ihr, beobachteten sie, sogen jede ihrer Bewegungen und Gesten auf. Sie wußte, sie würde ihn nie wiedersehen.

Aber sie weinte nicht.

Zweiundzwanzigstes Kapitel

Am Sonntag, dem 18. April 1943, lasen die New Yorker und andere Amerikaner am Frühstückstisch in der *New York Times*: »Nazi-Verleumdung entfachte Studentenrevolte – Frau, Bruder und ein weiterer Soldat für die Verbreitung von Anti-Nazi-Traktaten geköpft.« Das war die erste Meldung über die Weiße Rose, die an die amerikanische Öffentlichkeit gelangte; trotz der kriegsbedingten Nachrichtensperre war die Geschichte irgendwie durchgesickert und hatte Stockholm nur ungefähr eine Woche vorher erreicht. Der *Times*-Artikel berichtete über den Aufstand gegen Gauleiter Gieslers beleidigende Bemerkungen den Studentinnen gegenüber und verkündete, daß am gleichen Tag nach der Rede auf Münchens Hauswänden die Inschriften »Rache für Stalingrad!« und »Wir wollen unsere Freiheit zurück!« erschienen seien.

Auch Kurt Hubers Flugblatt wurde wiedergegeben, seine Verdammung nationalsozialistischer Unterdrückung der Freiheit von Gedanken und Rede und sein Aufruf an die deutsche Jugend, im Namen der Freiheit und der Ehre ein neues Europa zu schaffen.

Am Tag darauf fand der zweite Prozeß gegen die Weiße Rose in München statt. Am 19. April, einen Tag vor dem vorletzten Geburtstag des Führers, sammelte ein Gefängniswagen in allen Münchner Gefängnissen die vierzehn Männer und Frauen ein, die verurteilt werden sollten. In diesem Lastwagen fand fast so etwas wie eine Wiedervereinigung statt. Einige der Angeklagten hatten sich seit ihrer Verhaftung vor zwei Monaten nicht mehr gesehen, und andere trafen sich überhaupt zum ersten Mal. Der Wagen war fest verschlossen, dennoch erhaschten die Insassen durch die engen Schlitze einige Sonnenstrahlen und kurze Blicke auf die Stadt im Frühling. »Das schöne München«, murmelte Falk Harnack ein wenig ironisch. Kurt Huber überhörte die Ironie und antwortete düster: »Wen Gott lieb hat, den züchtigt er.«[130]

Die Verhandlung verlief ohne Eile: Zwei Monate voller Verhöre, Analysen von Aktenstapeln und Querverbindungen zwischen den einzelnen Dossiers waren vergangen, und ihre Ergebnisse wurden säuberlich der Anklage und den Richtern vorgelegt. Es sollte ein Schauprozeß werden; die Weiße Rose sollte völlig ausgelöscht werden. Die drei Hauptangeklagten waren Alexander Schmorell, Willi Graf und Kurt Huber. Alle wurden des Hochverrats angeklagt. Der Justizpalast war von der Polizei sorgfältig abgeschirmt worden, als die vierzehn Gefangenen aus dem Lastwagen stiegen.

Wieder war Roland Freisler aus Berlin gekommen, und wieder saß er der außerordentlichen Sitzung des Volksgerichtshofes in München vor. Der Gerichtssaal war überfüllt, diesmal nicht nur von Männern in braunen und schwarzen Uniformen; auch der Oberbürgermeister Münchens sowie hohe Generäle der Armee und der Luftwaffe waren anwesend.

Der Prozeß begann um 9 Uhr morgens und dauerte vierzehn Stunden. Die Angeklagten erhielten keine Erfrischungen außer ein paar Krügen Wasser, die ihnen ein freundlicher Wärter brachte, als alle anderen Mittagspause machten.

Nachdem jeder Angeklagte zwischen zwei Wärtern Platz genommen hatte, kamen die fünf Richter hintereinander herein, drei von ihnen in Uniform. Roland Freisler, wie immer in leuchtendem Rot, nahm in der Mitte der Richter Platz. Nun wurden die Namen der Angeklagten und die Anklageschriften laut vorgelesen. Außer den drei Hauptangeklagten wurden Eugen Grimminger aus Stuttgart, Heinz Bollinger und Helmut Bauer, Willis Kontaktleute in Freiburg, Hans und Susanne Hirzel aus Ulm, Franz Müller und Heinrich Guter, ebenfalls aus Ulm, Traute Lafrenz, Gisela Schertling und Katharina Schüddekopf, alle Studentinnen aus München, und schließlich Falk Harnack der Beihilfe von subversiven Aktionen angeklagt. Die meisten von ihnen waren Anfang Zwanzig, zwei waren mittleren Alters, und vier waren noch Jugendliche.

Als die Flugblätter der Weißen Rose vor dem Hohen Gericht laut vorgelesen wurden, stieg ein ärgerliches Gemurmel aus den Reihen der Zuschauer auf. Plötzlich sprang Kurt Hubers Anwalt, von ihm wegen seiner nützlichen Verbindungen zu Partei und Regierung ausgewählt, auf, hob seinen Arm zum deutschen Gruß und schrie: »Heil Hitler!« Dann wandte er sich an Freisler und sagte, er könne in diesem Fall nicht als Verteidiger dienen, er müsse zurücktreten. Als guter Deutscher und Wächter über deutsches Recht könne er es nicht ertragen, Beschuldigungen gegen seinen Führer zu hören.

Freisler war befriedigt. Er gestattete dem Anwalt, sich zurückzuziehen. Der Mann verbeugte sich steif vor Freisler, machte auf dem Absatz kehrt und marschierte aus dem Gerichtssaal – unter donnerndem Applaus.

Die Vorstellung war in vollem Gange. Freisler befahl einem anderen anwesenden Anwalt, Kurt Huber zu verteidigen. Der Anwalt protestierte, er kenne den Fall nicht, habe die Beweise nicht untersucht. Doch Freisler wischte seine Einwände vom Tisch.

Kurt Huber war von dieser Wende der Ereignisse sichtlich erschüttert. Dies war der zweite schwere Schlag für ihn an jenem Tag. Ein prominenter Akademiker, in Parteikreisen wegen seiner Rassenstudien gut bekannt, hätte eigentlich als sein Charakterzeuge fungieren sollen, aber er hatte dem Gericht mitgeteilt, er könne an der Verhandlung nicht teilnehmen, er sei »nicht in der Stadt«.

Der erste Hauptangeklagte, dessen Fall verhandelt wurde, war Alexander Schmorell. Er versuchte, seine gefühlsmäßige Nähe zu Rußland und seiner russischen Mutter zu erklären.

»Gefasel!« rief Freisler. »Was haben Sie denn an der Front getan?«

»Ich habe mich um die Verwundeten gekümmert, wie es meine Pflicht als angehender Arzt ist«, antwortete Alex.[131] Er erklärte dann, warum er nicht auf Russen schießen könne, und warum er versucht habe, sich dem Eid auf den Führer zu entziehen.

Zuerst trommelte Freisler ungeduldig mit den Fingern auf den Tisch, doch dann, als er Alex' Erklärung, warum er sich von dem Eid entbunden fühle, hörte, wurde er rasend. »Verräter!« schrie er und zeigte mit dem Finger auf den Angeklagten. Er fuhr fort, ihn anzuschreien und ihn zu beschimpfen; schließlich scheuchte er ihn weg. Alex, abgekämpft und bleich, kehrte zu seinem Sitz zurück und seufzte tief.

Nun wurde Willi Graf vor die Richter gerufen. Er stand da, hoch aufgeschossen, blaß, mit verschlossenem Gesicht, seine blauen Augen blickten ins Leere. Aus irgendeinem Grund griff Freisler diesen stoischen, verschwiegenen jungen Mann nicht an. Willi sagte fast nichts zu seiner eigenen Verteidigung, aber Freisler bemerkte mit fast gönnerhafter Bewunderung, daß Willi fast davongekommen sei, denn er habe »der Gestapo schöne Lügengeschichten aufgebunden«. Freisler lächelte Willi an und sagte dann scherzhaft: »Aber wir sind doch schlauer als Sie!« [132] Dann entließ er ihn.

Willi setzte sich; seine Augen waren leer. Es war, als habe sein Geist den Körper verlassen.

Als nächster wurde Kurt Huber aufgerufen. Er hatte den Schock darüber, daß sein Verteidiger gegangen war, überwunden, und nun trat er, am ganzen Körper leicht zitternd, vor und ordnete seine Notizen über seine Verteidigungsrede, an der er seit Wochen gearbeitet hatte. Er stellte sich aufrecht vor die Richter und begann, sie laut vorzulesen.

»Ich darf hervorheben, daß die Anklageschrift selbst den Kern meines Eingreifens ganz richtig angibt. Ich nehme kein Wort zurück.« Er versuchte, seine Verantwortung als deutscher Professor zu erklären. »Ich sehe es nicht nur als mein Recht, sondern als meine natürliche Pflicht an, die Entwicklung des deutschen Schicksals zu teilen... Was ich bezweckte, war die Weckung der studentischen Kreise, nicht durch eine Organisation, sondern durch das schlichte Wort, nicht zu einem Akt der Gewalt, sondern zur sittlichen Einsicht in bestehende schwere Schäden des politischen Lebens.« Seine Ziele seien eine »Rückkehr zu klaren, sittlichen Grundsätzen, zum Rechtsstaat, zu gegenseitigem Vertrauen von Mensch zu Mensch«.[133]

Während der Rede zeigte Freisler betont seine Langeweile und seinen Abscheu. Er unterbrach Huber immer wieder. Einmal rief er: »Nur keine politischen Tiraden!« Ein anderes Mal: »Ich kenne keinen Professor Huber, auch keinen Dr. Huber, sondern nur einen Angeklagten Huber. Dieser aber verdient gar nicht, ein Deutscher zu sein. Er ist ein Lump.« [134]

Huber fuhr mit seiner Rede fort: »Ich setze mein Leben für diese Warnung ein, für die Umkehr (zu deutschen Werten) zu plädieren. Ich fordere die Freiheit für unser deutsches Volk zurück. Wir wollen nicht an Sklavenketten unser kurzes Leben dahinfristen, und wären es goldene Ketten eines materiellen Überflusses.« [135]

Dann veränderte sich der Ton des Professors, und seine Stimme wurde leiser. »Ich hinterlasse eine gebrochene Frau und zwei unglückliche Kinder in Not und Trauer.« Er sah zu den Richtern auf: »Wollen Sie meiner armen Familie nicht wenigstens einen kleinen Unterhalt gewähren, so daß sie auf eine Weise leben kann, die dem Rang eines deutschen Professors entspricht?« [136] Dies war das Äußerste, was er an Gnade erbat. Die Worte wurden nur mit kaltem Schweigen beantwortet.

Kurt Huber machte eine Pause, dann hob er seine Stimme erneut. »Die innere Würde des Hochschullehrers, des offenen, mutigen Bekenners seiner Welt- und Staatsanschauung, kann mir kein Hochverratsverfahren rauben.« [137] Seine Stimme war klar und schallte durch den Saal.

> *Ich habe gehandelt, wie ich aus einer inneren Stimme heraus handeln mußte ... Ich nehme die Konsequenzen auf mich, wie es in den wundervollen Worten Johann Gottlieb Fichtes ausgedrückt wird:*
>
> *»Und du mußt handeln, als ob*
> *von dir und deinen Handlungen allein*
> *das Schicksal der deutschen Sache abhinge*
> *und die Verantwortung dein sei.«* [138]

Er drehte sich um und ging zu seinem Platz. Freisler war ganz offensichtlich gelangweilt. Einer der anderen Richter schlief zwischenzeitlich ein, aber der Prozeß wurde dennoch fortgesetzt. Einer nach dem anderen, jeder einzelne Angeklagte mußte aufstehen und sich mit Freisler auseinandersetzen.

Es schien schließlich Mitternacht zu sein, war aber kurz nach 22 Uhr, als Freisler und die vier beisitzenden Richter sich zur Urteilsfindung zurückzogen.

Die Spannung im Gerichtssaal stieg. Jetzt konzentrierte sich alle Aufmerksamkeit wieder auf Kurt Huber, Willi Graf und Alexander Schmorell.

Dann kamen die Richter zurück. Die Strafe für die drei Hauptangeklagten wurde vorgelesen: Tod. Es gab eine Pause, dann vernahmen die anderen Angeklagten ihr Urteil. Eugen Grimminger: zehn Jahre, Heinz Bollinger und Helmut Bauer: sieben Jahre, Hans Hirzel und Franz Müller: fünf Jahre, Heinrich Guter: achtzehn Monate, Susanne Hirzel: sechs Monate, Traute Lafrenz, Gisela Schertling und Katharina Schüddekopf: je ein Jahr. Falk Harnack wurde freigesprochen. Freisler führte aus, daß seine besonderen Umstände als der »einzige noch lebende Sohn« der Familie Harnack als »mildernd« galten.

Schwindelig vor Hunger, Anspannung und Erschöpfung, wurden die Gefangenen zurück zu dem grünen Wagen geführt und nach Stadelheim gefahren. Sie waren ausgelaugt und zogen verzeifelt an ihren Zigaretten; der Prozeß war vorbei. Kurt Huber holte Fotos von seinen Kindern hervor und starrte sie an.

Der Wagen erreichte den Gefängnishof. Sie mußten in Gruppen aussteigen. »Todesstrafe rechts in die Ecke, Zuchthaus links in die Ecke, Gefängnis auf die andere Seite!« rief der Wärter. Harnack wurde befohlen, den drei Todeskandidaten zu folgen. Sie gingen durch einen langen Flur; an jeder Zellentür hing eine Tafel mit der Aufschrift »Todesstrafe«. Harnack bemerkte auch Fächer vor jeder Zelle, in denen die Kleidung der Verurteilten verwahrt wurde. Sie mußten nackt schlafen.

Harnack wurde befohlen, weiterzugehen. Schnell ergriff er Kurt Hubers Hand und sagte: »Es war nicht umsonst.« Er versuchte auch, Willi zu erreichen, aber die Wärter kamen dazwischen. Alex rief ihm zu: »Grüße Lilo recht herzlich von mir, ich habe viel an sie gedacht!« [139]

Das Tor schlug zu. Harnack wurde in eine Einzelzelle gesperrt mit der Anweisung, sich am nächsten Tag im Gestapo-Hauptquartier zu melden. Er lief die ganze Nacht hin und her und wurde nur einmal unterbrochen, als der Deckel des Guckloches zurückgeschoben wurde und ein Mund erschien: »Auch Todesurteil?« fragte der Mund.

»Nein«, antwortete Harnack, »ich komme zur Gestapo zurück.«[140] »Na, viel Vergnügen!« war die lakonische Antwort, und das Guckloch wurde wieder verschlossen. Harnack setzte seine Wanderung fort, gequält von Ungewißheit über sein eigenes Schicksal und das seiner Freunde im anderen Zellenblock. Am nächsten Morgen verließ er Stadelheim. In diesem Moment, vielleicht nur für wenige Stunden, war er aus unerklärlichen Gründen frei.

Alexander Schmorell, Kurt Huber und Willi Graf wußten nicht – und sollten es nie erfahren –, daß am selben Tag, an dem sie ihren Richtern gegenübergestanden hatten, am 19. April 1943, die noch verbliebenen jüdischen Einwohner des Warschauer Gettos sich gegen die Nazi-Mörder erhoben hatten. Diese Meldung hätte ihnen gewiß geholfen, sich den Beschimpfungen und Erniedrigungen, die sie an jenem Tag erdulden mußten, noch aufrechter zu stellen. Sie hätte in den letzten Tagen Wärme in ihre Zellen gebracht.

Wenn die Machtlosen und Unterdrückten, egal wie hoffnungslos ihre Situation auch sein mag, sich weigern, sich dem Willen ihrer Unterdrücker zu beugen, spüren wir alle einen Hauch von Gnade.

Dreiundzwanzigstes Kapitel

Die drei zum Tode Verurteilten warteten in ihren Einzelzellen in Stadelheim. Obwohl ihnen von Mithäftlingen gesagt worden war, daß jeder Tag, den sie überlebten, eine Art Sieg sei, hatten sie nur wenig Vertrauen in die Gnadengesuche, die für sie eingereicht worden waren. Die immer wieder aufflammende Hoffnung war zweifellos eine eher noch größere Qual als das Warten auf den sicheren Tod.

Alexander Schmorell hatte sich sehr verändert. Während er allein in seiner Zelle saß, schwand langsam seine Ruhelosigkeit, sein Zwang, von einem Ort zum anderen zu ziehen, von Aktivität zu Aktivität. Er wurde still, fast schon gelassen. Er hatte den Tod akzeptiert.

Seinen Eltern schrieb er: »Dieses ganze harte ›Unglück‹ war notwendig, um mich auf den wahren Weg zu bringen – und deshalb war es eigentlich gar kein Unglück... Was wußte ich bisher vom wahren, tiefen Glauben, von der Wahrheit, der letzten und einzigen, von Gott?« [141]

Sein Verteidiger, Siegfried Diesinger, vergaß Alex – im Gegensatz zu so vielen anderen Anwälten – auch nach dem Prozeß nicht. Er besuchte ihn in seiner Zelle, so oft er konnte, und sein Respekt für den jungen Mann wuchs mit jedem Treffen. Als er zum ersten Mal kam, war er aufgeregt und nervös bei dem Gedanken, diesem jungen Mann auf der Schwelle eines schrecklichen Todes gegenübertreten zu müssen, doch Alex' Gelassenheit beruhigte ihn. Von diesem Gefangenen strömte ein innerer Friede aus, der den älteren Mann tief berührte. Alex trug dem Anwalt auf, seinen Vater zu informieren, »daß ich Marie-Luise alles vergebe«. (Sie war die junge Frau, die ihn im Luftschutzkeller abgewiesen und verraten hatte.) Es war kein Groll, kein Ärger, kein Haß in ihm.

Am Sonntag, dem 25. April, nur eine Woche nach dem vorangegangenen Bericht über die Hinrichtungen innerhalb der Weißen Rose, brachte die *New York Times* einen weiteren Artikel über die Gruppe. Die Hinrichtung der drei deutschen Studenten, sagte er, »ist das erste sichere Zeichen, daß die deutsche Moral nicht nur durch die militärischen Schläge an der Front schwer angegriffen ist, sondern auch durch die rücksichtslosen Methoden, die das Nazi-Regime selbst anwendet«.

In Deutschland fanden die Gnadengesuche für Huber, Alex und Willi inzwischen ihren Weg zu den höchsten militärischen Stellen. Der Mai ging in den Juni über, und schließlich kam die Antwort: »Ich lehne alle Gnadengesuche ab.« Sie war von Adolf Hitler selbst unterzeichnet.

Der 13. Juli 1943 war das Datum für die Hinrichtungen von Kurt Huber und Alex Schmorell. Willis Name stand nicht auf der Bekanntmachung.

An jenem Tag wurde Alex erlaubt, seinen Eltern zu schreiben:

Meine lieben Vater und Mutter!
Nun hat es doch nicht anders sein sollen, und nach dem Willen Gottes soll ich heute mein irdisches Leben abschließen, um in ein anderes einzugehen, das niemals enden wird und in dem wir uns alle wieder treffen werden. Dies Wiedersehen sei Euer Trost und Eure Hoffnung. Für Euch ist dieser Schlag leider schwerer als für mich, denn ich gehe hinüber in dem Bewußtsein, meiner tiefen Überzeugung und der Wahrheit gedient zu haben. Dies alles läßt mich mit ruhigem Gewissen *der nahen Todesstunde entgegensehen. Denkt an die Millionen von jungen Menschen, die draußen im Felde ihr Leben lassen – ihr Los ist auch das meinige. In wenigen Stunden werde ich im besseren Leben sein, bei meiner Mutter, und ich werde Euch nicht vergessen, werde bei Gott um Trost und Ruhe für Euch bitten. Und werde auf Euch warten! Eins vor allem lege ich Euch ans Herz: Vergeßt Gott nicht!!!*

Euer Schurik[142]

An jenem Nachmittag kam der Anwalt zu Alex, um ihm in seinen letzten Stunden beizustehen. Doch Alex war ruhig und zuversichtlich. Er sagte, er habe den Tod nicht nur akzeptiert, sondern heiße ihn sogar willkommen. Selbst wenn jetzt jemand, wie zum Beispiel der Wärter, an seiner Stelle sterben wolle, würde er es ablehnen. »Denn ich bin jetzt überzeugt«, sagte er dem bestürzten Anwalt, »daß mein Leben, so früh es auch erscheinen mag, in dieser Stunde beendet sein muß, da ich durch meine Tat meine Lebensaufgabe erfüllt habe. Ich wüßte nicht, was ich noch auf dieser Welt zu tun hätte, auch wenn man mich jetzt entlassen würde.« [143]

Kurt Huber arbeitete im Wettlauf mit der Zeit verzweifelt an der Vollendung seines Buches über Leibniz. Nach ihrer Entlassung aus der Haft wurde Clara Huber erlaubt, ihren Mann alle vierzehn Tage für zehn Minuten zu besuchen. Sie sah ihn viermal vor seiner Hinrichtung. Als das Datum feststand, sandte sie eine Bitte um einen »kurzen Aufschub« an den Volksgerichtshof, damit ihr Mann die letzten beiden Kapitel seines Buches noch beenden könne. Der Bitte wurde jedoch nicht stattgegeben.

Am 13. Juli schrieb Kurt Huber seinen letzten Brief an Clara und die Kinder und dankte ihnen dafür, daß sie sein Leben so reich und schön gemacht hatten. »Die Alpenrosen, Euer letzter lieber Gruß aus den geliebten Bergen, stehen verblüht vor mir. Ich gehe in zwei Stunden in die wahre Bergfreiheit ein, um die ich ein Leben gekämpft habe... Möge der Allmächtige Gott Euch segnen und beschützen. Euer Euch liebender Vater.« [144]

Die Hinrichtungen waren wieder auf 17 Uhr angesetzt worden. Alex Schmorell sollte der erste sein.

Doch als sich die beiden Männer auf das Ende vorbereitet hatten, wurde ihnen mitgeteilt, daß sich eine unerwartete Verspätung ergeben habe. Einige SS-Offiziere waren überraschend nach Stadelheim gekommen und informierten das Personal, daß sie bei den Hinrichtungen dabeizusein hätten. Sie seien beauftragt worden, die Prozedur zu beaufsichtigen und festzustellen, wie lange es dauere, bis die einzelnen Delinquenten tot seien. Aufgrund dieser Beobachtungen sollten sie dann Vorschläge machen, wie der Sterbeprozeß auf Wunsch verlängert oder verkürzt werden könne. Als ihnen gesagt wurde, daß die Hinrichtungen nicht durch den Strang, sondern durch das Schafott erfolgen würden, waren sie enttäuscht und zornig.

Damit ihr Besuch nicht völlig vergebens war, verlangten sie eine detaillierte Erklärung, wie der Mechanismus dieses Gerätes funktioniere. Bevor diese Ortsbesichtigung nicht vorbei war, konnten die Hinrichtungen nicht stattfinden.

Endlich gingen die Offiziere. Der Scharfrichter war bereit: Alexander Schmorell ging mit hoch erhobenem Kopf über den Hof zu dem kleinen Gebäude.

Ein paar Minuten später erschien Kurt Huber und ging ebenfalls über den Hof. Sein Bein zog er wie immer leicht nach. Der Kaplan, der diesen quälenden Todesgang beobachtete, glaubte, Kurt Huber plötzlich in seinen Gefängnispantoffeln stolpern zu sehen. Er fing sich wieder und lächelte still. Dann verschwand er durch die Tür.

Es tat einen dumpfen Schlag, dann war es ganz still. Der Priester, der den Nachmittag mit Huber verbracht hatte, bekreuzigte sich.

Doch für Willi Graf war die schreckliche Zeit des Wartens immer noch nicht vorbei. Die Gestapo fand es bedeutsam, daß er Reisen ins Rhein- und Saarland unternommen und versucht hatte, alte Kameraden aus der katholischen Jugendbewegung anzuwerben. Sie wollten Namen von ihm hören, doch Willi nannte keine. Monatelang verhörten sie ihn Tag und Nacht. Er war nun der einzige, der von der Weißen Rose noch übrig war. Sie führten ihn an der Nase herum und versprachen, seine Todesstrafe in Zwangsarbeit umzuändern, wenn er mit ihnen zusammenarbeite. Sie drohten, seiner Familie etwas anzutun.

Doch Willi hielt stand. Zwischen den Sitzungen mit den Gestapobeamten las er Gedichte und beschäftigte sich wie immer mit der »Hauptfrage«, der Existenz eines gerechten Gottes. Er redete sich ein, daß jeder Tag der Qual ein Tag der Hoffnung sei. Ein Tag Leben sei ein Tag des Sieges, ein Tag näher an der Befreiung Deutschlands durch die Alliierten. Der Sommer ging vorbei; wieder wurde es Herbst. Willi befand sich nun schon seit sieben Monaten in Einzelhaft. Dann plötzlich kam das Ende – ohne Vorwarnung.

Am 12. Oktober 1943, kurz bevor Willi seinen Freunden über den Hof zur offenen Tür des kleinen Gebäudes folgte, konnte er seiner Familie noch einen letzten Brief schreiben.

An diesem Tage werde ich aus dem Leben scheiden und in die Ewigkeit gehen. Vor allem schmerzt es mich, daß ich Euch, die Ihr weiterleben werdet, diesen Schmerz bereiten muß. Aber Trost und Stärke findet Ihr bei Gott, darum werde ich bis zum letzten Augenblick beten, denn ich weiß, daß es für Euch schwerer sein wird als für mich. Ich bitte Euch, Vater und Mutter, von Herzen, mir zu verzeihen, was ich Euch an Leid und Enttäuschung zugefügt habe, ich habe oft und gerade zuletzt im Gefängnis bereut, was ich Euch angetan habe. Verzeiht mir und betet immer wieder für mich! Behaltet mich in gutem Andenken! ...

Wie sehr ich Euch geliebt habe, konnte ich Euch im Leben nicht sagen, nun aber, in den letzten Stunden, sage ich Euch, leider nur auf diesem nüchternen Papier, daß ich Euch alle von Herzen liebe und verehrt habe. Für alles, was Ihr mir im Leben geboten habt, und was Ihr mir durch Eure Fürsorge und Liebe ermöglicht habt. Schließt Ihr Übrigen Euch zusammen und steht in Liebe und Vertrauen zueinander! ... Gottes Segen über uns, in Ihm sind wir und leben wir ...

Ich bin in Liebe
immer Euer Willi[145]

Die Familie Graf wußte nichts von der Hinrichtung an jenem Tag. Sie erfuhren es erst, als ein Brief von ihnen an Willi mit dem Stempel »verstorben« zurückgeschickt wurde.

Heute liegt Willi Graf auf einem alten Friedhof im Zentrum Saarbrückens, seiner Heimatstadt, begraben, vielleicht durch Zufall gleich neben russischen Zwangsarbeitern. Zufall oder nicht – Willi hätte das gefallen.

Nachspiel

Am Tag der Hinrichtung Alexander Schmorells und Kurt Hubers fand noch ein anderer Prozeß statt. Die Angeklagten waren alle Freunde der Weißen Rose: Josef Soehngen – der Besitzer der Buchhandlung, Harald Dohrn – der Schwiegervater von Christoph Probst, Wilhelm Geyer – ein Ulmer Künstler, der zeitweilig im Schwabinger Atelier gewohnt hatte, kurz bevor die Scholls verhaftet wurden, und Manfred Eickemeyer – der Architekt, dessen Studio ein wesentlicher Teil des Unternehmens »Weiße Rose« gewesen war. Sie alle erhielten Gefängnisstrafen zwischen drei und sechs Monaten.

Nach seiner Freilassung arbeitete Harald Dohrn bei der »Aktion Freiheit« mit, einer der letzten Widerstandsgruppen gegen die Nazis, kurz bevor die Amerikaner in München einmarschierten. An dem Tag, als die amerikanischen Panzer in die süddeutsche Hauptstadt einfuhren, wurden Dohrn und sein Schwager von der SS gestellt und in einem Wald in der Nähe des Stadelheimer Gefängnisses erschossen. Sie sind nur ein paar hundert Meter weit entfernt von Christoph, Hans und Sophie begraben worden.

Im Herbst 1943, zur Zeit der Hinrichtung Willi Grafs, fand noch eine andere Kette von Verhaftungen statt, diesmal in Hamburg. Die verhafteten Studenten gehörten zum »Hamburger Zweig der Weißen Rose«. Sie hatten den Widerstand, der in München so brutal beendet worden war, weitergeführt und vervielfältigten und verteilten die Flugblätter der Weißen Rose in Norddeutschland.

Hans Leipelt gehörte zu dieser Gruppe, obwohl er in München studierte. Er war Halbjude, einer der Studenten, die in Professor Wielands Chemie-Institut in München Zuflucht gefunden hatten. Nach Kurt Hubers Hinrichtung hatte Leipelt in München und Hamburg eine Sammlung für Clara Huber und die Kinder veranstaltet; Frau Huber lernte ihn jedoch nie kennen. Das Geld wurde ihr heimlich von einem Priester aus der Nachbarschaft übergeben. Leipelts Aktivitäten wurden der Gestapo gemeldet, und er wurde verhaftet. Nach einem Jahr Gefängnis wurde er vor Gericht gestellt und zum Tode verurteilt. Er wurde – wie die anderen der Weißen Rose, die er nie kennengelernt hatte – in Stadelheim am 29. Januar 1945 geköpft.

Insgesamt kamen sieben Mitglieder der Hamburger Gruppe um. Eine der aktiveren Personen, Heinz Kucharski, wurde im April 1945 zum Tode verurteilt, doch zu jener Zeit waren die Alliierten schon weit in deutsches Gebiet eingedrungen. In den letzten Kriegstagen gelang es Kucharski, aus einem Zug, der auf dem Weg zur Hinrichtungsstätte war, zu fliehen.

Fritz Hartnagel erfuhr von den Münchner Ereignissen, als er in Polen einen Brief von Frau Scholl erhielt, in dem sie ihm mitteilte, daß Sophie verhaftet worden sei. Er erlangte die Erlaubnis, nach Deutschland zurückzukehren. Aber als er von Berlin aus in Ulm anrief, erreichte er nur Werner, der ihm von der Hinrichtung Sophies und der Sippenhaft der restlichen Familie erzählte.

Die Bekanntschaft mit Sophie hatte Hartnagel verändert. Nach Ende des Krieges heiratete er ihre Schwester Elisabeth. Er wurde Richter, Berater jugendlicher Kriegsdienstverweigerer und aktives Mitglied der Anti-Atomkraft-Bewegung.

Zwei Jahre nach der Hinrichtung seiner Kinder wurde auch Robert Scholl aus dem Gefängnis befreit. Schon bald ernannte man ihn zum Bürgermeister der Stadt Ulm unter amerikanischer Besatzung. Sein Sohn Werner kehrte jedoch nie aus Rußland zurück, und seine Frau Magdalena starb kurz nach Kriegsende an den fast übermenschlichen physischen und psychischen Belastungen.

Eugen Grimminger, ebenfalls von den Amerikanern aus dem Gefängnis befreit, erfuhr bei seiner Heimkehr, daß seine Frau Jenny nach Auschwitz deportiert und dort im Dezember 1943 ermordet worden war.

Inge Scholl, die nach dem Krieg eine auf humanistischen Ideen basierende Schule eröffnete, verschrieb sich selbst der Bewahrung der Erinnerung an die Weiße Rose und ganz besonders an ihre Geschwister. Alle Überlebenden aus den Familien – Willi

Grafs Schwester Anneliese, Clara Huber und ihre Tochter Birgit (die Psychologin wurde), Alexander Schmorells Bruder Erich und seine Frau, die Familie Probst und die Überlebenden der Weißen Rose aus Hamburg – bemühten sich, den Geist der Weißen Rose in Veröffentlichungen, durch Interviews, die sie gaben, und durch die jährliche Gedenkfeier am 22. Februar in der Universität München, dem Jahrestag der ersten Hinrichtungen, aufrechtzuerhalten.

Der Platz vor dem Hauptgebäude der Universität ist nach Hans und Sophie benannt, und der gegenüber der Ludwigstraße heißt Professor-Huber-Platz. Im Hof der Universität befindet sich heute eine in Marmor gemeißelte weiße Rose mit den Namen derjenigen, die ihr Leben geopfert haben.

Dennoch war der Status dieser Menschen, die dem nationalsozialistischen Regime Widerstand geleistet hatten und als Verräter verurteilt worden waren, noch lange, nachdem der Krieg beendet war, zweideutig. Die Mitglieder der Weißen Rose waren noch bis in die achtziger Jahre nicht offiziell rehabilitiert, während einige ehemalige Nazi-Richter bis weit in die sechziger Jahre hinein ihre Ämter ausüben durften, einschließlich eines Richters, der die Weiße Rose mit auf das Schafott gebracht hatte.

Roland Freisler selbst wurde während einer Sitzung des Volksgerichtshofes bei einem Luftangriff der Alliierten über Berlin getötet. Paul Giesler, der Gauleiter Münchens, beging mit Frau und Kindern Selbstmord, als die amerikanischen Truppen die Stadt erreichten.

Jakob Schmid, der fleißige Hausmeister der Universität München, wurde von den Amerikanern verhaftet und ins Gefängnis gesteckt. Er brachte daraufhin sofort ein Gnadengesuch vor. Er könne nicht verstehen, warum er für seine bloße Pflichterfüllung bestraft werde. Er hätte jeden, der die Ordnung der Universität gestört hätte, festgenommen, auch Nazi-Studenten, die vor 1933 Flugblätter verteilt und Wände beschmiert hätten. Hätte er die Scholls nicht festgenommen, so beklagte er sich, wäre er in Schwierigkeiten geraten und hätte seine Stellung verloren. Er sei ein armer Mann, der sein ganzes Leben hart hätte arbeiten müssen, um seine Familie zu ernähren, er habe nur seine Pflicht erfüllen wollen. Er habe keine Ahnung gehabt, daß die Gestapo gerufen werden würde, noch sei er sich der ausgesetzten Belohnung bewußt gewesen. Und er habe auch keine Beförderung erwartet. Weiterhin könne er nicht verstehen, warum er in einem Gefangenenlager der Alliierten sei, während der Rektor der Universität und andere hohe Beamte frei, ja einige immer noch im Amt seien. Seine Strafe sei seiner Meinung nach unfair und ungerecht.

Der Name des Scharfrichters in Stadelheim war Johann Reichardt. Er übte seinen Beruf seit 1924 aus und setzte ihn auch unter den Nazis fort. In den zwölf Jahren des Dritten Reiches richtete er über 3000 politische Gefangene hin. Nach dem Zusammenbruch der Nazi-Herrschaft wurde er in das amerikanische Gefängnis für Kriegsverbrecher in Landsberg versetzt, wo er die Nazis hängte, die der Verbrechen gegen die Menschlichkeit angeklagt und dafür verurteilt worden waren. Etwas später ging er in Rente und starb ruhig als Pensionär.

Clara Huber erhielt kurz nach der Hinrichtung ihres Mannes eine Rechnung über 3000 Reichsmark von der Nazi-Regierung. Das waren die Kosten für die Hinrichtung, eingeschlossen die »Abnutzung des Apparates«. Da sie jedoch mittellos war, bezahlte sie nie. Ihre Pension und Kurt Hubers Rang und Titel wurden unter der amerikanischen Besatzung wiederhergestellt.

Falk Harnack ist dem Henker entgangen. Offenbar war ein besonderes Abkommen zwischen Freisler und der Gestapo getroffen worden: Freisler ließ ihn gehen, und die Gestapo bewachte ihn in der Hoffnung, er werde Kontakt zu anderen Widerstandsgruppen aufnehmen. Mehrere Monate nach seiner Entlassung wurde Harnack von Chemnitz an die Front nach Griechenland versetzt. Dort tobten schwere Kämpfe zwischen den griechischen Partisanen und der Wehrmacht, die sich nun bereits in der Defensive befand. Plötzlich erreichte seine Einheit ein Befehl, Harnack zu verhaften – auf persönliche Anweisung Heinrich Himmlers. Er wurde jedoch von seinen Vorgesetzten gewarnt und konnte gerade noch entkommen. Er ging zu den Partisanen und kämpfte auf ihrer Seite bis zur deutschen Niederlage.

Trotz all der schrecklichen Hinrichtungen, der unbeschreiblichen Tragödien und der unbereuten Brutalität fanden die Flugblätter der Weißen Rose ihren Weg aus Deutschland hinaus und wurden in ganz Europa verbreitet. Sie brachten Hoffnung in die Zellen der politischen Gefangenen und sogar in das Reich der Unmenschlichkeit selbst, die Konzentrationslager. Von Berlin aus wurden sie nach Schweden und in die Schweiz geschmuggelt, von wo aus sie dann weiter nach London geschickt wurden.

Trotz der Nachrichtensperre der Gestapo erreichte die Nachricht über die Weiße Rose und den Geist ihres Widerstandes auch die amerikanische Öffentlichkeit. Am 2. August 1943, drei Wochen nachdem Alexander Schmorell und Kurt Huber unter dem Beil des Scharfrichters gestorben waren, während Willi Graf noch im Gefängnis saß und dasselbe Schicksal erwartete, erschien ein Bericht der *New Yorker Times* unter dem Titel »Junge deutsche Märtyrer«. Er schloß mit folgenden Worten: »Diese Münchner Studenten, seien es nur wenige oder viele, seien sie repräsentativ für das deutsche Volk oder nicht, haben sich glorreich erhoben ... Sie protestierten im Namen der Prinzipien, von denen Hitler glaubte, er habe sie für immer vernichtet. In den kommenden Jahren sollten auch wir ihnen Ehre erweisen.«

Nachdem sie das Ausland erreicht hatten, wurden die Flugblätter der Weißen Rose immer wieder vervielfältigt – jetzt zu Zehntausenden. Die Alliierten warfen sie aus ihren Flugzeugen über deutschen Städten ab.

Eines Tages rief die Gestapo Clara Huber zu sich in das Wittelsbacher Palais, um sie zu verhören. Sie war jedoch völlig ahnungslos, bis man ihr sagte, daß Kurt Hubers Flugblätter von alliierten Flugzeugen abgeworfen würden. Nachdem sie entlassen worden war, verließ sie still das Hauptquartier der Gestapo, von tiefem Stolz erfüllt. Sie wünschte nur, ihr Mann hätte noch erlebt, daß seine Botschaften nun anstelle von Bomben auf die Städte, die er so liebte, fielen.

Diese Flugblätter brachten Menschen wie Thomas Mann im Exil vor Freude zum Weinen. Bei allen, die sie lasen oder von ihnen hörten, innerhalb oder außerhalb Deutschlands, erzeugten sie ein Gefühl der Freude, das nur schwer zu beschreiben ist.

Sie waren ein Zeugnis für die Tatsache, daß es, eingeschlossen in der Todesfestung des Dritten Reiches, immer noch Deutsche gab, die nicht einfach wegsahen, die aufstanden, die sich wehrten.

Der Botschafter Ulrich von Hassell, der selbst bald vor Freisler stehen sollte, um wegen seiner Komplizenschaft am Mordanschlag auf Hitler am 20. Juli 1944 beschimpft und zum Tode verurteilt zu werden, schrieb in sein Tagebuch, daß er den einfachen, großartigen, tief ethisch-nationalen Aufruf gelesen habe, der ihnen den Tod brachte. Für die Zukunft sei es wichtig, daß solche Aufrufe ans Tageslicht gelangten.

Friedrich Reck-Malleczewen, ein deutscher Adliger, der ebenfalls bald hingerichtet werden sollte, weil er als Sechzigjähriger dem Einberufungsbescheid des Zivilschutzes nicht gefolgt war, reservierte der Weißen Rose einen besonderen Platz in seinem Tagebuch:

> *Ich habe diese jungen Menschen nie gesehen. Was von ihrem Wirken bis in meine Einsamkeit drang, waren vage Gerüchte... Einzelheiten von solcher Tragweite, daß man sie nicht glauben wollte... Sie sind in der Gloriole ihres Todesmutes und ihrer Opferbereitschaft gestorben und haben damit die Krone des Lebens gewonnen... Werden wir es nicht alle sein, die einst beschämt zu ihren Gräbern wallfahren müssen?*[146]

Die Schriftstellerin Ilse Aichinger war zu jener Zeit eine junge Frau und lebte in Wien. Sie war Halbjüdin. Später, nach dem Krieg, versuchte sie, ihre Reaktion zu beschreiben, als sie zum ersten Mal von der Weißen Rose hörte: Eines Tages fiel ihr Auge auf ein Wandplakat, das die Namen derjenigen trug, die gerade zum Tode verurteilt worden waren.

> *Ich las die Namen der Weißen Rose. Ich kannte keinen dieser Namen. Aber ich weiß, daß von ihnen eine unüberbietbare Hoffnung auf mich übersprang. Das geschah nicht nur mir. Diese Hoffnung hatte, obwohl sie es uns möglich machte, in dieser Zeit weiterzuleben, doch nichts mit der Hoffnung auf*

Überleben zu tun... Es hat vielen auch noch zu sterben geholfen, in Hoffnung zu sterben geholfen... Es war wie ein geheimes Licht, das sich über das Land gebreitet hatte, und wie ein Glück. Ich erinnere mich, daß ich einmal um diese Zeit auf die Straße ging und einen Bekannten traf, der sagte: »Strahlen Sie nicht so! Sonst werden Sie jetzt noch verhaftet!«

Wir hatten keine große Chance zu überleben. Aber das war es eben nicht. Es war kein Überleben. Es war das Leben selbst, das uns durch diesen Tod der Geschwister Scholl und ihrer Gefährten angesprochen hat... Man kann leben, ohne etwas zu haben. Aber man kann nicht leben, ohne etwas vor sich *zu haben, vor sich im Sinne von* in sich. *Man kann nicht ohne Hoffnung leben.* [147]

Der Einfluß der Weißen Rose kann nicht daran gemessen werden, ob er einen Tyrannen zerstören, ein Regime absetzen oder eine neue Gerechtigkeit etablieren konnte. Ein anderes Maß ist dafür nötig. Mit diesem Maß ist ihre Bedeutung vielleicht größer gewesen; sie geht sogar über das Dritte Reich, über Deutschland hinaus. Wenn Menschen wie jene, die die Weiße Rose bildeten, in einer solchen Zeit und unter solchen Umständen existieren konnten – glauben, wie sie glaubten – handeln, wie sie handelten –, dann bedeutet das vielleicht, daß diese schwache, korrumpierte und höchst gefährdete Spezies, der wir angehören, tatsächlich ein Recht zu überleben hat. Wir haben jedoch nicht das Recht, aufzugeben.

Anmerkungen

Erstes Kapitel

1 Sophie Scholl, in: Vinke, 32/33.
2 Sophie Scholl, in: Jens, 214.
3 Sophie Scholl, in: Jens, 143.
4 Sophie Scholl, in: Jens, 148.
5 Sophie Scholl, in: Jens, 169.
6 Sophie Scholl, in: Jens: 223.

Drittes Kapitel

7 Inge Scholl, in: Scholl, 14.
8 Melita Maschmann, in: Maschmann, 9.
9 Adolf Hitler, in: Rauschning, 237.
10 Robert Scholl, in: Scholl, 15.
11 Baldur von Schirach, in: Koch, 108.
12 »Die Fahne ist mehr als der Tod«, in: Heyer, 23/24.
13 »Es zittern die morschen Knochen«, in: Heyer, 27/28.
14 »Wehe, Fahne«, in: Heyer, 24.
15 Melita Maschmann, in: Maschmann, 20.
16 Mädchen aus Ulm, in: Vinke, 49.
17 Zeitungsartikel, in: Gamm (1), 113–116.

Viertes Kapitel

18 Mutter eines Ulmer Lehrers, in: Scholl, 19.
19 Robert Scholl, in: Scholl, 20.
20 Robert Scholl, in: Scholl, 20.
21 Inge Scholl, in: Scholl, 20/21.
22 Robert Scholl, in: Scholl, 21.
23 Robert Scholl, in: Hanser, 63.
24 Robert Scholl, in: Scholl, 22.
25 Sophie Scholl, in: Hanser, 65.
26 Sophie Scholl, in: Vinke, 47.
27 Robert Scholl, in: Vinke, 116.
28 Sophie Scholl, in: Vinke, 57.
29 »Wir sind Verbrecher in eurem Staat«, in: Koch, 161.

Fünftes Kapitel

30 Adolf Hitler, in: Hanser, 54.
31 Bildunterschriften, in: Hanser, 55.
32 Frau Kley, in: Vinke, 64.
33 Robert Scholl, in: Vinke, 57.
34 Sophie Scholl, in: Jens, 130.
35 Hans Scholl, in: Jens, 33.
36 Sophie Scholl, in: Jens, 149/150.
37 Sophie Scholl, in: Vinke, 66.
38 Sophie Scholl, in: Hanser, 104.
39 Sophie Scholl, in: Vinke, 82.
40 Sophie Scholl, in: Jens, 151/152.
41 Melita Maschmann, in: Maschmann, 35.
42 Sophie Scholl, in: Vinke, 86.
43 Sophie Scholl, in: Vinke, 86.
44 Sophie Scholl, in: Hanser, 86.

Sechstes Kapitel

45 Hans Scholl, in: Jens, 113.
46 Willi Graf, in: Hanser, 156.
47 Willi Graf, in: Hanser, 158.

Siebtes Kapitel

48 Flugblatt I der Weißen Rose, in: Scholl, 97.
49 Flugblatt I der Weißen Rose, in: Scholl, 96.
50 Flugblatt I der Weißen Rose, in: Scholl, 98.
51 Flugblatt I der Weißen Rose, in: Scholl, 98.
52 Sophie Scholl, in: Vinke, 78.

Achtes Kapitel

53 Nazi-Gesetz, in: Klee, 50.
54 Hans Scholl, in: Scholl, 31.
55 Hans Scholl, in: Jens, 16.
56 Christoph Probst, in: Petry, 20.
57 Inge Scholl, in: Hanser, 135.
58 Theodor Haecker, in: Haecker, 263.
59 Theodor Haecker, in: Haecker, 85/86.
60 Hans Scholl, in: Hanser, 115.

61 Sophie Scholl, in: Jens, 236.
62 Theodor Haecker, in: Haecker, 329.

Neuntes Kapitel

63 Heinrich von Treitschke, in: Kohn (1), 173/174.
64 Walter Schultze, in: Mosse, 315/316.
65 NS-Kurs-Titel, in: Mosse, 312–314.
66 Walter Buch, in: Mosse, 336/337.
67 Hans Scholl, in: Hanser, 176.
68 Kurt Huber, in: Hanser, 176

Zehntes Kapitel

69 Flugblatt II der Weißen Rose, in: Scholl, 102–104.
70 Flugblatt III der Weißen Rose, in: Scholl, 107.
71 Flugblatt III der Weißen Rose, in: Scholl, 108.
72 Flugblatt III der Weißen Rose, in: Scholl, 109.
73 Flugblatt IV der Weißen Rose, in: Scholl, 114.
74 Flugblatt IV der Weißen Rose, in: Scholl, 115.

Zwölftes Kapitel

75 Willi Graf, in: Verhoeven/Krebs, 135.
76 Hans Scholl, in: Jens, 85.
77 Willi Graf, in: Verhoeven/Krebs, 135.
78 Hans Scholl, in: Jens, 90.
79 Willi Graf, in: Verhoeven/Krebs, 137.
80 Willi Graf, in: Vielhaber, 74/75.
81 Willi Graf, in: Vielhaber, 82.
82 Willi Graf, in: Vielhaber, 78.
83 Willi Graf, in: Vielhaber, 78.
84 Sophie Scholl, in: Jens, 216/217.
85 Sophie Scholl, in: Jens, 214/215.
86 Hans Scholl, in: Jens, 98.
87 Hans Scholl, in: Jens, 90.
88 Hans Scholl, in: Drobisch (1), 76.
89 Willi Graf, in: Vielhaber, 83.
90 Christoph Probst, in: Petry, 72/73.
91 Hans Scholl, in: Scholl, 58.
92 Hans Scholl, in: Jens, 106.
93 Willi Graf, in: Vielhaber, 85.

Dreizehntes Kapitel

94 Sophie Scholl, in: Jens, 226/227.
95 Sophie Scholl, in: Jens, 221/222.
96 Friedrich Reck-Malleczewen, in: Reck-Malleczewen, 156.
97 Kurt Huber, in: Interview der Autoren mit Birgit Weiß-Huber.

Vierzehntes Kapitel

98 Flugblatt »Aufruf an alle Deutsche!«, in: Scholl, 116.
99 Flugblatt »Aufruf an alle Deutsche!«, in: Scholl, 117.
100 Sophie Scholl, in: Vinke, 130.
101 Sophie Scholl, in: Vinke, 126/127.

Fünfzehntes Kapitel

102 Paul Giesler, in: Verhoeven/Krebs, 157.
103 Paul Giesler, in: Verhoeven/Krebs, 158.
104 Paul Giesler, in: Verhoeven/Krebs, 158.
105 Willi Graf, in: Vielhaber, 93.

Sechzehntes Kapitel

106 Flugblatt »Kommilitoninnen, Kommilitonen!«, in: Scholl, 119.
107 Flugblatt »Kommilitoninnen, Kommilitonen!«, in: Scholl, 120/121.

Achtzehntes Kapitel

108 Sophie Scholl, in: Jens, 237.
109 Robert Mohr, in: »Erinnerungen«, Institut für Zeitgeschichte, München.
110 Sophie Scholl, in: Vinke, 158/159.
111 Sophie Scholl, in: Vinke, 160.
112 Sophie Scholl, in: Vinke, 160.
113 Christoph Probst, in: Drobisch (1), 143–145.
114 Christoph Probst, in: Hanser, 285/286.
115 Christoph Probst, in: Hanser, 286.

Neunzehntes Kapitel

116 Sophie Scholl, in: Verhoeven / Krebs, 177.
117 Roland Freisler, in: Hanser, 291.
118 Jürgen Wittenstein, in: Hanser, 292.
119 Robert Scholl, in: Hanser, 292.
120 Robert Scholl, in: Hanser, 292.
121 Hans Scholl, in: Hanser, 293.
122 Hans Scholl, in: Hanser, 293.
123 Sophie Scholl, in: Hanser, 296.
124 Christoph Probst, in: Hanser, 300.
125 Hans Scholl, in: Hanser, 300.

Zwanzigstes Kapitel

126 Adolf Hitler, in: Seydewitz, 211.
127 Alexander Schmorell, in: Hanser, 301.
128 Brief von Lilo Ramdohr, in: Erinnerungen von Falk Harnack, Institut für Zeitgeschichte, München.
129 Gedicht von Eugen Nerdinger, in: Asgodom, 193 / 194.

Zweiundzwanzigstes Kapitel

130 Falk Harnack und Kurt Huber, in: Erinnerungen von Falk Harnack, Institut für Zeitgeschichte, München.
131 Roland Freisler und Alexander Schmorell, in: Hanser, 308.
132 Roland Freisler, in: Hanser, 309.
133 Kurt Huber, in: Hanser, 310 / 311.
134 Roland Freisler, in: Hanser, 310.
135–138 Kurt Huber, in: Hanser, 310.
139 Alexander Schmorell, in: Hanser, 315.
140 Falk Harnack, in: Erinnerungen von Falk Harnack, Institut für Zeitgeschichte, München.

Dreiundzwanzigstes Kapitel

141 Alexander Schmorell, in: Hanser, 317.
142 Alexander Schmorell, in: Drobisch (1), 178.
143 Alexander Schmorell, in: Hanser, 318.
144 Kurt Huber, in: Drobisch (1), 179.
145 Willi Graf, in: Drobisch (1), 180.

Nachspiel

146 Friedrich Reck-Malleczewen, in: Reck-Malleczewen, 175/176.
147 Ilse Aichinger, in: Vinke, 183/184.

Literatur

Sabine Asgodom (Hrsg.), Halts Maul, sonst kommst nach Dachau! Männer und Frauen aus der Arbeiterbewegung berichten über Widerstand und Verfolgung unter dem Nationalsozialismus, Köln 1983.

Dietrich Bonhoeffer, Widerstand und Ergebung. Briefe und Aufzeichnungen aus der Haft, hrsg. von Eberhard Bethge, München 1985³.

Karl Dietrich Bracher, Die deutsche Diktatur. Entstehung – Struktur – Folgen des Nationalsozialismus, Köln 1976⁵.

Hamilton T. Burden, The Nuremberg Party Rallies. 1923–1939, New York 1967.

Die deutsche Universität im Dritten Reich. 8 Beiträge, München 1966.

James Donohoe, Hitler's Conservative Opponents in Bavaria, 1930–1945, Leiden 1961.

Klaus Drobisch (Hrsg.), Wir schweigen nicht. Eine Dokumentation über den antifaschistischen Kampf der Münchner Studenten, 1942–1943, Ostberlin 1968.

Ders., Widerstand in Buchenwald, Frankfurt/Main 1985².

Ders./Dietrich Eichholtz/Kurt Gossweiler, Faschismus in Deutschland – Faschismus der Gegenwart, Köln 1983².

Harald Focke/Uwe Reimer, Alltag unterm Hakenkreuz. Wie die Nazis das Leben der Deutschen veränderten (Bd. I). Ein aufklärendes Lesebuch, Reinbek 1979.

Günter Frankenberg/Franz J. Müller, »Juristische Vergangenheitsbewältigung. Der Volksgerichtshof vorm BGH«, in: Kritische Justiz 16, Heft 2, 1983, S. 145–163.

Hans-Jochen Gamm, Der braune Kult. Das Dritte Reich und seine Ersatzreligion, Hamburg 1962.

Ders., Der Flüsterwitz im Dritten Reich, München 1977.

Ders., Führung und Verführung. Pädagogik des Nationalsozialismus, Frankfurt/Main 1984.

Hermann Giesecke, Vom Wandervogel bis zur Hitlerjugend, München 1981.

Hermann Glaser, Das Dritte Reich. Anspruch und Wirklichkeit, Freiburg 1961.

Martin Green, The Von-Richthofen-Sisters, New York 1974.

Richard Grunberger, The 12-Year Reich. A Social History of Nazi Germany, New York 1971.

Theodor Haecker, Werke. Bd. II: Tag- und Nachtbücher 1939 bis 1945, München 1959³.

Richard Hanser, Deutschland zuliebe. Leben und Sterben der Geschwister

Scholl. Die Geschichte der Weißen Rose, München 1980. (Originalausgabe: A Noble Treason, New York 1979), Taschenbuchausgabe: dtv, München 1984².

Ulrich von Hassell, Vom anderen Deutschland. Aus den nachgelassenen Tagebüchern 1938–1944, Zürich und Freiburg 1946².

G. W. Heyer, Die Fahne ist mehr als der Tod, München 1980.

Peter Hoffmann, Widerstand gegen Hitler. Probleme des Umsturzes, München 1984².

Ders., Widerstand – Staatsstreich – Attentat. Der Kampf der Opposition gegen Hitler, München 1985.

Curt Hohoff, Woina-Woina. Russisches Tagebuch, 1941–1944, München 1983.

Clara Huber (Hrsg.), »... der Tod ... war nicht vergebens«. Kurt Huber zum Gedächtnis. Erw. u. erg. Neuausg., München 1986.

Inge Jens (Hrsg.), Hans Scholl und Sophie Scholl. Briefe und Aufzeichnungen, Frankfurt/Main 1984.

Ursula von Kardorff, Berliner Aufzeichnungen aus den Jahren 1942–1945, München 1981.

Günther Kirchberger, Die »Weiße Rose«. Studentischer Widerstand gegen Hitler in München, München 1980.

Ernst Klee, »Euthanasie« im NS-Staat. Die »Vernichtung lebensunwerten Lebens«, Frankfurt/Main 1983.

Hansjoachim Wolfgang Koch, Hitlerjugend, Rastatt 1981.

Hans Kohn, Wege und Irrwege. Vom Geist des deutschen Bürgertums, aus d. Amerik. übertr. von Wilhelm und Modeste Pferdekamp, Düsseldorf 1962.

Ders., The Rise of the Nationalism, New York 1962.

Friedrich Köllmayr, Unser München. Antifaschistischer Stadtführer, Frankfurt 1983.

Kulturamt der Reichsjugendführung (Hrsg.), Freude, Zucht, Glaube. Handbuch für die kulturelle Arbeit im Lager, Potsdam 1937.

Sabine Leibholz-Bonhoeffer, Vergangen, erlebt, überwunden. Schicksale der Familie Bonhoeffer, Gütersloh 1985⁵.

Ewin Leiser, Deutschland erwache! Propaganda im Film des Dritten Reiches, Reinbek 1978².

Piero Malvezzi/Giovanni Pirelli, Letzte Briefe zum Tode Verurteilter aus dem europäischen Widerstand, München 1962.

Melita Maschmann, Fazit. Mein Weg in der Hitler-Jugend, München 1979.

Kurt Matties, Ich hörte die Lerchen singen. Tagebuch aus dem Osten, 1941–1945, München 1956.

George Mosse, Nazi Culture, New York 1966.

Helmut Pabst, Der Ruf der äußersten Grenze. Tagebuch eines Frontsoldaten, München 1953.
Christian Petry, Studenten aufs Schafott. Die Weiße Rose und ihr Scheitern, München 1968.
Detlev Peukert, Die Edelweiß-Piraten. Protestbewegungen jugendlicher Arbeiter im Dritten Reich, Köln 1980.
Kurt Preis, München unterm Hakenkreuz, München 1980.
Friedrich Percyval Reck-Malleczewen, Tagebuch eines Verzweifelten, Stuttgart 1947.
Hans Rothfels, Die deutsche Opposition gegen Hitler. Eine Würdigung. Eingel. von Hermann Graml, Frankfurt/Main 1986.
Inge Scholl, Die Weiße Rose, erweiterte Neuausgabe, Frankfurt/Main 1986.
Charles Schüddekopf (Hrsg.), Der alltägliche Faschismus. Frauen im Dritten Reich, Berlin 1982.
Max Seydewitz, Civil Life in Wartime Germany. The Story of the Home Front, New York 1945.
William L. Shirer, Das Jahrzehnt des Unheils. Meine Erlebnisse und Erfahrungen in Deutschland 1930–1940. Übers. von Karl A. Klever, München 1986.
Marlis G. Steinert, Hitler's War and the Germans. Public Mood and Attitude during the Second World War, Athen/Ohio 1977.
Ernst Toller, Eine Jugend in Deutschland, Reinbek 1978.
Universitätsbibliothek München, Die Weiße Rose. Studentischer Widerstand im Dritten Reich, 1943. Gedenkausstellung, München 1983.
Michael Verhoeven/Mario Krebs, Die Weiße Rose. Der Widerstand Münchner Studenten gegen Hitler. Informationen zum Film, mit einem Geleitwort von Helmut Gollwitzer, Frankfurt/Main 1982.
Klaus Vielhaber/Huber Hanisch/Anneliese Knoop-Graf, Gewalt und Gewissen. Willi Graf und die Weiße Rose. Eine Dokumentation, Freiburg 1964.
Hermann Vinke, Das kurze Leben der Sophie Scholl, Ravensburg 1987.
Günther Weisenborn, Der lautlose Aufstand. Bericht über die Widerstandsbewegung des deutschen Volkes, 1933–1945, Hamburg 1974⁴.

Zeitungs- und Zeitschriftenartikel:

Münchener Abendzeitung, 25. Februar 1968.
New York Times, 18. April, 25. April, 2. August, 21. August 1943.
Stern, Februar 1968.
Süddeutsche Zeitung, 1. November 1946.

Mit folgenden Personen wurden Interviews geführt:

Clara Huber
Birgit Weiß-Huber
Franz Müller
Dr. Leo Samberger
Dr. Erich Schmorell und Ehefrau
Katharina Schüddekopf
Michael Verhoeven

Schriftliche Zeugnisse aus dem Institut für Zeitgeschichte in München von folgenden Personen wurden herangezogen:

Josef Fürtmeier
Hubert Fürtwangler
Else Gebel
Wilhelm Geyer
Günther Groll
Lisa Grote
Heinrich Guter
Falk Harnack
Helmut Hartert
Karl Hepperle
Traute Lafrenz
Robert Mohr
Angelika Probst
Gestapooffizier Rechtsteiner
Gisela Schertling
Jakob Schmid
Inge Scholl
Herta Siebler Probst
Josef Soehngen
Jürgen Wittenstein

Ulrich Duchrow
Gerhard Liedke

Schalom

Der Schöpfung Befreiung, den Menschen Gerechtigkeit, den Völkern Frieden

Eine biblische Arbeitshilfe für den konziliaren Prozeß

251 Seiten, kartoniert
ISBN 3-7831-0887-x

Im Mittelpunkt dieses Buches steht die Erschließung der Aussagen der Bibel im Hinblick auf die heutigen Fragen der Bewahrung der Schöpfung, der Gerechtigkeit und des Friedens. Die zentralen Aussagen der Bibel zielen auf den Schalom, der dies alles umfaßt. Daher ist das Engagement der Kirche für die Lösung dieser Probleme keine beliebige Entscheidung, sondern eine Bekenntnisfrage. Dafür den Blick und das Urteil zu schärfen und zum konkreten Handeln anzuleiten ist das erklärte Ziel der Autoren.

Im ersten Teil des Buches geht es um eine Bestandsaufnahme der gegenwärtigen Probleme und der kirchlichen Übereinstimmung gegenüber diesen Fragen beziehungsweise der Konflikte, die unter Christen und Kirchen in diesen Fragen bestehen.

Im zweiten Teil wird die biblische Überlieferung des Alten und Neuen Testaments dargestellt, die eine eindeutige Sprache spricht, sowohl in der Abwehr zerstörerischer und ungerechter Verhältnisse als auch in der Verheißung und dem Auftrag an den Menschen, daß Schalom für alle das Ziel ist.

Im dritten Teil geht es darum, wie die Kirche für Gerechtigkeit, Frieden und Schöpfungsbefreiung wirken kann. Dazu werden die verschiedenen Kirchenstrukturen – zum Beispiel Friedenskirchen und Großkirchen – gegeneinander abgewogen. Schließlich wird an einigen Beispielen gezeigt, was Gemeinden, Einzelne und Gruppen je an ihrem Ort für den Schalom tun können.

Kreuz Verlag